ナマハゲを知る事典

稲 雄次

柊風舎

ナマハゲを知る事典

稲 雄次 著

はじめに

国連教育科学文化機関（ＵＮＥＳＣＯ）の無形文化遺産に選ばれたスネカ、ミズカブリ、ナマハゲ、アマハゲ、アマメハギ、カセドリ、トシドン、ボゼ、メンドン、パーントゥの十行事がある。そのなかでナマハゲは、民俗学上では仮面仮装の来訪神として、特に有名である。民俗学で、最初にナマハゲを高く評価したのは、柳《やなぎ》田《た》国《くに》男《お》や渋沢敬三《しぶさわけいぞう》であった。そして、それを姿と形を整えて解き明かしたのが、吉田三郎の『男鹿寒風山麓《おがかんぷうざんろく》農民手記』（アチック・ミューゼアム・一九三五）という本であった。民俗学において、ナマハゲはどのように見られていたのか。

周知のように、ナマハゲ行事を観察し、体系化した柳田国男は「小正月の訪問者」と名付け、折口信夫《おりくちしのぶ》は「まれびと」、岡正雄は「秘密結社」、中村たかをは「祭司的秘密結社」と位置付けたのである。

文化八年（一八一一）正月十五日に、男鹿《おが》半島の宮沢海岸の民家において、観察をして記録を残した江戸時代の紀行家・菅江真澄《すがえますみ》は、詳細な絵と文で描写をしていた。その著作『牡鹿乃《おがの》寒かぜ』には、「奈万波義《なまはぎ》は寒《さむ》さにたえず火《ひ》に中《あた》りたる脛《すね》に赤斑《せきはん》のかたつけるをいふなり。その火文《ひがた》を春《はる》は鬼《おに》の来《き》て剝《は》ぎ去《さ》る（中略）、鬼《おに》のさまして出《で》ありく生身剝《なまみはぎ》ちふもの也《なり》」と。

ナマハゲは生身剝《なまみはぎ》であり、火形剝《ひがたはぎ》のことであった。それが正月に仮面仮装して神格を備えた形式で村落社会の儀礼化を図ろうとしたのである。すなわち共同体の秩序の維持であった。そのためには各家の子供や初嫁・初婿らの新しい構成員に対して、権威を示して服従を促《うなが》した。従順に従った者には村の一員として認めて祝福を与えるというものである。それゆえに、ナマハゲが家を訪れると、家人は縁起がいいと歓迎して丁重にもてなすのである。それは、その家が共同体の儀礼に参加して祝福の確認を受けたことを意味するからである。

思うに、日本海沿岸にナマハゲのような来訪神行事が、どんな形でも残っていることは、その地域の共同体がより強固に団結心を育んできたからといえる。さらに、面も含めて、ナマハゲそれ自体もきわめて大切な行事であるが、ナマハゲが来訪する行為も貴重な意義である。ナマハゲ行事の本質は、ナマハゲと迎える人および迎える家の行事であることを忘れてはならない。このナマハゲと人と家との関係は、行事のたびごとに理解し、再度の認識をする必要がある。ナマハゲ行事が継承されるのは、この関係が行事を支える土台となるからである。

本書は、ナマハゲ行事の伝統と継承を明確にして、来訪神行事への理解ができるようにつとめた。さらに、比較のために、全国の来訪神を紹介した。その際に漏れた行事もあるかもしれない。その際にはお手数でもご教示を賜りたい。

二〇一九年六月二日

稲　雄　次

目次

第二章　ナマハゲ伝説　87

第三章　ナマハゲ行事の変遷　119

第Ⅱ部　全国仮面仮装の来訪神行事　227

凡例

一、本書は、ナマハゲとナマハゲ行事を知る事典を目指した。

二、主な来訪神の行事のなかで、現時点において確認できない行事や一か所のみの事例は割愛した。

三、昭和五十二年ナマハゲ調査は、『記録　男鹿のナマハゲ』全3集（男鹿のナマハゲ保存会ほか・一九八〇〜一九八二）を基盤書とした。その際の行事の個別単位は、「集落」とした。

四、平成二十七、二十八年ナマハゲ調査は、『重要無形民俗文化財　男鹿のナマハゲ』（秋田県男鹿市教育委員会・男鹿市菅江真澄研究会・二〇一七）を基盤書とした。その際の行事の個別単位は、「町内会」とした。

五、菅江真澄が記録したナマハゲは、『牡鹿の嶋風』と『牡鹿乃寒かぜ』のなかに描写してある。絵があるのは、『牡鹿乃寒かぜ』の方である。

六、来訪神行事において、神の使い行事の面としては番楽《ばんがく》面を被ることがある。番楽とは秋田県、山形県に分布する山伏神楽のことである。青森県では能舞といい、岩手県では山伏神楽といい、宮城県では法印神楽という。これらは能楽以前の古態《こたい》を残しているといわれている。

七、一月と正月は特に区別していない。大正月は一月一日、小正月は一月十四日、一月十五日とした。

八、広域自治体は都道府県名で表した。基礎自治体は新市町名と旧市町村名とを併用している。

九、年代の表記は西暦と年号を併用している。

第Ⅰ部　ナマハゲ

第一章　ナマハゲ行事

概説

秋田県の日本海に突き出た男鹿《おが》半島は、風光明媚な絶景地で国定公園に指定されている。この地は地質時代まで海上の孤島であり、火山群も備えていたという。今は、三方を海に囲まれて奇岩と奇勝の景観をなしている。

秋田県における雪国の民俗行事として、全国的に有名なのが、男鹿のナマハゲである。このナマハゲ行事は年中行事、特に、民間信仰の古い形態の典型例として、民俗学上において貴重な行事とされている。この民間信仰の古い形態とは、日本人の神観念において、神は町や村には常在していない。他界から子孫である人々の所へ時を定めてやってくるという信仰である。この定められた時の著しいのが正月や盆である。来訪する神行事の証明は、江戸時代後期の紀行家・菅江真澄《すがえますみ》（一七五四―一八二九）が絵に描いて残したものがあった。ゆえに、ナマハゲ行事は、日本人の神観念の証明と来訪神儀礼の典型的な例と位置づけられたのである。さらに、男鹿のナマハゲが、昭和五十三年（一九七八）五月二十二日に国の重要無形民俗文化財に指定されたのは、その行事もさることながら、男鹿半島という一定地域内における分布の濃密さからともいえる。

菅江真澄について簡単に解説をしておく。彼の本名は白井英二といい、江戸時代の宝暦四年（一七五四）に三河《みかわ》国渥美《あつみ》郡（現愛知県豊橋市）に生まれた。二十九歳の時に古い日本の奥地を探るために長野、新潟、山形を経て秋田に入り、東北と北海道を巡り、再び秋田に戻った。文政十二年（一八二九）の秋田藩命による地誌編纂の調査の途中、七十六歳で仙北《せんぼく》郡旧角館《かくのだて》町（現仙北市角館）にて客死《かくし》した。秋田を中心に考古・歴史・民俗・地誌・

自然にわたる多くの分野の著作が残っている。

ナマハゲ行事の内容は、男鹿半島の各集落および町内において、伝承されており、地域によって細部は異なる。伝承されているナマハゲ面を見たければ、「なまはげ館」に保存と展示がされている。ナマハゲは原初形態を保持している民俗行事としての価値があり、秋田の代表的なスーパースターでもある。また、地域遺産にもなり、地域資源にもなっている。あまつさえ、男鹿のナマハゲは、全国放送のテレビに出演することや、大都市の有名ホテルの正月用パーティや忘年会にまで課外出張することもある。まさに観光の地域資源としては、ランドマーク的存在である。男鹿半島北浦の真山《しんざん》神社においては、昭和三十九年（一九六四）から星辻《ほしつじ》神社において行なっていた「なまはげ柴燈《せど》まつり」を観光用ナマハゲとして売り出している。

本来のナマハゲ行事とはどのようなものだったのであるのか。さらに、歴史を溯って、ナマハゲの原初形態を明確にしたいと考えている。可能な限り探ってみることが必要である。

昭和五十三年五月に、男鹿半島の民俗行事ナマハゲは、国の重要無形民俗文化財に指定された。指定対象団体は、当時の男鹿市と若美《わかみ》町とが共同で組織した「男鹿のナマハゲ保存会」であった。そして、ナマハゲの伝承と保存のために、調査をして記録集が編纂された。それが、前記の男鹿のナマハゲ保存会、男鹿市教育委員会、若美町教育委員会が纏めた全3集の『記録　男鹿のナマハゲ』であり、昭和五十五年（一九八〇）から五十七年（一九八二）まで刊行された。この『記録　男鹿のナマハゲ』は、第1集がナマハゲ行事調査表と過去の論考集であった。第2集がナマハゲ行事の実施調査の個別アンケート票であり、第3集がナマハゲの由来に関する考察と記録映画用の台本であった。これらの文書を見れば、その伝承と保存事業に取り組む男鹿市と若美町の姿勢が並々ならぬこ

そうするとその家の主人が出てきてナマハゲ一行を招き入れる。
主人「ナマハゲ、ナマハゲ」
主人「よぐきだなス、よぐきだ、よぐきだ」
主人「サケコ飲んでけれ」
主人「まあまあ一つ」
主人「サケコノマセ」
それに対してナマハゲは返答する。
ナマハゲ「こごのおやがだが」
ナマハゲ「オメデトウゴザイマス」
世話人は御屋形（主人）に、三匹のナマハゲを着座させてから紹介する。
世話人「ナマハゲのおやかた（親分）のオクヤマノオクスケ」
世話人「あばれんぼうのキバノキンスケ」
世話人「カラオケのうまいササキデノサンスケ」
ナマハゲは嗅ぎ回りながら、（ナマハゲ）「オナゴクセナ」
また、御膳の食べ物を差して、（ナマハゲ）「この料理は」
主人が返答して、（主人）「マグロ」
ナマハゲ「オレハヤモリシカタベネ」

主人「ナマハゲ、ナマハゲ、どごがら来たス」
ナマハゲ「オヤマダ」
主人「来年もまだ来てくれ」
ナマハゲは帰り際に。
ナマハゲ「オヤガダ、マメデイロヨ」といって、
ナマハゲ一行が立ち去るのである。
最後に一声、「ウオー、ウオー」

以上が、安全寺集落において採集したナマハゲ行事の一部である。
男鹿半島のナマハゲ行事の概観的な内容を説明するには、様々な観点から考察しなければならない。それは次のような項目に分けて理解し、行事全体を的確に把握することが大切である。

1ナマハゲの正体と語源
2ナマハゲ行事の実施日
3行事主体
4保存主体層
5ナマハゲの人数

6ナマハゲの面
7装着具の種類
8持ち物の種類
9実施前後における神社参拝
10ナマハゲの所作と問答実態
11ナマハゲ来訪前の各家の準備
12禁忌伝承
13巡後行事
以上の十三項目である。

1　ナマハゲの正体と語源

男鹿《おが》のナマハゲ行事には、独特の由来と伝説とがある。伝説については「第二章　ナマハゲ伝説」で詳細に説明するが、ここにおいては簡単に解説をしておく。ナマハゲの正体を由来と伝説から探って、男鹿半島全域の各地を調べてみると、ナマハゲの正体について伝承されているものは様々あるが、大きく別けて次の六つに纏めることができる。

ａ武帝説
ｂ異邦人説
ｃ修験者説
ｄお山の神様説
ｅアマノジャク説
ｆ罪人説

ａ武帝説――古代中国の前漢時代の天子である武帝が五匹の蝙蝠《こうもり》を引き連れて男鹿半島に降下して男鹿半島の本山・真山《しんざん》＝お山の神様となったという。その神様を赤神《あかがみ》といっている。そして、武帝の連れてきた五匹の蝙蝠が鬼になり、それをナマハゲであるとする説である。ナマハゲは神の使いである。

ｂ異邦人説――男鹿半島西海岸に船が難破してたどり着いた外国人がナマハゲの正体であるという説である。この異邦人説には、中国人、スペイン人、ロシア人などと色々あるが、共通していることは異邦人の顔がナマハゲの面に深く影響を与えたと伝えられていることである。また、赤神《あかがみ》神社五社堂の石段築造に、寺男《てらおとこ》に使役された異邦人の功績があったともいわれている。

ｃ修験者《しゅげんじゃ》説――男鹿半島のお山において、修験道を開いていた山伏《やまぶし》たちがあまりの過酷さから、その腹いせにナマハゲと称して里人を脅《おど》しにきた。それを里人はナマハゲと思ったというものである。

ｄお山の神様説――男鹿半島において、お山と称する場合は、本山《ほんざん》・真山《しんざん》・毛無山《けなしやま》か、本山・真山・寒風山《かんぷうざん》である。人々は、そこから山神《さんじん》としてのナマハゲが降りてくるとしている。それを神と称している集落もある。

ｅアマノジャク説――五社堂の石段を建造するのに、村人らはアマノジャクと夜中に石段造りを完成させる賭けをして、それに勝ったという。そして、その恨みを静めるために、それからアマノジャクに似た面を村人らが被って一年に一回ナマハゲ行事を演じた。また、アマノジャクと鬼とが賭《か》けをして、前者が勝った。その勝利者であるアマノジャクを祭ったのがナマハゲ行事であると伝えられている。

ｆ罪人説――罪人が本山・真山の山に流されてそこに隠れ住んだ。罪人らは里に物乞《ものご》いに下りてきた。その様子を垣間見た村人が浮浪罪人に対抗するために、彼らよりも恐ろしい形相の面を被り防衛対策としてナマハゲ行事を演じたという話に依拠している。

以上の六種類である。

次に、ナマハゲの語源を取りあげてみることにする。概して、男鹿半島のナマハゲ行事をいう場合には、このナマハゲという名称が名高いが、『記録　男鹿のナマハゲ』においては種々な言葉が採取されていた。

①ナマハゲ（男鹿市全域）

②ナマバケ（男鹿市脇本樽沢）

③ナマミハゲ（男鹿市船川港元浜町、船川港本町）

④ナマゲ（男鹿市船川港増川、男鹿中滝川）

⑤ナマモハギ（男鹿市船川港仁井山）

⑥ナマミハギ（男鹿市五里合《いりあい》中石《ちゅういし》、北浦入道崎）
⑦ナマハギ（男鹿市船越西町）
⑧ナマハグ（男鹿市船川港門前）
⑨ナモミハゲ（男鹿市船川港比詰《ひづめ》町、男鹿中山田、北浦一区）
⑩ナモミョウハギ（男鹿市船川港馬生目《ばしょうめ》）
⑪ナムミョウハギ（男鹿市船川港椿）
⑫ナガハメ（男鹿市船川港台島・双六・小浜）

現在では、「ナマハゲ」が固有名詞として代表的であるが、『記録　男鹿のナマハゲ』から言葉の発生過程の元を辿ってみると四つある。一つは冬の囲炉裏や炉辺に長く暖をとっていると火模様の火斑《ひはん》・火型《ひがた》ができる。それを男鹿半島においては、ナモミ、ナモミョウ、ナムミョウ、ナマモ、ナマミョウ、ナモメなどと呼んでいる。そして、それを新しい年にあたって剝ぐことを「ナマミハギ」といい、それがナマハゲの語源であるという。前記の③ナマミハゲ、④ナマゲ、⑤ナマモハギ、⑥ナマミハギ、⑨ナモミハゲ、⑩ナもミョウハゲ、⑪ナムミョウハギなどがそれであって、一番意味的に多い。これを火型説とする。

この火型説から派生して怠け者を戒めるためにナマハゲの行事があったと伝えられている。この男鹿のナマハゲの語源においては、懲戒的意味から起こったとされるものとなっている。この二番目を懲戒説とする。

三つ目は、生きている人間の生身《なまみ》を剝ぎ取ることを起こりとするものである。①ナマハゲ、⑦ナマハギ、⑧ナマハグがそれであるとする説の生身説である。

四番目は生身の生き物が化け物になったとする生化《なまば》けが訛ってそうなったとする。ナマバケからナマハゲと、「ハ」より「ケ」に濁音が転訛したもので、前記の②ナマバケがそれに該当する。これを化け物説とか怪物説とする。

以上、火型説、懲戒説、生身説、化け物説（怪物説）がある。

ナマハゲの正体と語源の意味について論述してきた。これはナマハゲの伝承を支えて深くかかわり続けている。これらを把握することによって男鹿のナマハゲの背景にあるものが解明されるだろう。そして、この伝承についての調査結果から判断されることは、海に突き出ていて、かつ海に近い半島部の方の伝承が濃く、麓の方に広がっている。思うに、半島部がナマハゲ行事の発生としての起点と考えられる。

2　ナマハゲ行事の実施日

男鹿のナマハゲ行事の実施日は、現在はほとんどが十二月三十一日の大晦日となった。ナマハゲの実施状況はかつては、旧暦の小正月十五日や十六日に行事を行なっていた集落もあった。男鹿市五里合安田《いりあいあんでん》が十五日、男鹿市北浦安全寺が十六日だった。その当時はナマハゲ行事の実施日として大晦日と正月十五日と正月十六日が存在していたことになる。三つの実施日において、原初形態に最も近いのはどの日なのであろう。「■コラム1■ナマハゲ行事の実施状況」の「表―10　男鹿のナマハゲ実施状況」を参照するとよく理解できる。

戦前においては、『記録　男鹿のナマハゲ』によれば、小正月の十五日か十六日の実施日が多かった。それが戦後、連合国軍最高司令官総司令部・GHQによって小正月そのものが廃止されたので、大正月の前夜としての十二月三十一日にナマハゲ行事を行なうことになった。そうすると、小正月が全廃された戦後、実施日が大晦日に移動したのかどうかを探る必要がある。ところが小正月がなくなってから、ナマハゲの来訪日を変更したのではないことが判明した。その証拠に『記録　男鹿のナマハゲ』によると、戦前においても十二月三十一日の大晦日に実施していた集落はあったのである。「図―6　男鹿のナマハゲ行事集落」と「表―12　男鹿のナマハゲ行事集落Ⅰ」と「表―13　男鹿のナマハゲ行事集落Ⅱ」を参照してみると、そのことが理解できる。それは八集落ある。男鹿市北浦入道崎、北浦湯ノ尻、北浦字北浦三区、北浦加茂青砂、船川港平沢、船川港栄町・新浜町、船川港元浜町、男鹿中杉下である。

ここにおいて、ナマハゲ行事の実施日が戦後に変更されて、大晦日になったとはいい切れなくなった。小正月が全廃される以前においても、大晦日に実施していた集落はあったのである。思うに、行事の実施日については、大晦日と正月十五日と十六日はどこが異なるのだろうか。前者は大正月といわれ、後者は小正月といわれている。その点が、このナマハゲ行事のキーポイントではないだろうか。月の満ち欠けを基準として作られた太陰暦は、月の欠けた時の晦日・三十日を年の終わりとした。そして、望月の満月の夜を年の初めとした。この場合、大正月と小正月を別々に祝うこともあり、また、大正月よりも小正月に重きを置く方が古いともいわれていた旧慣を遵奉する集落においては、依然として正月十五日や十六日を行事日としていたことは前述したとおりである。しかし、現在は一年の最も大切な日として十二月三十一日の夜は、すなわち正月元日を意味している。

「もどりなまはげ」

『記録　男鹿のナマハゲ』には、実施日の変更や変遷過程については触れられていない。これを筆者が調査したところによると、ナマハゲ行事の実施日については、戦前と昭和三十年代頃まで年に二回ナマハゲが来訪したと驚くべきことを話してくれた方々がいた。その方々は男鹿市船川港《ふなかわみなと》椿《つばき》のＦＫ氏（明治四十年生）、男鹿市船越のＯＨ氏（昭和五年生）と同地のＯＫ氏（大正六年生）であった。三氏の住んでいた船川港椿も船越（昭和五十七年から行事は一時中止し、その後に復活した）も、ナマハゲ行事が実施する日は、昭和四十年代頃になってから一年一回となり、そして毎年十二月三十一日に統一されたという。ここに、それ以前の実施日の変遷過程が明らかになってくる。

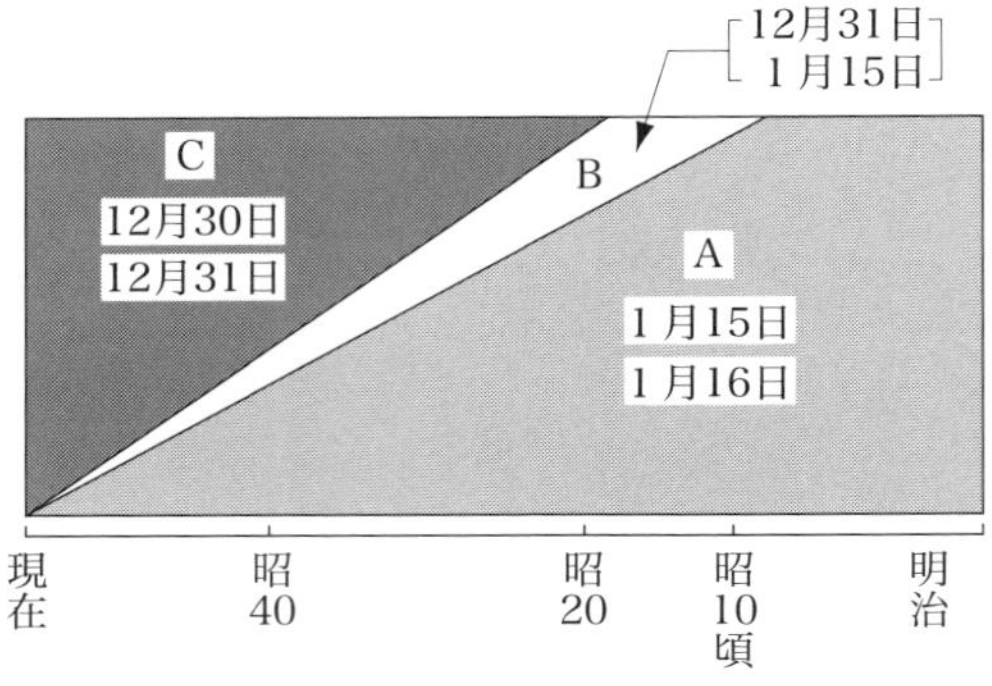

図－１　ナマハゲ行事の変遷

「図―１　ナマハゲ行事の変遷」を見れば理解できるように、戦前は正月十五日と十六日が多かった。この「もどりなまはげ」とは、大晦日にお山から下りてきて、八郎潟を渡って東湖へ行き、そして、また男鹿の集落へ現れるのが小正月の頃という伝承があったことから名付けられたものである。「図―２　もどりなまはげ来訪順路」を参照していただきたい。この「もどりなまはげ」という言葉は、ごく狭い地域で使われているだけである。図―１のＡは、「もどりなまはげ」の正月十五日と十六日実施であって、それから、正月十五日・十六日と十二月三十日か三十一日の二回実施がＢである。それから進展したの

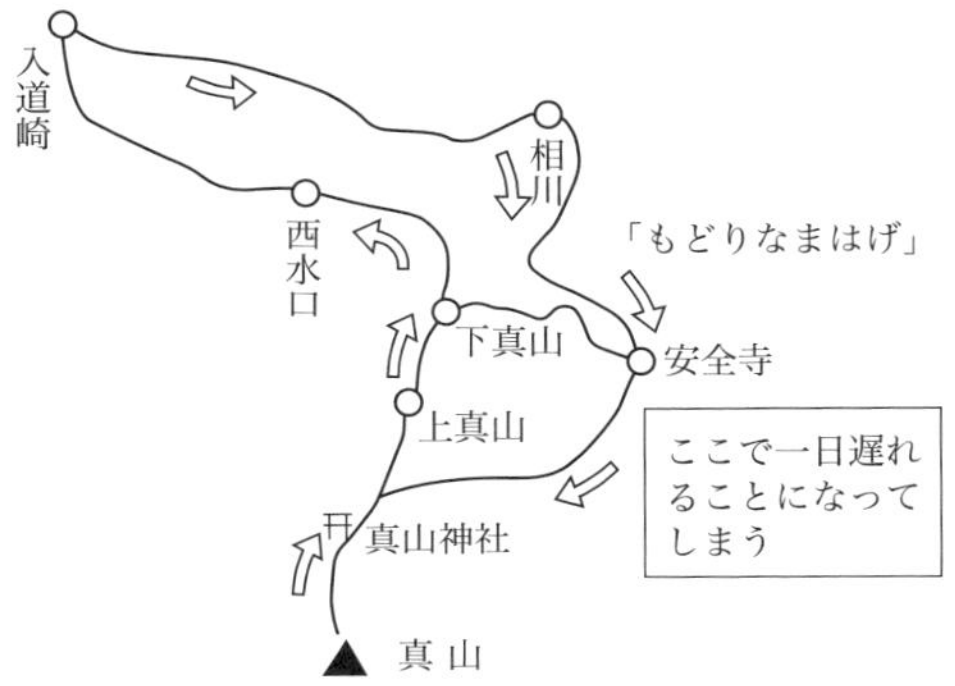

図ー２　もどりなまはげ来訪順路

がCである。戦前に実施日を大晦日に転換したいくつかの集落は明治になって旧暦から新暦へと暦自体が変化した影響によったのである。しかし、旧慣を重んじるこの男鹿半島の人々は容易にナマハゲ行事の実施日を変えることはできなかった。そこで、奇策的な大正月と小正月の年二回のナマハゲ行事が調和的妥結点として生み出されたのであると考えられる。要するに、ナマハゲは一年間のなかにおいて最も重要な日に来訪することが大切なのである。つまり、大正月か小正月かのどちらかを民の祭事・民俗行事としたのである。この男鹿半島では昔から小正月が生産関係上で最も大切な日であった。かかるゆえに、ナマハゲ行事の実施日は、古くは小正月、すなわち正月十五日・十六日に行なわれていたとみるのが蓋し妥当な考えである。

3　行事主体

男鹿のナマハゲ行事の主体・担い手は、かつては若勢《わかぜ》らの青年層が中心となっていた。その他に各集落のナマハゲ保存会や友の会、青年会・青年団、子供育成会などのグループがあった。そのような団体やグループが存在しない集落においては、若者ら有志がナマハゲ役を演ずることになっていた。このことからナマハゲ役に扮する者は、昔のような十五歳からの青年層の担い手がいなくなり、現在は年齢層の幅が広く、しかも既婚者まで含んでいる。

戦前においてはどのような人が行事主体となっていたのだろうか。それは男鹿市男鹿中山田、北浦入道崎、船川港下金川の集落の子供が扮するコナマハゲ、ケノコナマハゲを除いて、若勢によって演ぜられていたことが調査からわかっている。それも、その年に葬儀や出産のなかった家の未婚・童貞の若者が好まれたのである。そうすると男鹿のナマハゲ行事の主体層は、かつては若者組のような集団であった。若者組とは伝統的な地域社会において、十五歳以上の年齢に達した青年を集め、地域の規律や生活上の規則を伝える教育組織であった。前述したコナマハゲについても、古老の話を纏めてみると、一定の時期に出現しただけで、その後は若者によって行なわれたことが確認されている。若者が行事の主体となっている民俗行事がいくつかあるが、共通する要素は、神との接触・融合を必要とする点があげられる。こうした点を考えると、ナマハゲ行事も原初形態は、信仰的な要素がもっと強かったのではないか。しかし、ナマハゲ行事は組織宗教とは結び付いていたわけではない。

『記録　男鹿のナマハゲ』によれば、昭和期ではナマハゲ行事の主体は青年会や若者らであった。特に、青年会などは組織的なものが結成されているとは限らなかった。いわば近所の若者らが、仲間内の誘いによって集まってくる集団であった。ナマハゲそのものが主体であり、そこに若者が参加するスタイルであった。昭和五十年代においては改めて青年会を結成するものでなく、若者、青年らがナマハゲ行事の担い手を自覚しているような雰囲気があった。これがナマハゲ行事の空気、気分であったのであろう。このことは集落の人々も周知の事実であった。ただし、わずかにではあるが、なまはげ保存会、子供育成会、壮年者などが主体となる集落もあった。筆者も昭和期の調査では出会ったことはないが、それはごくごく少数派の方であった。「表―2　昭和のナマハゲ行事の主体」を見れば一目瞭然である。

最近は、それがどのように変化したのか、『重要無形民俗文化財　男鹿のナマハゲ』より抽出してみると、「表―3　現在のナマハゲ行事の主体」のようになる。昭和の調査と大きく違うところは若者、青年層ではなく、町内会が行事に関わっているのが特徴である。それになまはげ保存会、子供会・子供育成会、壮年者・消防団・漁業者などの地域の有志がサポーターとして加わっているのである。このことからいえることは、若者の減少と超少子高齢化社会になってきた現代の社会現象である。ナマハゲの主体、担い手たる若者や青年層が減少してしまったということに尽きるであろう。

表－２　昭和のナマハゲ行事の主体
（『記録男鹿のナマハゲ』より作製）

主体組織	集落数
青年会など	50
若者、青年、青壮年	23
保存会、岬友会など	5

表－３　現在のナマハゲ行事の主体
（『重要無形民俗文化財男鹿のナマハゲ』より作製）

主　体　組　織	町内数
青年会、青年部、青年団	15
なまはげ保存会、なまはげ伝承会	17
町内会、自治会	15
子供会、育成会、子供会の父親	17
消防団、漁業者	3
有志	17

4　保存主体層

現在、男鹿半島には、子供育成会をつうじてナマハゲ行事の伝統を守り続けているところがある。子供育成会は子供会に加入している子供を持っている親たちで結成されている子供会の運営指導機関である。当然、自分の当番は必ず回ってくるのである。そこにおいて、男鹿のナマハゲは由来伝承のいう怠け者の懲罰という訓戒を備えて、時代が変わってもその民間伝承の法灯を燃やし続けているのである。以前はこの子供育成会の仕事としてナマハゲを年中行事化している集落もあった。行事の保存主体層が抱える問題は、ナマハゲの保存と後継者づくりである。ナマハゲ行事の主体層は穢れを嫌う神聖なものが第一とされた。ゆえに、行事主体層は今も昔も未婚・童貞の若者が適任であるとする。行事主体層を支援するのが保存主体層であり、現在は町内会・自治会がそれに該当する組織である。すなわち、ナマハゲ行事は町内会全体の行事となったのであり、保存主体層は町内会全体である。

平成二十七、二十八年の調査によって明確になってきたことは、ナマハゲ行事の保存主体層は町内会であると確認された。以前は若者組や青年会などが主体層となっていた時期もあったがナマハゲ行事を保存保護し、かつ主体的に実施できる組織は町内会となり、行政の助成金は町内会を保存主体の単位としている。ナマハゲ行事を保存するために外部からの力を借りなければならなくなる町内会も出てきているので、この保存主体層はナマハゲ行事の基盤層ともなり、行事存続の工夫が使命となってくることになる。

5　ナマハゲの人数

ナマハゲの役については、菅江真澄の絵のなかでは角のある赤色のナマハゲと空吹《そらふき》・火吹《ひふき》の仮面を被ったナマハゲがいる。それは二匹である。真澄の『牡鹿の嶋風』や『牡鹿乃寒かぜ』のなかにおいても、ナマハゲの様相について記してあるのを見ると次のようにある。

「鬼の仮面、あるいふ可笑とて空吹の面、あるは木の皮の面に丹ぬりたる」（『牡鹿乃寒かぜ』）

「丹塗の仮面を被き」（『牡鹿の嶋風』）

「角高く、丹塗の仮面」（『牡鹿乃寒かぜ』）

これによってナマハゲの面は丹色の面が主たるものと理解できるのではないか。そして、人数は複数であり、丹色の面を被った者が中心となって訪問したと考えられる。昭和十三年（一九三八）に男鹿市北浦相川を調査した民俗研究家・高橋文太郎（一九〇三―一九四八）は、「男鹿のナマハゲ」（『旅と伝説』159・一九四一）で、次のように書いていた。「相川町（中略）ナマハゲは、赤面の中一つが御幣を手に持ってをり、之が統領（大将）で、上座を占めてゐた」と。もう一匹の、空吹というひょっとこ面は番楽《ばんがく》面のようであるが、男鹿半島には全く伝承されていないし、残ってもいない。男鹿のナマハゲから伝播したという能代《のしろ》のナゴメハギには、ひょっとこ面がある。『能代のナゴメハギ』（能代市教育委員会・一九八四）によれば、能代のナゴメハギで使用している番楽の面では、浅内と中浅内ではひょっとこの面を用いている事実があった。ちなみに、能代のナゴメハギで使用している番楽面では統領は、山の神面を被ることになっている。

ナマハゲの人数についての考察は、奈良環之助（一八九一―一九七〇）が『秋田県の正月行事』（秋田県・一九五五）において、「ナマハゲの人数は二人から六人ぐらいで、部落によってまちまちである」と書いている。概して、通常何名ぐらいと書くと誤解を招く恐れがあるので、『記録　男鹿のナマハゲ』によると、二人一組から多い時には五人一組としている。いわば一人一組はいない。単独の一匹ナマハゲはいないということであった。

この奈良環之助とは、東京帝国大学農科実科を卒業した農村民俗研究家であり、追分郵便局長、秋田市会議員、秋田市立美術館初代館長、金足神瀬農協、追分農協組合長を務めた秋田の名士であった。いわゆる俗にいう郷紳（きょうしん・ごうしん）であった。

二人一組の二匹とは赤ナマハゲと青ナマハゲのことを指す。三人一組とは赤ナマハゲ、青ナマハゲのペアにプラスアルファという構成であり、菅江真澄の絵とは異なる。

ただ山形県遊佐《ゆざ》町には、三種類の面あるいは五種類の面のアマハゲが、秋田市雄和《ゆうわ》には、様々な名前の付いたヤマハゲ面などがある。男鹿のナマハゲの事例としては、二人一組のナマハゲが多い。一組のナマハゲが二匹でなく、三匹以上であると、その数が多ければ多いほど巡回行事が家々において盛りあがり、多数のナマハゲが勢揃いすると、その姿の盛観さで家人は圧倒されてしまうこともある。昭和に入って、人口の増加によりナマハゲも各集落の戸数や青年会の人数によって変化してきた。そして、ナマハゲ巡回の交代要員や荷背負、餅担ぎ、袋持などの付人も巡回人数のなかに混入し、ナマハゲ行事の推進員や指導者も、家の中に入らないで外で待っている付人となってナマハゲ育成に心血を注いでいる。ナマハゲが一集落に二人一組が二組以上必要なのは巡回時間の短縮を意図したからである。しかし、平成に入ってからの調査によると、徐々に少子高齢化社会となり、男鹿市の各町内の子供の人数が少なくなり、さらにナマハゲの担い手確保も喫緊の問題になっている。

一回目の昭和五十二年の調査表と、二回目である平成二十七年と二十八年調査を並べて「**表―4　ナマハゲの人数**」として比較してみることにする。ナマハゲの人数は、『記録　男鹿のナマハゲ』も『重要無形民俗文化財男鹿のナマハゲ』も、二人一組から三人一組、四人一組、五人一組からいろいろある。両方を比較すればわかるように昔からナマハゲは二人一組が定番であるし、最も多い形態である。それが今でもそれを踏襲していること

表－4　ナマハゲの人数
（『記録男鹿のナマハゲ』『重要無形民俗文化財男鹿のナマハゲ』より作製）

組	昭和52年調査集落数	平成27、28年調査町内数
2人1組	37	41
2人1組が2組（4人）	8	23
2人1組が3組（6人）	4	6
2人1組が2組の6つ（24人）		1
3人1組	9	8
3人1組が2組（6人）	6	6
3人1組が3組（9人）		1
4人1組	3	6
4人1組が2組（8人）	2	2
5人1組	2	
5人1組が2組（10人）	2	
2～3人1組	1	2
2～4人1組		3
4～5人1組		1
任意決定	4	1

がわかる。ナマハゲの人数においては、複数の人数が必要であるということであり、これが単数の一人になれば担い手不足は否めないことになる。

所役担当の禊

ナマハゲの所役担当の禊《みそぎ》があった。明治時代後半から昭和二十年代頃までは、その年のその集落担当のナマハゲ役に当たった若者は、神社に参拝し、ナマハゲ役に恥ないように誓い、御祓《おはらい》を受ける規則があった。『記録男鹿のナマハゲ』によると、昔から続く男鹿市脇本本郷の集落においては、「ナマハゲ役に決定したその日は神社におまいりして、役が決まるとふろに入り、ふんどしを取り替える。肉、ネギ、ニンニクは食べられない」とある。このふんどしとは、漢字では「褌」とも書き、戦闘服に由来する日本の伝統的下着である。細長い布で作った男性の陰部を覆う下半衣である。男性が一人前とみられるようになるのはこのふんどしを着けられることが自分できるようになってからといわれ、かつては褌《ふんどし》祝《いわい》があった。このように男鹿のナマハゲのナマハゲ役に当たった者は、行事を犯しがたく清らかに実行するために精進潔斎《しょうじんけっさい》して、その役目を全うしたのである。しかし、この慣習は昔からあったものかどうかは定かでない。また、所役決定後の神社参拝や禊は割合近年のものかもしれない。これは後ほど明らかにしたいので、ここにおいては述べないことにする。このような参拝の事例があるのは、『記録　男鹿のナマハゲ』によると、男鹿市北浦湯本、北浦野村、北浦安全寺、北浦浜中、船川港芦沢、五里合琴川《いりあいことがわ》、五里合鮪川《いりあいしびかわ》、脇本田谷沢《たやさわ》、脇本打ケ崎《うちがさき》の九集落であった。禊は旧男鹿市において僅かに残存するもので、旧若美町においては皆無である。思うに、この所役担当の禊はナマハゲ行事にとって行事を整える行為であった。

6　ナマハゲの面

ナマハゲ行事の最も大切なものの一つに面がある。ナマハゲは世界的、全国的にその名が知られるほどに有名になった。ナマハゲの面も、テレビ、映画、書籍、雑誌、ＣＤ、ポスター、各種印刷物などで次々と紹介されている。それはすべていわゆる鬼の面となっている。それも観光用のプラスチック製や木彫の面であり、あまつさえ絢爛豪華であるうえに毒々しく彩られている点がその特徴ともいえる。これは男鹿のナマハゲを全国に知らしめようとした遺産ともいえる。しかし、実際の男鹿のナマハゲのナマハゲ面は、土地の人々の手作りの代物であり、グロテスクなうえに不細工で土俗的な作品である。男鹿市脇本出身の農民作家だった吉田三郎（一九〇五―一九七九）の『男鹿寒風山麓農民手記』（アチック・ミューゼアム・一九三五）によると、その面の作り方の様子が次のように描写されている。

「先づ村の若い者十七八歳から三十歳位までの者が、それ〴〵村の大さによつて幾組かに別れます。そして旧正月十一日の午後は仕事を休んで、自分達の属する区域内のしかも子供の居らぬ家か、或は物置き小舎を借りて、其処に十人なり二十人なりの若者が集合します。そして其処でナマハゲの一切の準備に着手するのです。先づ巾一尺二三寸長さ二尺位の長方形の笊三ケと、藁、赤紙、青紙、金紙、銀紙、新聞紙、ノリ、糸、藻草、馬の髪、墨、タラの木の太い棒、鍬台、板切れ其の他等々を用意します。さて万たん用意が出来ると、集まつた者の内に誰か手工の上手な者が先づ前に用意した三つの笊を土台にして、藁や藻草を材料にして大体の鬼面の形を作る。藁を利用して口はあくまで大きく、歯や牙を作り鼻は太く高く、目は上方に向けて三角にし、頭には太い角を二本作り、そして愈々紙を貼るのです。赤、青、黒の三つを作り歯や牙には銀紙を目の玉には金紙を角には銀紙を貼り、鼻の高い所や、穴の処にはそれ〴〵金銀の紙を貼り、ナジケ（目と髪生えぎはとの間）には波型の皺を作りその凹んだ所には又それ〴〵金銀の紙を貼り、さて紙貼りが出来るとこんどは、角に馬の髪を巻き付けて始めて鬼面は完成するのです」と。

文中に出てくるこの場合の面の材質は笊《ざる》である。それに色々と創意工夫をして作った。そこで男鹿のナマハゲにおいて使用されているナマハゲ面を調査してみると、次のように分類することができる。

面の材質は欅《けやき》の皮面、杉の皮面、笊面、杉・桐《きり》・松・ベニヤ板の板面、建築資材の亜鉛めっき綱板のトタン面、馬糞紙・ボール紙面、既製品木彫面、既製品プラスチック面である。その他に紙粘土面があるという。実際の紙粘土面を見てみると、この面を被って使用したとは考えにくい。この紙粘土面は飾り物か模型として作ったものであろう。

面で多いのは欅の皮を面の土台としているものである。昔からナマハゲ面は欅の皮をノミで彫ったり、刳り貫いたりして作っていた。欅の皮の次に多い材質は、笊面である。木製のものよりも竹製の笊を台材にしている面、和紙を何枚も張り合わせた面、一斗缶を潰して作った面、屋根の建築資材として使われていたトタンの残りの薄い鉄板、杉・松・桐・ベニヤの各板を細工した面が多く、それに色紙、木の皮、馬の毛、海藻の海菅や木の蔓の繊維を配して各々手作りで面を仕上げている。例外として、観光用の色彩華美なプラスチックや木彫の既製品を使用している集落も少なくない。また、古くから使用されていた方法として木彫があげられるが、ひじょうに少ない。ほとんど他の材質に圧倒されている。

男鹿のナマハゲの面は、古くから伝わるものであり、現在は真山神社近隣の「なまはげ館」に保存されている。男鹿市北浦真山に現存している面には角も牙もない。このナマハゲ面の製作年代は寛文二年（一六六二）頃という調査もある。それが一対の二面と明治年間に作られたとするもの一対の二面である。しかし、これらの面は焦げ茶色に煤けており識別は不可能であった。さらに見ておきたいのは、角と牙の有無である。この男鹿市北浦真山では現在も角のないナマハゲ面が使われている。また、牙はあるが、角がないという面を保存しているところがある。男鹿市北浦相川の赤ナマハゲの面である。これは昭和二年（一九二九）頃の作と伝えられている。

その他に特徴あるナマハゲ面を持っているところに、男鹿市男鹿中滝川がある。ここにおいては男役のジッ

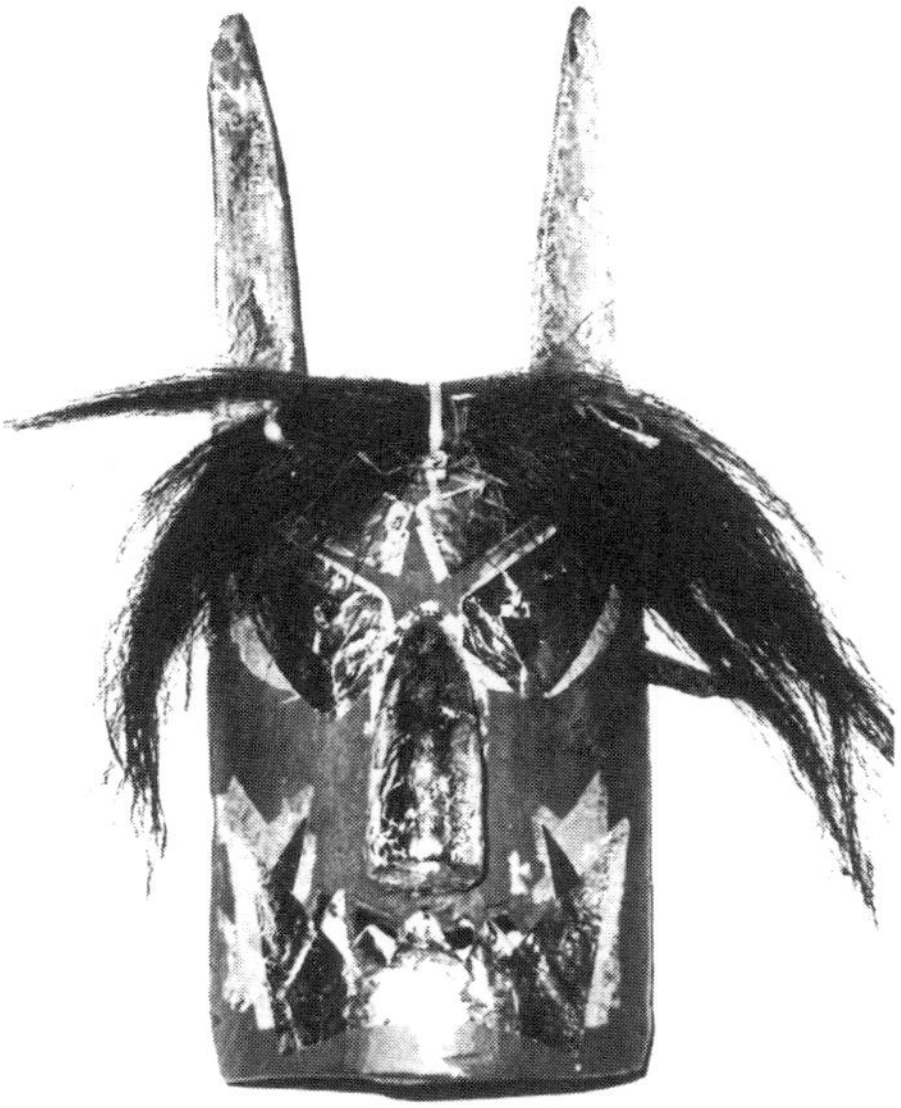

木の皮で作ったナマハゲ面・表

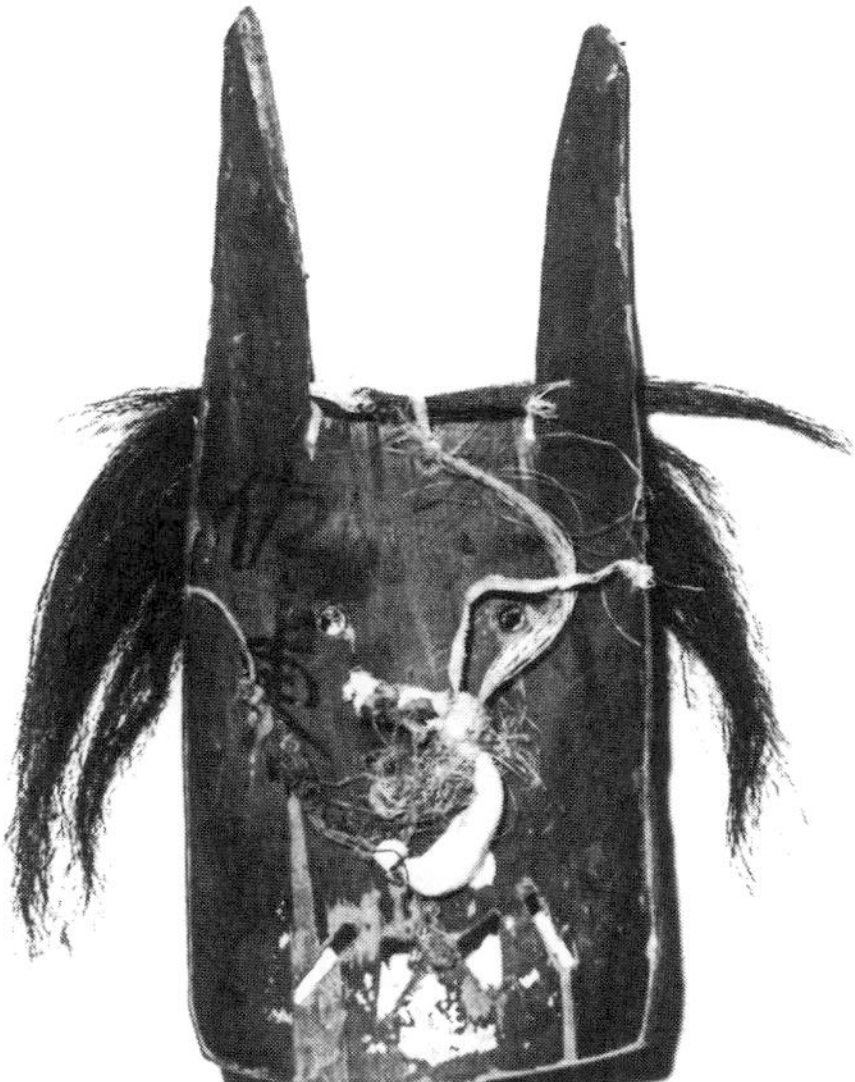

木の皮で作ったナマハゲ面・裏

コナマハゲには角が二本、牙が二本ある。女役のババナマハゲには角がなく、牙が二本あるのみである。さらに、ユニークな面としては、男鹿市五里合鮪川を選ぶことができる。この面は赤ナマハゲの男役の面には角が二本あるが、青ナマハゲすなわち女役の面には角が一本しかないのである。前節の「5ナマハゲの人数」において述べたように、菅江真澄の描写した絵や記録には丹塗りの面が主たるナマハゲであるとしていた。そして、その他に鬼や空吹の面があったごとく、現在の赤ナマハゲと青ナマハゲの伝承とは異なるところがある。これは武帝説の夫婦鬼の名残であろうか。ここで問いたいのは、ナマハゲは果たして鬼だったのかということである。前述した男鹿市北浦真山の面には角も牙もない。江戸時代の鬼の諸相は鎌倉仏教美術の高揚期を経て、民衆の間には流布され終わっていたはずである。鬼とは牛の角と虎の牙と相場が決まっていたはずである。ナマハゲは鬼ではなく、ナマハゲは神なのである。

ナマハゲの面は行事を左右するほど重要なものである。ナマハゲ面は行事の中心であり、人が歳神《としがみ》に変身する重要なツールである。ナマハゲ行事を実施するのか、実施しないのかの判断にまで影響を及ぼす事物である。

昭和の調査を纏めた『記録　男鹿のナマハゲ』と、平成の調査の『重要無形民俗文化財　男鹿のナマハゲ』を合体した「**表―5　ナマハゲの面と材質**」を見比べてほしい。著しい特徴があることがわかる。前回の調査では手作り面が多く、木の皮、笊（ザル）、木、トタン、紙、木彫といろいろと工夫された痕跡があった。いわば庶民の民具そのものであった。それが平成の面になると、手作り面が少なく、ほとんどが市販木彫面である。昭和期の面でも、既製品の木彫面とプラスチック面を被っていた者もいたが、少数派だった。さらに強化プラスチック面のＦＲＰ（繊維強化プラスチック）も一町内に登場した。また、野球のキャッチャー面を使用するところも

表－５　ナマハゲの面と材質

（『記録男鹿のナマハゲ』『重要無形民俗文化財男鹿のナマハゲ』より作製）

方　法	材　質	昭和52年調査集落数	平成27、28年調査町内数
手作り面	欅の皮面	26	
	ザル面	22	16
	木製面	11	13
	トタン、ブリキ面	7	
	紙製面	5	5
	木彫面	3	
既製品	市販木彫面	15	42
	プラスチック面		12
	キャッチャー面		2
その他	借用面		1

二町内出てきている。既製品のプラスチック面にキャッチャー面を合体して被りやすくしたものという。

しかし、ナマハゲの手作り面は材料があれば簡単にできるという。そのことは男鹿市菅江真澄研究会長・天野荘平氏ら地元関係者が明らかにしている。同氏は次のように語った。

「町内で受け継がれてきた独特のお面を（中略）作ることは伝統的技術の継承でもあり、誇るべき町内文化に気づくまたとない機会でもある」と。

平成二十七、二十八年の調査では、面は圧倒的に木彫の既製品が多かった。既製の木彫面（石川面）やプラスチック面がそうである。わずかに民具とされる木製面、笊面、紙製面もある。思うに、ナマハゲ面の手作りが普及されるには、生涯学習講座の木彫製作のような趣味の面として普及されれば手作りができるといえる。しかし、江戸時代から続く各集落や各町内の独自性は失われてしまう。なかなか講習会制度が進まないのが各集落や各町内特有の面作りがあるからである。だが、既製品が多くなると、昔からのナマハゲ面が失われてしまうのである。以前の旧若美町役場主催で行なったような面作成の講習会などが開催されることを期待されるが、講習会制度が普及されれば、講習会の面が一般化され、町内会特有の文化を排除してしまう危険性がある。ここがナマハゲ面の独特な問題である。そこにはナマハゲ行事の面は伝統的な文化の主体性の問題が存在しているのである。ナマハゲ行事の面作りの難点は微妙で素朴な部分がある。

世界的に著名なドイツの建築家ブルーノ・タウト（一八八〇―一九三八）は、昭和十一年（一九三六）、秋田においてナマハゲを見ていた。その著作『日本美の再発見』（篠田英雄訳・岩波書店・一九六二）には次のようにあった。

「三人の農民達が悪魔に扮して踊る『ナマハゲ』を観た。草や海草で作った蓑をつけ、御伽噺にでも出てくるような物凄い仮面を被っている。『ナマハゲ』はもともと子供達を嚇かすための踊であるが、すこし度がきつ過ぎるようだ。しかし芸術的には非常に印象の深いものである」と。

芸能史学者・本田安次（一九〇六―二〇〇一）は、「裏日本の旅」（『旅と伝説』通巻83号・三元社・一九三四）において次のように語った。

「店屋で昼食を食べさせてもらふ。生剝のことを聞くと、主人が一走して、お面を借りて来て見せてくれた。この生剝は、旧正月十五日の晩出る。面を冠るのは二人で、赤鬼と青鬼、前者の面の大さが尺二寸に七寸五分、角の長さが六寸。後者が一寸に七寸角が六寸五分、近頃は張子が多いといふが、ここは尚木彫で、深く刻み彫られてゐた。この面を冠り、蓑を着、漁師達の用ひる前かけをしめる。脇差を持ち、瓢に小豆などを入れ、是を鳴らして来る。或は算盤などを鳴らす者も居る。（中略）即ち赤面青面の外にもう一人、素面の、餅などを貰ふと是を袋に入れ、背負うて歩くものが出るのである。尤もその外にも、お伴と称する者が数人つく。これ等は普段着、素面のままの、何れも青年達である。『ウーツ』と叫んで家の中に入つてから、縁端に上つて主人に向ひ御辞儀をし、年始の礼を言ふ。すると主人は盃を出す。生剝は面の下より酒を飲み乍ら、『こちのわらしどもはあくたれるか、あくたれぬか、つかへるか、つかへないか、黙つて学校へ行くか行かぬか』などいふことを色々聞く。親達は、子供は大人しいといふ事を言ふ。すると生剝は、『俺はどこそこに居るから、あくたれたらいつでも教へて、よこしてもらひたい、足の皮を剝いで、小豆をこすりつけてやるから』と威す。かくて餅にゆづり葉、こんぶに松をつけ、乾魚などを添へて出され、これを貰つて、又ウオーツと言ひ乍ら、瓢を鳴らして帰る」と。

本田は、昭和九年（一九三四）に男鹿半島に来ていた。そして訪ねた飲食店において、本田はナマハゲの面を見せてもらったようである。男鹿市民の人の心の広さが表現されている文章であった。さらに、本田はナマハゲ面の採寸もしていた。採寸によって本田が直筆でスケッチを描いていた。それが、「図―3　本田安次が描いたナマハゲ面」である。それによると面は木彫りであった。赤鬼と青鬼の二匹であったという。ナマハゲの持ち物は脇差と瓢簞であった。瓢簞は小豆か何か入っていてカタカタ、コトコトと音が鳴るものであった。菅江真澄の絵にあるような木箱ではなかった。火斑・火文を剝ぐ道具としての刀も出刃包丁ではなく、脇差であった。

芸術家・岡本太郎（一九一一―一九九六）も日本全国の芸術風土記を標榜して、ナマハゲ面の魅力を語っていたひとりであった。昭和三十年代の『芸術新潮』に連載した最初に取り上げたのがこのナマハゲであった。

「私が『なまはげ』にひかれたのは、第一にそのお面だった。（中略）無邪気で、おゝらかで、神秘的だ。しかも濃い生活の匂いがする、と感心した。（中略）ベラボーな魅力。古い民衆芸術のゆがめられない姿だ」と語った。

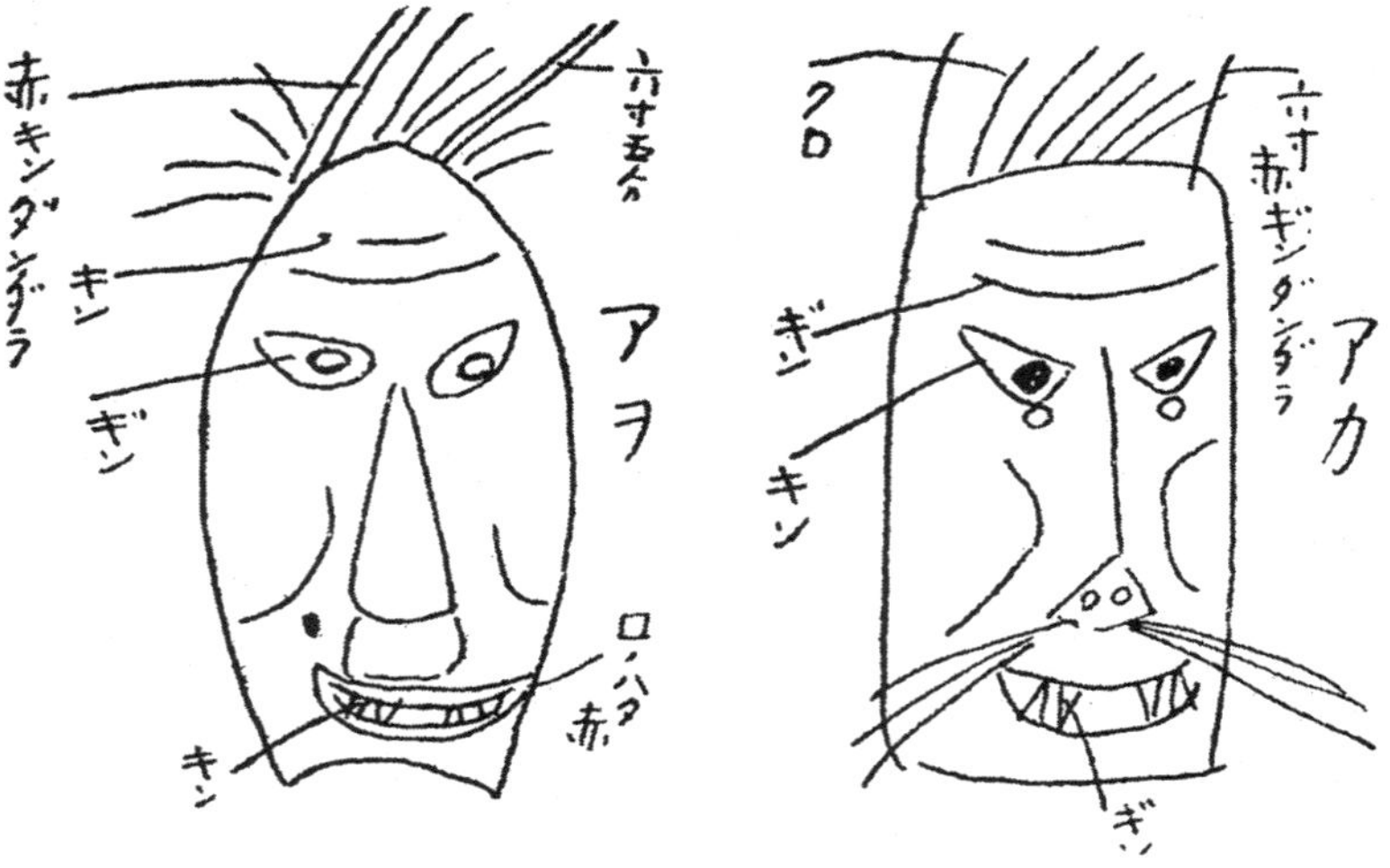

図－３　本田安次が描いたナマハゲ面（『旅と伝説』通巻83号、岩崎美術社より）

ナマハゲの面についての研究はほとんど行なわれていなかった。地元の郷土史家・磯村朝次郎（一九三二―二〇〇八）の「男鹿の仮面」（『ナマハゲ―その面と習俗―』日本海域文化研究所・二〇〇四）が唯一の論文である。このナマハゲの面というものは、各町内のものであり、個人の所蔵もある。取りも直さず、これは町内の文化であり、個人の文化でもあった。町内や個人の所有であるという限定が付くのである。研究者といえども、他人がそれを拝見して研究することは行なわれていなかった、というよりも難しいことであった。ナマハゲ面を他人に見せたり、他の面と比較したり、貸借したりすることもしていなかったということである。ナマハゲ行事が終われば一定の場所に安置するか、格納されてしまうものである。「男鹿の仮面」によれば、ナマハゲ面の素材は、杉欅、欅の皮、杉板、杉皮、紙、笊、トタン、ベニヤ、紙粘土、プラスチック、木彫りなどになる。磯村は、「男鹿の仮面」にナマハゲ面の材質を詳しく説明している。それは次のように分けられる。

（1）杉、欅の面…杉や欅からつくった面。

（2）欅の皮面…欅の皮を剝いで乾燥させてから細工をした面。

（3）杉板面…厚い杉板で作った面。

（4）杉皮面…スガワすなわち杉皮を利用して作った面。

（5）紙面…紙面は型に和紙を何枚も貼って作った面。

（6）笊面…竹細工の笊を利用した面、張子のようだといわれるが軽妙である。

（7）トタン面…建築材の余ったトタンを切って作った面。

（8）ベニヤ面…建築材のベニヤ板を利用した面。ベニヤ普及は昭和三十九年の東京オリンピック頃である。

（9）紙粘土面…紙粘土を用いて作った面。

（10）プラスチック面…男鹿市北浦湯ノ尻の檜山良一氏が考案した紙粘土面の原型をコンクリートで作り、そこにプラスチックを流し込んで作った面。

（11）木彫面…木彫面は男鹿市北浦入道崎の石川守三（奉行）氏が専門的にナマハゲ面を製作した。その子息石川千秋氏が二代目となって引き継いでいる。販売する既製品の面の場合に使用した木材は桐である。

「**表―6　ナマハゲ面の材質の変遷**」から考察してみると、面の多様性は、大正・昭和前期から起こっており、昔から続く伝統的な木彫面だけではなくなったのである。大正・昭和前期からナマハゲ面の素材に笊、紙、トタン、ベニヤ、紙粘土が用いられ、様々な面に発展した。吉田三郎が報告していたのは笊で作った笊面である。岡

表－6　ナマハゲ面の材質の変遷
（主として磯村朝次郎「男鹿の仮面」より作製）

	江戸時代	明治時代	大正・昭和前期	昭和後期より現在
1．杉、欅の面	✓	✓	✓	✓
2．欅の皮面		✓	✓	✓
3．杉板面		✓	✓	✓
4．杉皮面		✓	✓	✓
5．紙面			✓	✓
6．笊《ざる》面			✓	✓
7．トタン面			✓	
8．ベニヤ面			✓	
9．紙粘土面			✓	
10．プラスチック面				✓
11．木彫面				✓

本太郎の見た面も笊であった。大正時代から昭和前期には軽くて丈夫で動きやすい面だった。本田安次が見た面は木製だった。しかし、彼はナマハゲ面を、「近頃は張子が多いといふ」と表現していた。それが笊面であった。

ナマハゲ行事の際に壊れやすいトタン、ベニヤ、紙粘土などは淘汰されてしまった。そして、昭和後期より、面として耐用性があるものが残ったのである。淘汰された紙粘土製の面から考え出されたものがある。すなわちコンクリートの鋳型に紙粘土の代わりにプラスチックを流し込んで作ったのであった。ゆえに、紙粘土面から発展した面と考えられるのがプラスチック製の面である。プラスチック面の登場は新しい展開となったのである。純粋に面のことのみを考えれば、このプラスチック面は当時とすれば画期的なイノベーション（技術革新）であった。

木を彫って面を作るのではなく、面の耐久性、経済性、軽量化、普及化を考えればこれほど良い面はなかったのである。プラスチック面は大量生産が可能である。ナマハゲ面のプラスチック化が考え出されたのは、日本の高度経済成長時代の昭和四十年代頃からと思われる。ただし、重要無形民俗文化財の観点から振り返れば、プラスチック面はあまりにもスマートであり、シンプルすぎて、重みがないものであった。ナマハゲの伝統的、神秘的、祭事的などの附帯する条件と製作過程からは全く気概が欠如しており、甚だ相応しくない面であったのも確かである。だが、プラスチック面は現在も健在である。さらに、プラスチック面は今も使用され、面の発展や改良ではなく、製作方法の工夫が試されている。市販のプラスチック面と野球のキャッチャー面を組み合わせ、すなわち両方を合体させた製作工程による面が作られている。

今後もナマハゲ面の問題は益々続いていくと考えられる。ナマハゲ行事がある限り、面は重要なものである。歳神に化身するにはこの面とその性格が必要なものとなってくるからである。

平成二十七年（二〇一五）六月に亡くなったナマハゲ面彫師・石川守三（泰行）氏が、地元新聞社や全国紙の記者の取材に応じて、回顧的に語ったところによると、木彫の面作りが本格的に盛んになったのは昭和三十八年（一九六三）頃からであったという。当時の日本の状況は東京オリンピックが昭和三十九年（一九六四）に開かれることで沸き立っていた。

思うに、これは経済効果があって、ナマハゲ面が大量に必要になってきたことと関係があった。ナマハゲ面が必要になったのは、ナマハゲが観光行事に活用される計画があったからである。ナマハゲが登場する絶好のチャンスが到来した。ナマハゲは秋田観光の地域遺産であり、さらに地域資源として再確認されたからであった。その具体的なイベントは後述する「なまはげ柴燈《せど》まつり」であった。イベントでは多くのナマハゲが登場する。その際にナマハゲ面を大量に使用するからであった。木彫のナマハゲ面が多くなればなるほどナマハゲ観光が盛んになってくる。木彫のナマハゲ面は高価だが、お土産品とされたのはプラスチック製の面だった。市販の既製品プラスチックのナマハゲ面の方は、高度経済成長期の一九七〇年代から登場したとされる。

木彫のナマハゲ面が使用されるものに「なまはげ踊り」と「なまはげ太鼓」がある。なまはげ踊りとは、秋田県出身の舞踏家・石井漠氏と子息で作曲家・石井歓氏が創作した踊りである。なまはげ太鼓は、男鹿市の青年会などが、ナマハゲに和太鼓を加えた創作芸能である。これは、地元において、昭和六十二年（一九八七）に、なまはげ太鼓伝承会を発足させて、旧仙北町（現大仙市）の太鼓演奏家・鈴木孝喜氏に、「真山おろし」「真山返し」を作曲してもらった。現在は、恩荷《おんが》、男鹿《おが》っ鼓《こ》、ＮＡＭＡＨＡＧＥ《なまはげ》郷神楽《さとかぐら》、男鹿和太鼓愛好会の団体があり、高校と中学校にもなまはげ太鼓部がつくられた。

ナマハゲの面の研究や制作にあたっては、『ナマハゲ―その面と習俗―』と、小賀野実『なまはげ―秋田・男鹿のくらしを守る神の行事―』（ポプラ社・二〇一九）は、写真を多数使用しており、個別の面の特徴がわかる。また、面そのものを考察できて、ひじょうに参考になると思われる本である。

7　装着具の種類

男鹿のナマハゲの装着具については、上半身にケラや蓑を着ているようにいわれている。しかし、本来はケデ、ケンデ、ケダシという、ナマハゲ役に当たったその年の若者たちが特別にその年の稲藁で作った藁製のマントである。これは実際に製作しているところを見ると、実に簡単に作れるものであった。これらも伝承が薄れていく

ナマハゲ面を持つ子供たち

と製作方法が伝わらない問題が生じている。ケデ、ケンデ、ケダシにおいては、製作のための講習会制度を設けてその伝承の補強を行なっている。各町内から講習会に参加してもらえば伝承が可能となっている。ケデ、ケンデ、ケダシを作るための稲藁の確保が肝要となってくる。また、ナマハゲがケラや蓑を装着していても海岸地域においては、それに海菅《うみすげ》を入れて編んで補強している。しかし、ケラや蓑を着たからといっても腰に巻くのはケデやそれに似た腰蓑である。

男鹿のナマハゲの装着法は大きく分けて三種類ある。西海岸集落はイボシマ、ヨボシマや丹前を上半身に着てからケデ、蓑、ケラを纏う。下半身には腰蓑かケデを巻く。このイボシマ、ヨボシマとは防寒服のようなものである。これは毎年補修するが新調はしないでナマハゲ行事の際のみ取り出して使用する。そして行事終了後には、また、元の所に収めるのである。簡単に説明すれば、装着具を神聖性の観点から毎年新調する考えと、装着具を

ケデ（ケンデ、ケダシ）

毎年行事の時期のみ使用し、それを長く保存することが伝統とする考えがあったということである。

東北部の集落の方は割合と軽装である。ケラや蓑やケデを軽く着こなす程度である。農村部である東部集落や中部集落のようにケデをふんだんには使用しない。男鹿市男鹿中や旧若美町は農村地帯であったので稲藁が豊富で、ナマハゲ行事の際には、毎年ケデをナマハゲ一匹当たり三枚編んだ。その一枚は腰蓑に当てて、残りの二枚は、最初に右肩から一枚掛け、次に左肩からもう一枚を掛けて着るのである。以上が身体の上半身と下半身の腰までであるが、手や足はどのようにするのかというと、昔は手には手甲《てっこう》、足には脛巾《はばき》を着けていた。現在、手甲は着けなくなってしまった。一方、足の方は、昔は脛巾と草鞋であったが、それが藁沓になり、ゴム長靴の普及を経て、スノーブーツの浸透に至っている。農村地帯ではケデを三枚使用するので、それを主たる装着具としたために、早くから手甲や脛巾は姿を消してしまった。しかし、最近はナマハゲの注目度が高くなり写真を撮られることが多くなり、再び藁の手甲や脛巾を着けるようになってきている。

ナマハゲの装着具の主とするところはケデ、ケンデ、ケダシであって、ケラや蓑はあくまでも便宜的なものに過ぎない。ここでも民俗行事の手作りの装着具が生きているのである。

8　持ち物の種類

男鹿のナマハゲは観光用の人形やポスターを見ると、ナマハゲは一定の持ち物を携えている。男鹿半島の入口にある男鹿綜合観光案内所は、通称「なまはげ案内所」という。そこでは巨大ナマハゲが観光客を出迎えてくれる。巨大ナマハゲの赤ナマハゲは御幣《ごへい》を持ち、青ナマハゲは右手に出刃包丁を持ち、左手にはカショケといった手桶を持って立っている。これが現在のナマハゲの代表的な持ち物である。

男鹿のナマハゲの持ち物の種類は集落ごとの相違がみられる。一番多いのは出刃包丁があげられる。昔は恐ろしさを強調するために、多くの剣刃類、農工具を使用した時期もあった。鉞《まさかり》、刀、槍のほかに籾《もみ》叩き（ヂョゲ）、鍬台（カデ）があった。珍妙な持ち物としては八手の葉、算盤、大福帳などがあげられる。

手桶

なにゆえに、男鹿のナマハゲは出刃包丁や手桶や御幣をもっているのか、また、それらを持つようになったの

ケデ、ケンデ、ケダシのまとい方

② 右肩からかける

① 腰につける

③ 右肩を後ろで留める

④ 左肩からかける

⑥ 背中に御幣をさして完了する

⑤ 左肩を後ろで留める

か。まず、手桶についていえば、江戸時代からナマハゲに餅を供物としたが、家によってはドブロク（濁酒）を御神酒として振る舞った。そのためにナマハゲは饗応の酒を持ち帰るために手桶を準備するようになった。それが段々と変化し、『記録　男鹿のナマハゲ』によれば、近代になって手桶を持ってドブロクを貰って歩いたのであるという。これが男鹿のナマハゲが手桶をもつようになった所以である。

新しい年の若水を汲み、正月らしさを醸し出す祝いものに使用する大切なものでは決してない。それは後世の牽強付会というものに等しい。手桶を兼備することはナマハゲの小道具としては新しい。菅江真澄の絵を見ると、丹塗の面ではなく、ひょっとこの面を被った方が手桶を腰につけていた。

全国のナマハゲと類似の行事に新潟県村上市のアマメハギがあるが、アマメハギは腰に漆桶を付けて、カタカタと鳴らしたという。村上市のアマメハギのカタカタと鳴らす漆桶と、ナマハゲの手桶は目的が違っていた。アマメハギは音をたてるためのものだが、男鹿のナマハゲは濁酒を入れる容器として使用したのである。

御幣

なぜナマハゲが御幣をもつようになったのか。これを解明させてくれたのは元若美町文化財保護専門委員の古老・ＯＳ氏（明治二十八年生）であった。同氏の談話を纏めてみると次のようになる。ナマハゲが御幣を使用したり、神社に参拝したりする神道との関係が深くなったのは明治三十年（一八九七）以降のことであった。その前には御幣も神社もナマハゲとは疎遠であった。なにゆえに、このようになったのかは、ナマハゲの荒行が目に余るため、当時の警察が厳重に取締まり、一時、この行事は中止となってしまった。そして、その後ナマハゲ行事を復活する際に警察の指導により行事内容の細部に注文がついてしまったのである。この歴史的事実については後述する。この時の規制や規則が今も男鹿のナマハゲ行事の習俗に深く絡み合い残存して定着してしまったものもある。思うに、ナマハゲ行事が存続できたのはこの際の妥協策に負うところが多いといえよう。しかし、この時にナマハゲ行事の前後の神社参拝や御幣奉納、家人問答形式を義務付けられた。そして、ナマハゲ行事を実施している最中に、ナマハゲ役に扮した若者は、「神社に御幣を奉納しに行くところです」と、便宜的な返事をしたという。以上が男鹿のナマハゲの御幣についての疑問に対する答えである。

出刃包丁

出刃包丁についてはすでに菅江真澄が描いた絵のなかに登場していて、ナマハゲの根本的な持ち物と思われる。真澄の絵では、木箱や籠を肩からつるし携帯していた。木箱は小石か豆類がはいっているらしく、真澄は次のように描写していた。「何の入りたらんかからからと鳴る箱ひとつをおひ」と。これをいつからか小豆であるといい伝えられ、あまつさえ小豆は高価なものであったのでナマハゲに相応しいとされた。旧山本町と旧琴丘町（現三種町）に残るナマハゲに似た行事に残っていた唱え言葉はその一つの証明である。しかし、その後、この小豆の入ったという小箱や籠は姿を消し、唯一出刃包丁だけがクローズアップされるようになった。出刃包丁が残った理由は、結局、由来に負うところが大きい。いわゆる火剝ぎの由来と相互に補強し合いながら残ってきたものと思われる。菅江真澄の筆には描かれなかったが、現在でもナマハゲ行事の必需品としてカマス（麻袋）があげられる。これも小道具の一つであるが、主にナマハゲ役は持たないで、その付人が持っていて、御供餅すなわち

ナマハゲの持つ出刃包丁

ナマハゲ餅を入れたりする際に使用するのである。

男鹿のナマハゲについては持ち物についても例外がある。それは何物も持っていないナマハゲを行事としている集落があるということである。『記録　男鹿のナマハゲ』によれば、男鹿市北浦真山と男鹿市北浦安全寺の二か所である。この二つの集落は男鹿市船川港門前とともに古くからナマハゲ行事を支えてきた由緒ある集落である。

男鹿のナマハゲの行事の小道具としては、やはり出刃包丁をあげ、その他のものは時代の反映として考え出されたものが多いことは、前述したとおりである。さらに、出刃包丁といえどもナマハゲの持ち物として必要十分な条件を満たしているとはいえないのではないか。言い換えれば、ナマハゲには出刃包丁も絶対的小道具ではないということが考えられる。先に指摘したとおり男鹿市北浦真山においては昔からナマハゲは持ち物を何も持っていなかった。現在においても男鹿市北浦真山の集落では素手である。思うに、出刃包丁がナマハゲにとって、恐ろしさの表現手段の一種であり、補完的なものに過ぎなかったといえる。菅江真澄の絵のように出刃包丁を携えるようになったのは江戸時代の頃のことと考えられる。

9　実施前後における神社参拝

男鹿のナマハゲは行事実施の開始（巡回出発）と終了（巡回後）の際に、その集落内の神社に参拝するとされている。それは本来のナマハゲ行事の姿ではなかった。戦前はナマハゲ行事の準備場所、すなわちナマハゲ宿と称したものを決めておいたというのである。そこからその集落の大家・大屋・肝煎宅《きもいり》に挨拶をして出発した。そして、終了後にそこに帰ってきて、饗応を受けるのである。神社との関係は薄かった。

歴史的には、前述のとおり明治三十年頃に男鹿のナマハゲが警察によって一時禁止されたが、農業の神様と謳われた明治の篤農家・石川理紀之助（一八四五―一九一五）の嘆願と陳情によって社会的、道徳的配慮から復活を許されたという出来事があった。農業経済の知識を買われて秋田県庁の産米検査部長となった石川理紀之助は貧農救済に尽力し、種苗交換会創設を実現した勧業偉人であった。また、第二次世界大戦・太平洋戦争中には男鹿のナマハゲも陸海軍に戦時協力して中国大陸と太平洋に出撃し、盛んな活躍をしていたので、故郷の男鹿半島においてはナマハゲの活動は休止しており、戦後に再開したという事実もあった。このように男鹿のナマハゲは二度にわたって事実上の停止を余儀なくされていた。ゆえに、明治三十年頃に官憲から禁止され、それが復活した際には、社会的、道徳的配慮による方便的工夫であった。それが男鹿半島のナマハゲ巡回の前後における神社参拝として残存した。

ナマハゲは今日でも神社参拝をしているが、ほとんど形式は崩れてしまっている。わずかにその形式を保っている集落は少なくなってきている。それも村社を中心として神官を必要とした儀式があるわけでもなく、神事としての形式があるわけでもない。明言すれば、男鹿のナマハゲ行事の実施前後における神社参拝は多分に形式化したものであった。ゆえに、密度の濃い古い形態を備えた民間信仰の奇習としての男鹿のナマハゲは存続しえたのである。そして、この実施日前後における神社参拝ということは、所役担当の禊《みそぎ》や持物の御幣と同様に近代以降のものであり、江戸時代には存在していないことと推察される。

神社参拝は、明治三十年以前には実施されていない。かつては集会所として寺社が利用されてきた時期もあっ

出発前、大家宅あるいは町内会長宅にて気勢を上げる

終了後は鳥居の前で

表－７　ナマハゲの参拝の有無
（『記録男鹿のナマハゲ』『重要無形民俗文化財男鹿のナマハゲ』より作製）

	昭和52年調査集落数	平成27、28年調査町内数
参拝有	56	64
その他の参拝有	6	2
参拝無	16	61

た。「表―７　ナマハゲの参拝の有無」を見れば、昭和五十二年調査の際には神社参拝は多かった。町内の七割以上が参拝した。それが平成二十七、二十八年調査の時には参拝するか参拝しないか二極化していることが理解される。組織宗教の力を借りなくともナマハゲ行事が遂行できるとの考えからである。

その根底には、日本人の神観念がある。神に対する意識であった。そもそも日本人の神観念において、神は町や村に常在していない。他界から子孫である人々の所へ正月や盆にやってくるという信仰である。

神は他界にいるが、それに近い所は寺社であった。神社参拝が二分しているのは、意識の違いからである。

10　ナマハゲの所作と問答実態

ナマハゲは最初ウォーと奇声をあげて入ってくる。昔は土足のまま廊下から座敷へ直接侵入してきた。その際に戸を激しく叩いたり、畳を強く踏んだりする。そして、ナマハゲの有名な唱え言葉を口にするのである。

「ナクコイネガ、エレバミミクド」（泣く子はいないか、いたならば耳を喰ってしまうぞ）

「アグダイルコイネガ、エレバオヤマサツレデエグド」（悪い子はいないか、いたならお山に連れて行ってしまうぞ）

そして、隠れている女や子供を捜して部屋中をあちこちと動き回る。これらの泣く子はいないか、怠け者はいないか、初嫁は働くか、初婿は親孝行しているかのほかに、現代的な表現の、遊びすぎないか、酒を飲みすぎないか、麻雀やパチンコをやりすぎないかまで登場している。ナマハゲの戒めや恐ろしさに対して、その家の主人はひたすら謝り、ナマハゲの機嫌をとり、酒肴を勧める。その際に主人はナマハゲの唱え文句に対してすべて否定する。

「オイネダバソヤコイネス（ンナ）、イウゴドキグンエコダ」（私の家にはそんな子はいません。みんなよくいうことを聞くいい子です）

そうするとナマハゲは、一年中神社の大木の穴のなかにいるから、もしそのような子供や初嫁・初婿がいたら手を三回叩いてくれ、そうするとすぐにやって来ると答える。そして、一段落落ち着いたところで、来年もまた来るという言葉を残して、入ってきたところからナマハゲは忽然と去っていくのである。ここで、ナマハゲが相手とするのは普通よく知られているのは子供だけでなく、初嫁・初婿であるという点に気づいたと思う。彼らは、いわばその家の新しい人であり、その村でも新参者である。ゆえに、ナマハゲの相手がそれら新参者にかぎられている。

ナマハゲの行動を順序よくまとめてみると次のようになる。

A　入来

←

B　巡行―唱え言葉

←

C　進献・饗応

←

D　退去

これが明治三十年以前の傍若無人《ぼうじゃくぶじん》のようなナマハゲが変わってきた。「5　ナマハゲの人数所役担当の禊」、「9　実施前後における神社参拝」の両節において論述したように、社会的道徳的配慮がなされたことにより、一定の制約が加えられたのである。それは次のような行動の順番となった。

a　到来報告

←

b　入来（Aと同じ）

←

c　準備

d　←　神棚拝礼（各家の）

e　←　挨拶

f　←　巡行―唱え言葉（Bと同じ）

g　←　進献・饗応（Cと同じ）

h　←　退去（Dと同じ）

以上のように、制約をしたナマハゲの方が圧倒的に所作が多くなっている。それを詳説すれば、aの到来報告とは、ナマハゲの巡回を先導者が家々の戸口に来意を告げてから入ること、すなわち訪問の許可を得ること。bの入来とは、以前の入来と同じである。cの準備とは、ナマハゲが玄関や板場に入った場合、七、五、三の四股を踏むことが必要とされたことをいう。その場合は歩き方の所作が決まっており、奇声をウォーと発して七歩前進し、五歩後退してから三歩前へ出るという。ここにおいてナマハゲの恐ろしさをまず表現するのである。dの神棚拝礼とは、各家の神棚に柏手を打ってから拝礼することである。eの挨拶とは、ナマハゲが家長に、今はそ

家の玄関に注連縄を張る

の家の主人に対して、「新年オメデトウゴザイマス」という。それに対して主人側では、「よく来てくれたご苦労様」というねぎらいと感謝の気持ちを表す意味の言葉をいい、来年の祈願を申し述べる。そうするとナマハゲは家内安全、豊作大漁、商売繁盛という祈りをささげる。さらに、主人とナマハゲの問答は続いてナマハゲの名前や住処などに及ぶ。fの巡行―唱え言葉とは、以前のBの巡行―唱え言葉と同じである。gの進献・饗応とは、以前のCの進献・饗応と同様である。hの退去とは、以前のDの退去と同じで差違はない。

前に述べたとおり、ナマハゲ行事が変化してからは、荒行《あらぎょう》のナマハゲが形式を整えたナマハゲになってきた。前述した神社参拝の例もそうである。制約の大きかったa到来報告、b入来、c準備、d神棚拝礼、e挨拶については、男鹿半島においては、遵奉し続けている集落もある。

ナマハゲに関する論考や解説には、このナマハゲと主人の問答形式のみを捉えて、小正月の夜に訪問する年迎えの神との挨拶や対話として、それを予祝《よしゅく》であるという。しかし、この問答形式は明治三十年頃のナマハゲ行事が存続していくために、便宜上、社会制約上、生み出されたものにほかならない。ナマハゲと家の主人との問答形式は、すでに吉田三郎（一九〇五―一九七九）によって喝破されていた。吉田の著作『男鹿風土記』（秋田文化出版・一九六五）によれば、そのなかで次のように説いていた。

ナマハゲは、「主人のいるろばたのところに行き、『新年おめでとう』と年詞をのべる。こういう礼儀は大昔はなかったとのことだが、明治中頃警察の大干渉となり、そのころからなまはげの素振行動が原始的なものから一挙に近代的になったと祖父から聞かされた。私は大正時代のなまはげだから、ちゃんと年詞を述べたものだった」と。

もしも近世において男鹿のナマハゲがこのような興味深い年詞問答をしたならば、慧眼で鳴らした菅江真澄は男鹿の風情として彼の日記に筆を染めたに違いない。男鹿のナマハゲの所作と問答は近世になかったものと推察される。

11　ナマハゲ来訪前の各家の準備

ナマハゲ行事において家人の来訪に対応する方法は様々ある。それを順番に上げると次のようになる。

（1）早めに食事をとる。

（2）家族全員が風呂に入り、身体を清めて正装に身を包む。
（3）神棚や床の間を飾る。
（4）注連縄《しめなわ》を付けて玄関や家のなかの戸を全部開ける。
（5）御神酒《おみき》付きの膳を揃える。
（6）子供、初嫁・初婿を二階、押入れ、物置に隠す。
（7）ケダシが落ちたら翌朝までそのままにして置き、清掃はしない。
（8）ケダシを頭や病気の患部に巻き付ける。
（9）進献物として切り餅や祝儀を用意する。

男鹿のナマハゲ行事において、各集落の家々の対応で圧倒的に多いのは、ナマハゲに対する進献と饗応である。その他の家人の対応は正月前夜（旧暦十二月三十日、新暦十二月三十一日）や小正月（正月十五日か十六日）であったので、神棚や床の間は当然、清掃して飾り物などを置くことが慣習であった。また、現在でも夕食の時間は午後六時までに早くとり、早く風呂に入っておき、女や子供たちは二階、押入、物置などに隠れ、それが済んだら玄関および家のなかの戸は全部開放しておくことがナマハゲ来訪を期待する家人の良識ある姿勢とされている。しかし、今日において、新建築方法によって玄関は洋式が多くなった。さらに座敷の外側にある板敷の縁側はなくなり、容易にナマハゲが外から入来しにくくなってしまった。また、ナマハゲ来訪の意味を深く理解しない人も多くなり、病気、葬儀、子供なし、初嫁・初婿なしなどを理由に来訪を一旦《いったん》断ると、そのまま疎遠になってしまうこともある。

神棚と仏壇の前に座るナマハゲ

ナマハゲに対する饗応については、酒は一回だけ注ぐ集落と、三回注ぐ集落と色々あり、膳の料理も神事や祝い事に用いる尾頭付き他三品から五品と様々ある。これには、その家庭の個人差もあるが、その家の御馳走《ごちそう》を意味するものである。ナマハゲに対する進献物は、昔から正月や神事、祝い事、祭事に際して作られた餅である。これが現在では餅よりも祝儀（千円から五千円）を差し出す家が多くなった。また、金と餅と両方を献呈する家もある。

この進献たる餅は俗にナマハゲ餅と呼ばれ、ナマハゲ行事の二、三日前に搗《つ》かれる。このナマハゲ餅は、単なる丸形や四角や楕円形のものもあれば、昔は昆布やインジの葉（ユズリの葉）、五葉松《ごようまつ》、鰰《はたはた》（鱩）の干物を重ね合わせたものを上に注連縄で締めたものなどがあった。ナマハゲ行事で使用され、かつナマハゲに献上した餅がナマハゲ餅とされたのである。ナマハゲ餅はそれを食べると病気にかかりにくく、しかも子供らは丈夫になると

ケダシ・藁の紐を頭に巻いて、無病息災を祈願する

いわれた。また、出稼ぎで他所に行く人たちの間ではひじょうに珍重されたといわれている。わざわざナマハゲ餅を求めて出稼ぎに持参して仲間内で食べたということがいわれたが、それも過去の話になってしまった。

ナマハゲによって女性や子供らが捕まった際、ナマハゲ来訪の時の家人の態度としては、あくまで丁重に、しかも低姿勢を保つことが肝要である。その際に、ナマハゲは暴れてケダシ（ケデ、ケンデ）をたくさん落とすのであった。そして、ケダシが落ちた場所は翌朝まで掃除はしないことになっている。そのケダシで藁紐を作り、それを頭や病気の患部に巻き付けると、病気平癒と無病息災を祈願できるといういい伝えがある。この昔からのいい伝えは主に男鹿半島の農村部である男鹿市男鹿中、男鹿市五里合、旧若美町に多く聞くことができる。これは稲藁が多く産出され、ナマハゲの装着具の際のケダシも三枚用いる集落が多い。ケダシが多いので、それが落ちる量も多いのである。もし、ケダシが落ちない場合には年寄りなどはナマハゲのケダシをむしり取ることさえあった。ゆえに、毎年ナマハゲの装着具を補修する理由はここにあったのである。

ナマハゲ来訪に際しての家人の態度は男鹿半島の人々のナマハゲに対する信頼と新年への期待である。最近は、ナマハゲが家を訪問しても、なかなか家の座敷までは招き入れない家があるという。ナマハゲに対する家人の対応は共同社会への参加である。ナマハゲと家人との信頼関係に意義があり、共同社会への参加を再認識をさせてくれるものである。ナマハゲ行事において、最も大切なのが伝統とその継続である。ナマハゲが来訪神として家々を訪ね歩いた時に丁重にもてなすのが伝統的儀礼であり、それを続けるのが継承である。ナマハゲ行事はナマハゲに扮する所役担当者だけの行事ではない。ナマハゲを家において迎える家人も行事に理解を示して参加してほしいことである。現在は町内会単位において行なっているが、ナマハゲは男鹿市全体の地域社会の生きている行事である。

12　禁忌伝承

男鹿のナマハゲについて、忌み嫌ったり禁じていることがある。すなわちナマハゲの習俗として定着したタブーはいくつかある。それをあげて説明をする。

訪問入来禁止

ナマハゲ行事においては各家の巡回はほとんどの家に入来できる。しかし、その年に不幸があった家、病人のいる家、特に申し出のあった家には、ナマハゲは入れないことになっている。これは年内に不幸があったりすれば、一年から三年はナマハゲ出入り禁止となる。また、出産があった家は穢れているからナマハゲが来訪するのは不適当であるという考え方がある。疾病患者がいる家も同様である。新仏の家においては正月用の門松や松飾りなどは飾っていない。そうするとナマハゲは玄関先において足踏みをする。これを門踏《かどふ》みといったのである。ナマハゲは一度入った家には二度とは入れないことになっている。

そのほかに、ナマハゲ入来が禁じられている条件として、子供がいない家や家族全員が揃っていない家などがあった。これらは古くからあったものではないが、近年はそうしている例が少なくない。さらに今日においては新築の家にも一年から三年は入来できなくなってしまった。それに、ナマハゲのケダシ、ケデによって新しく建てたばかりの家を汚されるのを嫌ったこともその理由の一つとされる。

最後に、特に申し出のあった家とは、付人が家々にあらかじめ立ち寄ってナマハゲ来訪の諾否を確かめた際に、そう申し出た家である。昭和五十年代にナマハゲ行事を廃止した集落において、近年復活した際に最初に行なったことは、ナマハゲ来訪を電話によってナマハゲ宿に依頼するものであった。いわば電話出前注文である。さらに、新興宗教者の家を避けるのもこの場合である。

女性禁止

ある全国紙に、「女性はナマハゲになれるのか」という記事が平成三十一年一月一日に掲載されたことがある。男鹿市のある集落でのことだったが、答えは不可であったという。男鹿のナマハゲ行事においては、女性は無理

玄関の前での門踏み

であった。ナマハゲ役に扮するのは若者である。そして担い手も若者である。しかも、まだ異性に接していない童貞の若者を適役としてきた。さらに、女性はナマハゲを穢す者として禁じてきた。そして、それが女性のナマハゲ行事への参加の禁忌事項になっている。例えば、ババナマハゲという役はあるが扮するのは男性であり、女性は決して所役にはなれない。また、女性はナマハゲ面を被ることはおろか、触れることもできなかったのは当然のことであったのである。女性がナマハゲのことを調査や研究をすることはやぶさかではない。しかし、ナマハゲ役を演ずることとの賛同を得るためには議論が必要である。

来訪後の清掃禁止

ナマハゲは身にケダシ、ケデを纏って入来することとは、すでに何度も縷述してきたとおりである。このケダシは毎年新しく製作するか、前年までのものを補修するかした。この補修方法は主に海藻の海菅《うみすげ》などで作ったものが多かったという。これらナマハゲの装着具は家のなかにおいて暴れ回っている際に、いたるところに落ちてしまうのである。その場合は前節において述べたとおり、ケダシを落ちたところを掃除してはならないことになっている。また、落ちたケダシを頭や患部に巻き付けると病気が平癒するというい伝えがある。ゆえに、男鹿半島の集落においては、ナマハゲ来訪前に家の隅々まで清掃する必要があるのである。

神棚への接触禁止

男鹿のナマハゲ行事においては、ナマハゲが家々を巡回してその家のなかを縦横無尽、自由自在に暴れ回ることが許されている。そして、それがナマハゲ行事の巡回の共通事項とされている。実際に筆者も大晦日に男鹿半島において、ナマハゲの所業の一部始終を目の当たりにした。筆舌に尽くせない荒業であった。これでも緩く、昔はこれ以上に荒い行事であったという。このようにナマハゲは家々において、大活躍をするのである。これが男鹿のナマハゲ行事のクライマックスである。家のなかを全部、子供らを探し出して歩き回るが、これにも禁止事項がある。それは、その家の神棚や床の間の掛軸などには触れてはならないということである。ナマハゲが行事の真最中に逸脱しないようにしたものがこの禁忌事項である。

後戻り禁止

ナマハゲ行事が始まる準備の段階でいったんナマハゲの面を着けたら、ナマハゲ役を辞退することは禁じられている。ナマハゲとなって各戸を巡回訪問しなければならないことになっている。それほどにナマハゲ役とは厳しいものであった。すなわち面を着けると同時に神の使いのナマハゲ役になりきらなければならないのである。また、そのような覚悟と意気込みが面を着ける前から必要であるということである。さらに巡回中のナマハゲは行事途中で後戻りをすべて禁じられていた。これはナマハゲである以上は自信をもって前進することが必要であることを説いたものである。これらはいわゆるナマハゲのナマハゲたることを謳っている伝承である。

13　巡後行事

ナマハゲは、その担当集落や町内を全部巡回した後、巡回前に集合した場所に三三五五と帰ってくる。昔はこの巡回前後の集合場所を指してナマハゲ宿と称した。現在は各町内の町内会館とか児童会館などを利用している。昔も今も神社を使っている町内もある。巡回を終えて戻ってきたナマハゲたちは、道具を置き、面を外し、次にケダシを脱ぐ。そして、そのケダシをその集落の神社に参拝してから境内の鳥居や狛犬《こまいぬ》や大きな杉の木などに巻き付けるのである。また、村はずれや村境の道路側の木に巻き付けておく集落もある。残りは神社に奉納することになっているが、現在は全部焼いてしまうことが多い。これらは毎年ケダシを製作する農村地帯に多く、巻いたケダシは小正月の左義長《さぎちょう》やどんと祭の時に取り外して焼いてしまうのであった。これとは反対に、海岸部の町内においては、ケダシすなわち装着具と面と道具は神社に奉納しておくことになっている町内もある。この場合、ナマハゲ面は神社に保管する町内と町内会長や所有者が持ち帰る町内もある。ケダシをはじめとする装着具と道具についても神社や寺や大家が保管する町内と、一年間神社に下げて置く町内もある。

ナマハゲ面と装着具と道具の巡後の処置はそれぞれ違いがみられる。大きく分けて、面と道具については全町内が保管する方針だが、ケダシを主とする装着具については農村地帯は焼却し、漁村部である海岸地域は保管する意向である。ところがナマハゲ行事を廃止した町内においては古くなった面や道具は川へ流してやっていたという。

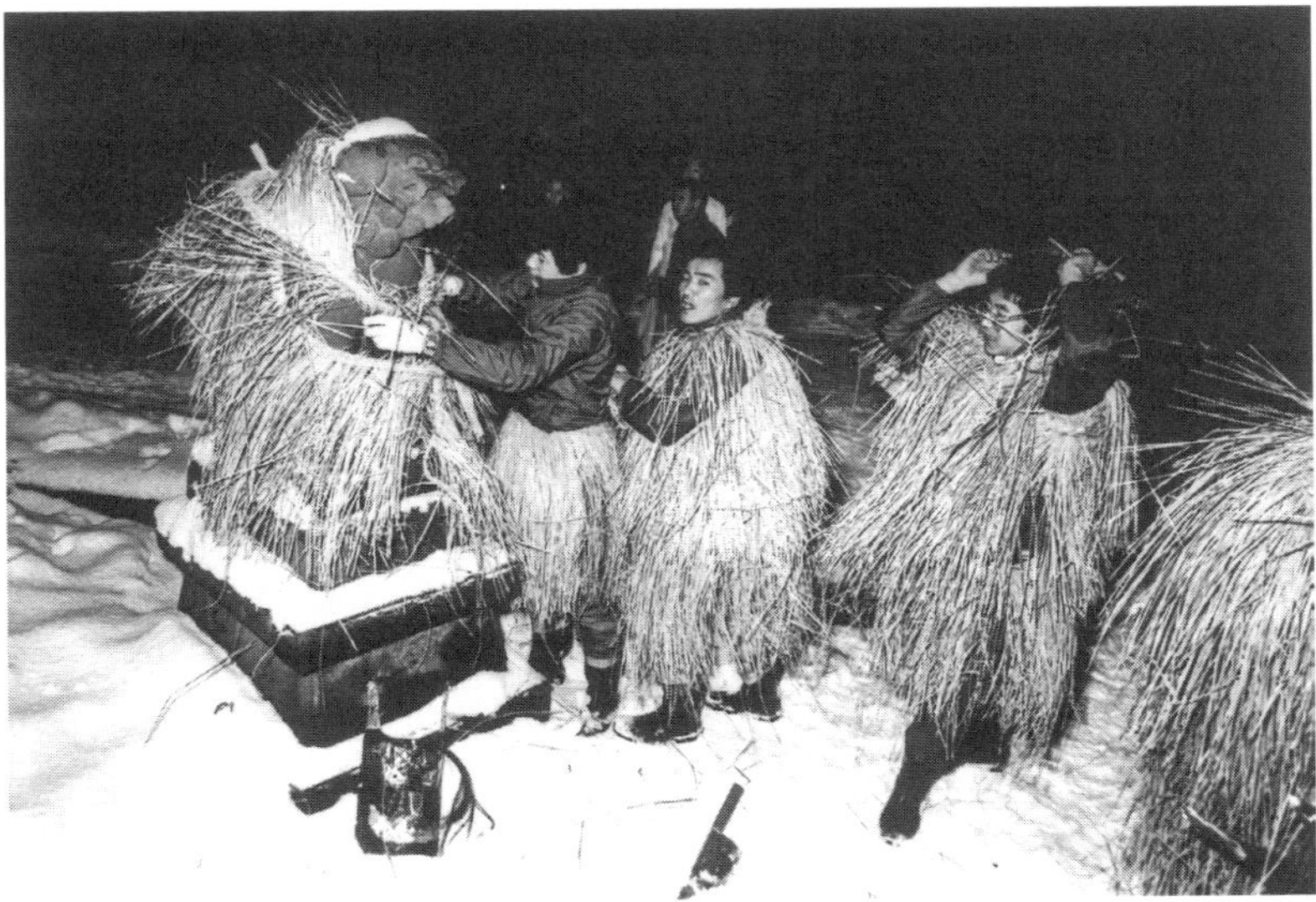

行事終了後、ケダシを鳥居や狛犬に巻く

次に、ナマハゲ行事の所役以下の解散の仕方である。解散は各集落において異なるが、解散には即時解散と慰労解散がある。即時解散とは、ナマハゲ行事の巡後、面と道具と装着具を適宜に収めたり、しまったり、巻き付けたりした後、進献物を一箇所に集めて保管し、後日集合を約束して解散することである。この後日とは、翌日、二、三日後、一月七日のいずれかであった。

また、これらにとらわれないこともあった。この時に、ナマハゲ行事の慰労会を兼ねた新年会や反省会を行なったのである。当然ここにおいて進献物である餅を食べ、酒を飲み、祝儀を分配したのである。この宴会は夜通し行なうのが普通であったから二年越しになることもある。

慰労解散とは、巡後の措置をした後、ナマハゲ行事の慰労会を開き、進献物である餅と祝儀を確認し、行事の所役一同に分配する。この場合も餅を食べ酒を飲むことは欠かせなかったのである。

この慰労会を早めに終え、再度集まることを決めて解散する場合と、除夜の鐘が鳴って年が改まるまで反省会を続けてから神社に参拝して解散する場合とがある。前者を再開解散とし、後者を翌日解散とすれば容易に理解できる。この再会解散の際には即時解散の後日と同様に、翌日、二、三日後、一月七日のいずれかであった。また、これらにとらわれないこともあった。翌日解散の時はもうそれでナマハゲ行事は終わりである。その集落においてすべて終了したことを意味したのである。

ナマハゲ餅

最後に進献物たる餅について説明することにする。餅は今でこそ誰もが食べられる食物となったが、昔は祝い事、祭事、神事の際にのみ食した貴重な食物であった。この男鹿のナマハゲ行事の餅を特に称してナマハゲ餅とし、男鹿半島の人々は珍重した。北海道の鰊《にしん》漁へ出稼ぎに行く人々は、このナマハゲ餅を一個ずつ求めたほどであったのである。また、ナマハゲ餅は長生きに効くもの、元気や丈夫になるものともされてひじょうによくもてはやされたものであった。それは、このナマハゲ餅を子供に食べさせるとよいとするいい伝えがあったからである。ナマハゲ行事終了後に新しい餅とナマハゲ餅を交換に来る子供らもいるほどであった。さらに、ナマハゲ餅を常備薬とした村もあり、安産、風邪、腹痛、歯痛などに用いた。あまつさえ、当時、餅は貴重品であり、ナマハゲ餅は重宝されたので売買の対象ともされた。吉田三郎によると、大正時代のナマハゲ行事の際には入札を行なった集落さえあったという。

菅江真澄の記録にもあるように、ナマハゲに対する献物は餅であった。昔から正月や神事、慶事、祭事の際に搗《つ》かれた餅である。現在では餅の代わりに祝儀を出す家が多くなった。餅と金と両方を献呈する家も少なくない。この進献する餅も、俗にナマハゲ餅と呼ばれている。ナマハゲ餅は、「図―4　ナマハゲ餅の色々」のように、丸型、角型、楕円形があった。さらに、昆布、譲《ゆず》り葉《は》、五葉松《ごようまつ》、鰰《はたはた》の干物を重ね合わせたものを上において注連縄で縛ったものもあった。ナマハゲ行事においてナマハゲに献上した餅がナマハゲ餅とされたのであった。そして、それを食べると不思議と病気にかかりにくく、しかも子供らは丈夫になるといわれた。

旧若美町の集落においては、現在ではなくなったが、ナマハゲ行事の進献餅は所役全員に分配され、残りは集落内の希望者に売り渡したという。売上金は集落の福祉活動費に充当されたしだいである。

平成三十一年（二〇一九）四月に出版した写真家・小賀野実の『なまはげ―秋田・男鹿のくらしを守る神の行

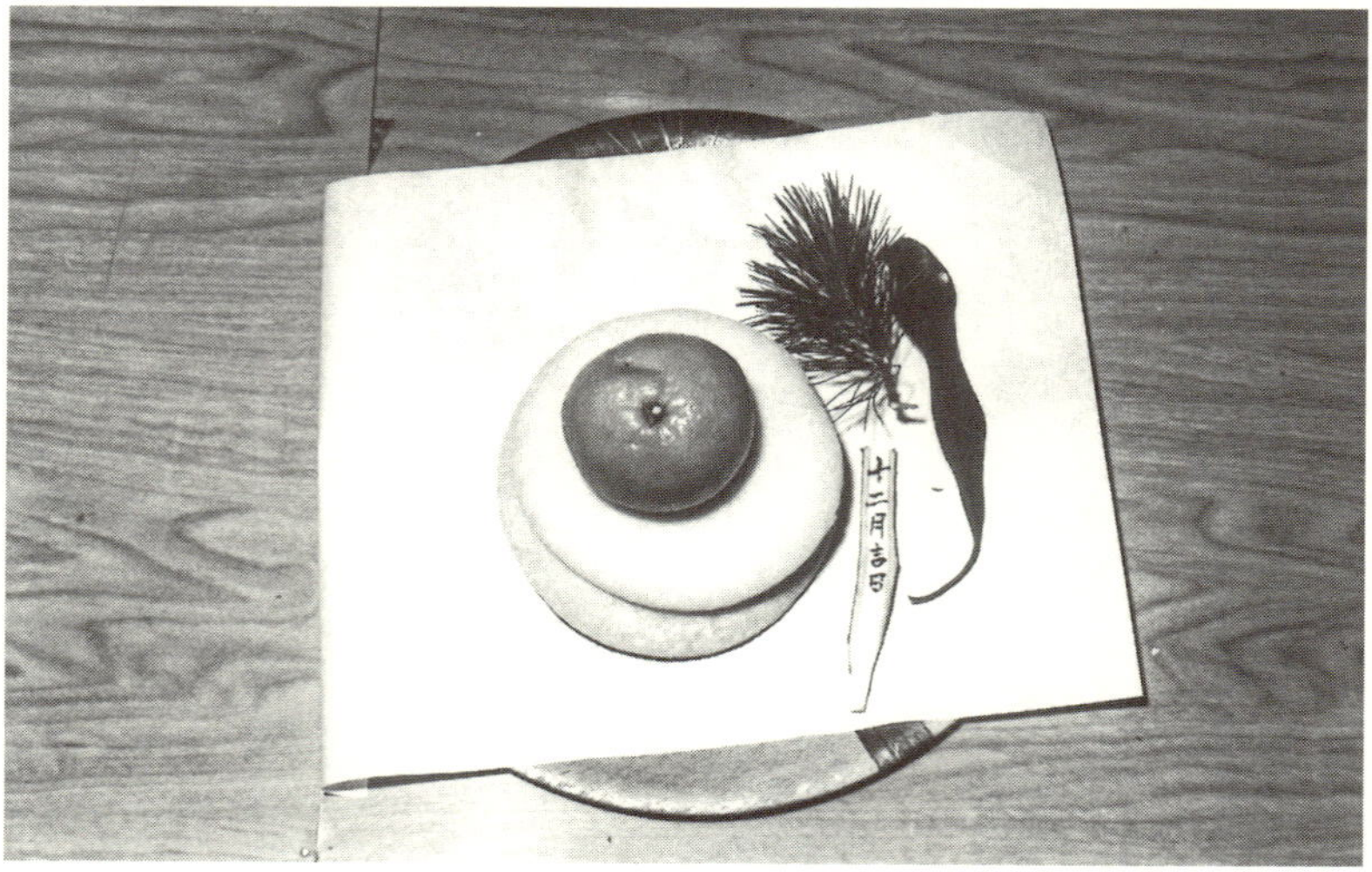

ナマハゲ餅

事―』には、男鹿市男鹿中滝川において、ナマハゲ面に餅を御供えしている写真が掲載されていた。これもナマハゲ餅の一種である。このようなナマハゲ餅は、筆者もかつて旧若美町福米沢において実見したことがある。偶然にもこの写真集に写っていた珍しいナマハゲ餅のアングルである。今となれば貴重な写真である。

現在においては、もう一つの進献物に躍進した金銭すなわち祝儀がある。これはナマハゲ行事の所役で分配する町内もあるが、地域社会に役立てているのが大部分である。老人社会福祉施設や社会福祉協議会に寄付したり、その町内の青年会の活動資金としたり、有効な利用方法を考えていることが多くなっている。

14　歳神としてのナマハゲ

男鹿のナマハゲの行動を概観して説明すると前節までのようになる。そこで本節においては、ナマハゲ行事の

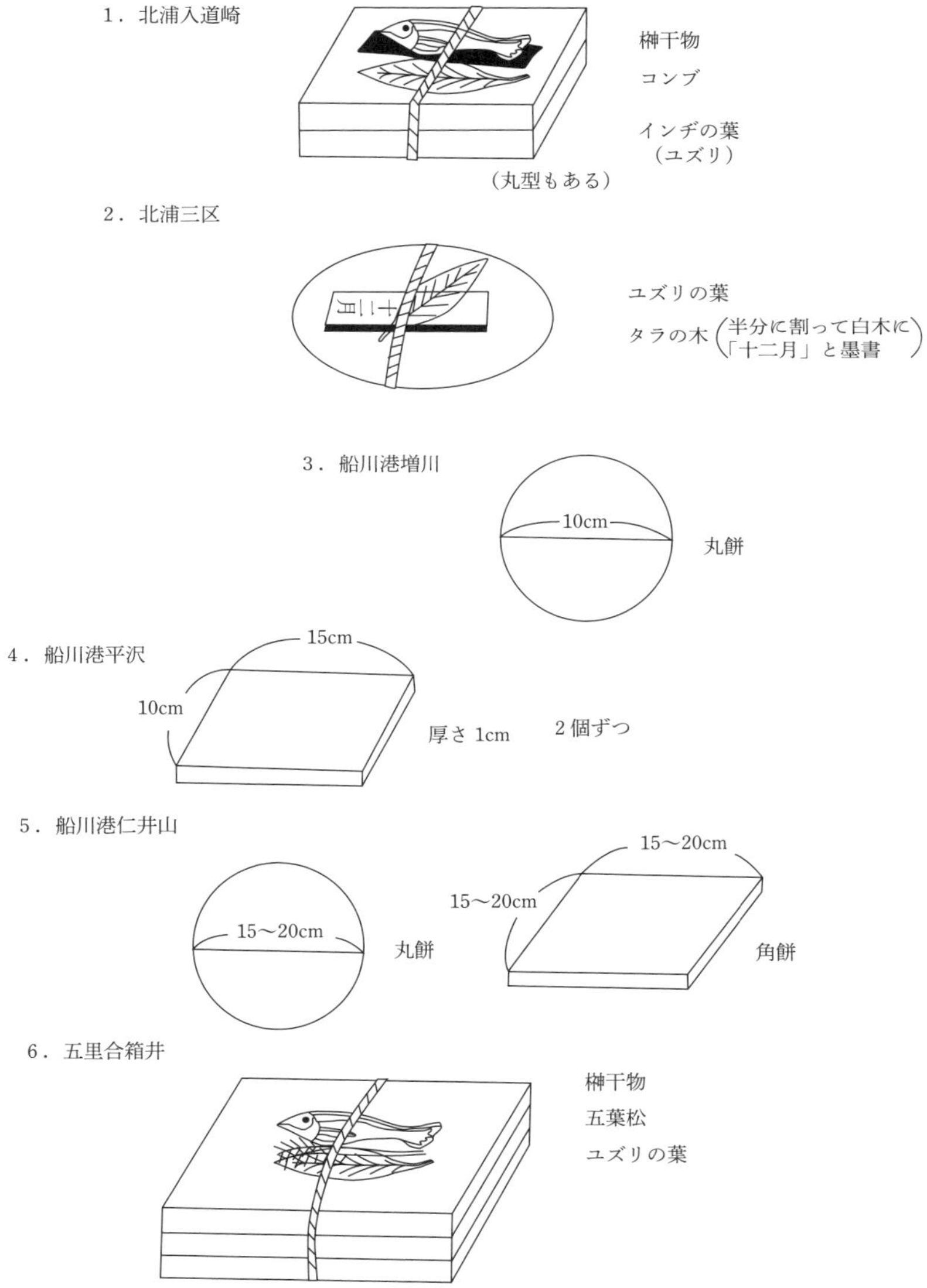
1．北浦入道崎
榊干物
コンブ
インヂの葉
（ユズリ）
（丸型もある）
2．北浦三区
十二月
ユズリの葉
タラの木（半分に割って白木に「十二月」と墨書）
3．船川港増川
10cm
丸餅
4．船川港平沢
15cm
10cm
厚さ 1cm
2個ずつ
5．船川港仁井山
15～20cm
丸餅
15～20cm
15～20cm
角餅
6．五里合箱井
榊干物
五葉松
ユズリの葉

図－4　ナマハゲ餅の色々

時間帯を見ておくことにする。

初めにナマハゲ行事には準備日がある。現在の行事は十二月三十一日がほとんどである。昔は一月十五日や十六日があり、三種類であった。

準備日としては大部分が二、三日前の日を選んでいる。

続いて、準備日には何をするのかというと、ナマハゲの面、装着具の種類、持ち物の種類を点検するのである。この準備はその日の何時から始めるのかというと、現在はやはり仕事が終わって夕飯を喫した後に、その町内の町内会館や児童館などのナマハゲ宿に相応しい所定の場所に集合する。そこにおいてナマハゲ行事の一切の準備に着手し、仕上げ終わるまでこなす。それが午後七時から十時、十一時頃までかかる。昔は午後の仕事を休んで作業した町内もあるが、ナマハゲ役に扮する若者らの職業が多様化しているので、準備日の時間帯は多くなってきている。また、毎年、面、装着具、持ち物を一定の箇所に保管したものをそのまま使用する町内もある。

次に行事日である実行日の時間帯は、午後五時頃にナマハゲ宿に集合する。その日は昼食を遅らせてとるので、その時間にはナマハゲ役以下全員がやや空腹の状態である。この状態で若者がナマハゲ役に扮すると、不思議と体全体が大きくなり、声も太く荒々しい数倍の力強さが漲ってくるものであるという。神の使いに化身するのである。思うに、これはナマハゲ役を体験した者が共通に持っている認識であるといえよう。

さて、ナマハゲ行事日に午後五時頃までに集合した若者たちは一時間ぐらいで面、装着具、持ち物の確認をしてそれを順番に身に着けていく。そして、用意万端整ったら今度は集落ごとに異なるが神社、寺、大家、町内会長宅などへ行って気勢をあげる。その際に参拝したり、祓いを受けたり、神酒を飲んだりした後に、一同威勢よく巡回の途に着くのである。この巡回時間は、現在は午後六時から九時頃までが境とされている。毎年大晦日の恒例となっている「ＮＨＫ紅白歌合戦」が早く始まるからである。このテレビ観覧をして年越しの日を過ごす家庭が多いのは男鹿半島も例外ではない。しかし、昔はこのナマハゲ行事が夜遅くまで続けられたという。

　男鹿半島の人々は、ナマハゲが出現する晩は朝から落ち着かないものであるという。それはナマハゲという来訪神が年越しに不可欠なものであるということである。男鹿のナマハゲが手には何も持たず、ナマハゲ面を被り、ケダシを纏って年越しの晩に訪れたことはすなわち、鬼ではなく、歳神《としがみ》であることを意味する。歳神とは年神ともいい、五穀を守る神、五穀の豊作を祈る神、年穀の神、歳徳神《としとくじん》のことである。それを演ずるのは地元の若者の特権である。

ナマハゲを迎える◆1

第二章　ナマハゲ伝説

概説

男鹿のナマハゲについての由来や伝説については、明確にしていきたいと考えている。伝説とは、古くから人々にいい伝えられてきた話である。創作ではないが、事実かどうかは不明でも広く信じられているものである。さらに、時間と場所も明らかであり、実際にあった出来事を前提としている。伝説とよく混同されるのが説話である。説話は、語る人も聞く人もその事件が実際にあったものとは信じられていないものである。続いて、ことの起こりの来歴や由緒を解く由来がある。由来とは、古くからある物事が今まで経て来た筋道である。最初に、ナマハゲ伝説と区別するために、ナマハゲの由来から説明しておく。男鹿のナマハゲの由来としているのは、火斑・火形を剝ぐことがナマハゲであるとし、ヒガタククリ、ヒガタタクリ、ヒガタハギなどと同様としている。これがすなわちナマハゲの語源にも直結するというのである。菅江真澄も『牡鹿の嶋風』の書に次のように描写していた。

「此嶋にて小児の泣ば、なまはぎが来といひてをびやかしぬ。これや、平城の元興寺に鬼ありしとて、がごじ、又ぐはんごなどいひもてすかし、はた東路にてもゝくわ、みちのおくにてもつこといふは、蒙古国の襲ひ来るを懼れしがもととすとなん。奈万半義は、正月十五日の夜に、身の毛いやだつ斗丹塗の仮面を被き、螻蓑ちふものを着て、手に疾刀を持て小筥を負て、その箱の内に物ありてから〳〵と鳴らし、しはぶき、家ごとに入る。これをなまはぎといふ。冬籠りして男女柴火にあたるに、肱、脛、みな赤斑に火形のつきぬ。それをなまみ、なもみ、あるはなごみなどいふところありき。なごみはぎちふ事をしかいふにや、生肉剝ちふことや。浦山里の若背とて、人の奴僕等、あるは、わかきあるじの弟なども出まじらひて、かの脛の火文ある皮を、春は鬼の来つゝ剝ちふ事にたぐえて、そのまねびなれば、童、としたかき女どもも、おぢて遠かくろふなどかたる」

これを意訳すると、男鹿半島では子供が泣くとナマハゲが来るぞといって脅かしたという。これは奈良の元興寺《がんごうじ》に鬼が出るぞといったことと同じたとえである。陸奥《むつ》国では「もっこがきた」といって脅かしていた。ナマハゲは正月十五日の夜に、身の毛もよだつ恐ろしい赤色の仮面を被って、小箱を背負って螻蛄蓑《けらみの》というものを纏《まと》い、手には刃物を持ち、奇声をあげて家々に入ってくる。これがナマハゲである。冬籠りしている男女が囲炉裏にばかり当たっていると赤斑の火形がつく、それをナマミ、ナモミ、ナゴミといった。そしてそれを剝ぐという意味でナマハギ、ナゴミハギといったことからナマハゲという名前になった。新しい春になると現れる鬼に仮装するのは、この浦山里では、若勢《わかぜ》という下男や主人の若い弟などが参加して、このナマハゲに化身した。脛などに火文・火形があれば、それを剝ぐぞといって脅かして回ったのである。子供だけではなく、若い女たちもナマハゲを恐れて逃げて隠れていたという。

ここで、男鹿半島の人々に語り継がれているのは、本山・真山・毛無山のお山に住む荒神様《こうじんさま》が怠け者を懲罰にくる。それがナマハゲとしているのが多い。お山は本山と真山があり、降りてくる順路も門前と相川との二つ伝わっている。この二つの通路は後世のものであり、これから論ずる伝説形成と深い関係がある。

この由来にあるように怠け者の懲罰とは、諭し、説諭、御告げの形式をとってきた。これによって男鹿半島の人々は一年に一回ナマハゲと交流していたのである。そして、この土俗的な習慣を観察した者がこれを保存維持すると称して利用したのである。それが修験者《しゅげんじゃ》であった山伏たちであったのである。この山伏たち自身も伝説の一つとして登場してくるのである。

それでは男鹿のナマハゲの伝説を論じることにしよう。伝説は主なものとして三つある。武帝《ぶてい》説、異邦人説、修験者説である。

1　武帝説

武帝とは、漢の武帝（紀元前一五六―紀元前八七）のことであり、前漢第七代皇帝劉徹《りゅうてつ》である。武帝は儒教を政治教化の基として内政を確立させ、西域《さいいき》（ペルシア）、安南《あんなん》（ベトナム）、朝鮮などを経略した。この武帝が赤旗を立てて白鹿に跨って男鹿半島に飛来したというものである。この時、武帝に従って五匹の鬼が来た。この鬼たちは里人を攫ったり、食べたりした。そこで村人たちは鬼と五社堂の石段造りの賭けをした。鬼は寒風山《かんぷうざん》から石を運んで一晩で九百九十九段まで石段を造ったが、村人のなかの物真似上手な者が鶏の鳴き声を聞かせた。鬼どもは朝になったと勘違いして地団駄を踏んで悔しがり、その辺の大杉を根こそぎ抜き取って真っ逆様に突き刺したという。それからというものの村人は騙した鬼から祟られないようにと、年に一度ナマハゲ行事を続けるようになった。また、村人は鶏を飼わないことにしたという。今でも男鹿市船川港門前《ふなかわみなともんぜん》では鶏を飼っている家は一軒もないという。そして、五社堂の前には現在も逆木と称するものが残されている。

この武帝説の場合は前漢時代であり、その時期は、日本では『魏志倭人伝《ぎしわじんでん》』が伝える邪馬台国《やまたいこく》以前に当たっている。武帝が男鹿半島に来た理由は、仙境を探していることと、不老不死の霊薬を求めていたことがあげられる。

秋田藩家老・梅津半右衛門忠国《うめづはんうえもんただくに》の嫡子で歌人・兵法家であった梅津利忠《としただ》（一六三七—一六九〇）は、赤神廟《あかがみびょう》由来を描いた「本山縁起別伝」を著した。その著作や菅江真澄《すがえますみ》の「赤神山大権現縁起」（『牡鹿の嶋風』）においては、武帝が飛来した時の様子は飛車（雲車）に乗って白鳥に駕し、赤旗で車を飾って五色の蝙蝠を前後左右に囲繞せしめてやってきた。この五色の蝙蝠が五鬼《ごき》となり、眉間、逆頬、眼光、首人、押領という名を名乗った。夫婦であった眉間と逆頬は死亡して得道したが、その子であった三兄弟の鬼たちは武帝たる赤帝すなわち赤神山大権現とともに五社に祀られてしまったのである。

九百九十九段の石段

　その五社堂とは、武帝たる赤神山大権現が赤神山本地薬師如来となり、その妃であり、人皇第十二代景行《けいこう》天皇の皇女である赤木大明神が不動明王《ふどうみょうおう》、そして三兄弟の眼光鬼が普賢《ふげん》菩薩《ぼさつ》、首人鬼が文殊《もんじゅ》菩薩、押領鬼が阿弥陀如来《あみだにょらい》となった。

　このように赤神山五社堂に祀られた武帝以下五匹の鬼は

五社堂に残る逆木

村人の生身生肉を剝ぎ取って食べたが、最後は神様になってしまったというものであった。そして里人は赤神および五社堂を奉るためにナマハゲ行事を続けたという。ナマハゲ行事を毎年実施したということはよほどその鬼たちが恐ろしい存在だったに違いないと伝えられている。特に婦女子は髪の毛はおろか陰毛までむしり取られ、生身を剝ぎ取って喰われるといわれるほどで恐ろしさに震えあがった。

武帝説は広く深く浸透していたものといえる。それは、医者でもあった橘《たちばな》南谿《なんけい》（一七五三―一八〇五）の『東遊記』には次のようにあったことからもうかがえる。

「此男鹿山の中に赤神山といふあり、此山上に祭る所の神五座、内一ツは漢の武帝を祭一ツは蘇武を祭る、外の三社は我邦の神なりと云、此地の海向ひは匈奴の地にして、蘇武が牧羊は此男鹿山と云、いつの頃よりいひ来ることにや、されど珍らしき事也、附会の説ながら此辺の風土気候にては、蘇武が事もさもありなんといふやうに思はる」と。

これを意訳すると、男鹿半島のなかに赤神山《あかがみさん》がある。その山頂に五社堂がある。一つは武帝を祀り、もう一つは蘇武《そぶ》を祀った。他の三社は日本の神を祀ったという。この地の海向いは匈奴《きょうど》の土地であるという。蘇武の牧場は男鹿山といった。時代がいつなのか判然としないがたいへん珍しい話である。これは当然に付会の説であるが、この地の風土と気候から生まれたものであろう思うといった。

第一章の「6　ナマハゲの面」で登場いただいた男鹿市菅江真澄研究会長・天野荘平氏は、「武帝説が現在では一番薄れてしまっている。むしろ異邦人説の方が評判は好い」と語ったのである。考えてみれば、武帝説は、現在に至っては荒唐無稽な話と思われてもしかたがないということであろう。日本に、それも中国の前漢時代の武帝がやってくるわけがないということである。ナマハゲ行事に赤神神社五社堂の由来の牽強付会は無理であるということと同じである。男鹿半島に、武帝が海のかなたからやってきたというロマンも希薄になってきたといっても過言ではない。

柴燈祭

この武帝説を複雑にしているのが、旧暦正月三日の亥の刻（午後十時頃）に行なわれる柴燈護摩《せどごま》の行事である。男鹿半島の地域においても熊野《くまの》の神を祀る神社においては、新しい年に変わると、元日より採燈を燃やして夜が深くなる頃に油護摩餅《あぶらごまもち》を投げる優婆塞《うばそく》の行事があった。当然、本山・真山の神社においても柴燈堂《せどどう》においてこの行事が催されたのである。

菅江真澄も『牡鹿乃寒かぜ』において柴燈祭《せどまつり》を次のように紹介していた。

「こよひの亥のときばかり本山、真山の両の寺に、あぶらもちのためしとて、三升の米を一まろけの餅とし、柴燈堂にてひめたるのりの行ひをし、その餅をなかくぼにして油をつぎれ、とうしみ（燈心）、かうより（紙撚）のたぐひを束ね入れて、これに火を放ちかけてめら〳〵と鳴るとき、窓より外に餅を投て法螺を吹立、鐘を鳴らし、板敷、板戸をうち叩て、こゝらの人、やと声をあげて叫ぶとき、鬼の来て此油餅をくとなんといへり」と。

これを簡単に解説すれば、正月三日の亥の刻（午後十時頃）に、本山と真山の二つの寺で油餅の神事があるという。柴燈堂で秘法が行なわれる。そして三升の米を炊いて大きな一つの餅にして、その餅の真ん中の窪の箇所に油を注ぎ入れて、そこに紙縒《こよ》りにて燈心を作る。そこに火を点け、メラメラと燃え上がる時に、柴燈堂の窓を開けてこの三升餅を雪原の外に投げる。そして同時に法螺《ほら》を吹き、鐘を鳴らし、板敷や板戸を打ち叩いて、周りの人々が声をあげて叫ぶと鬼が出て来て、この油餅を食べるという。

『六郡歳事記』（『新秋田叢書』第三巻）のなかには、「雄鹿本山五社油餅祭」として次のようにあった。

「この日一山の僧徒酉刻に柴燈堂に集まり勤行あり、院主導師後夜の行法終りて壇を下れは塔中の泉光院壇に上り油餅の加持す、この時乱声といふ事あり。油餅は糯米三升を丸餅とし、其上へ紙を敷油を入れて火を點大衆一同に勤行繞行した後、泉光院法衣の上へ襷をかけてこの餅を堂の窓を開きて外へ投出し、窓の戸を閉つ。窓の明たて尤速にする也。この間大鼓笛法螺なんと鳴らし立、参籠の大勢同音に声をあけ林木もふるふはかりなり、是を乱声と云」と。

「同処真山五社の油餅」についても次のことが記されていた。

「この日の行法本山に異なる事なし。但翌四日に柴燈火留と云事あり、神職濁酒五升許をもちて柴燈堂の火へ打かけ消すなり。社僧法楽諸経、神人巫女神楽を奏す」と。

秋田藩の郡方《こおりかた》へ勤務して蔵方勘定役《くらかたかんじょうやく》に出仕した鈴木平十郎重孝（一八一一―一八六三）の地誌書『絹篩《きぬぶるい》』（『新秋田叢書』第四巻）のなかにもこの行事が記録されている。それには次のようにある。

「堂の真中に大囲炉裏二間四方大木の薪キを積上け三日の夜亥の刻に焚く、是れを柴燈護摩と云。昔麓より五社まで石を敷たる眼光鬼、首人鬼、押領鬼へ人神供の代り鏡餅亘り三尺此の薪の火に薫らせ又た油を以て其餅の窪たる処へ入れ、導師加持勤行中其刻限期すれは社僧衣を襃けて手を持せは、年老は兼て戸　牖のミゾへ油を酒きて自由す。年老戸を明やいなや早く油餅を投れは社人太鼓を乱声に鳴し螺笛を吹く、又参詣の群集凱歌の声を発し手頃の棒を持て梁りおめき叫けんて打たゝき、勢力宛も六種震動の如く也。この音に乗して彼三鬼飛来りて油餅をつかみ去る。宣哉、時しも雪の上といえとも翌朝見るに跡なしと云」と。

これは柴燈堂のなかから油護摩餅を外へ投げて法螺を吹き、鐘や太鼓を鳴らして板戸や床板を叩くと鬼がやってきてこの油餅を食べるという鬼鎮《しず》めの行事である。これには鬼とあり、ナマハゲとはしていない。また、柴燈祭の行事は菅江真澄も見聞しており、『牡鹿乃寒かぜ』のなかには詳しく記載されている。これにもナマハゲとはなく、鬼としてある。

しかし、現在、真山神社で行なわれている観光用の「なまはげ柴燈まつり」は柴燈護摩の行事とナマハゲ行事とを合体させたものである。ここにおいては鬼が油餅を拾うのではなく、ナマハゲが登場する。観光用として有名になったナマハゲが鬼の代役を演ずるのである。

「なまはげ柴燈まつり」については、著者が、かつて男鹿市北浦真山在住の古老・ＯＣ氏（明治三十二年生）

に聞いてみたところ、いつの頃か定かでないがナマハゲ行事と柴燈護摩の行事において、ナマハゲを鬼と解釈した里の大屋や村の肝煎たちが混同してしまったという。そして、ＯＣ氏は調査や研究にきた中央の学者に対して、この両行事には共通項は全くみられないといい切った。しかし、それを一度も取りあげてくれなかったと語った。

ここにおいて、明確にしておきたいことはＯＣ氏も主張しているように、ナマハゲ行事はナマハゲが主体であり、柴燈護摩行事は鬼が主体であるということである。だが、本山・真山両神社の柴燈護摩行事の鬼とは、漢の武帝の扈従《こじゅう》者であった三兄弟の鬼であるという。そして、人肉の代用として鏡餅を油で焼いて肉のようにして献呈したということであったのである。

「なまはげ柴燈まつり」は、ナマハゲと柴燈護摩神事とを合体させて作った観光行事であるということである。しかし、この観光行事とした「なまはげ柴燈まつり」は、男鹿半島で行なわれるナマハゲ行事を陰で支え続ける結果になったのである。この観光用ナマハゲ「なまはげ柴燈まつり」は、ナマハゲ行事の一番の功労者になったのである。ナマハゲがスーパースターになったのもこの行事のおかげである。

2　異邦人説

異邦人説とは最初の武帝説とも相通じるものである。それは、漢の武帝が男鹿半島に飛来したのは道教の影響であり、その道教を説いて流布したのが漢人であったということである。いわば漢人が男鹿半島に漂着して、武帝のことを講釈したのかもしれない。また、古い異国人入来として養老年間に渤海《ぼっかい》国・鉄利《てつり》（鉄嶺）国千百余人が出羽《でわ》国に住みついたという記録もある。これは古い時代から大陸との交流があったことを示している。『日本書紀』の斉明朝四年（六五八）四月に、「齶田蝦夷恩荷、進而誓曰、不為官軍故持弓矢」とあった。これは齶田《あぎた》の蝦夷《えみし》の首長であった恩荷が官軍の鎮撫《ちんぶ》武将であった越国守阿倍引田臣比羅夫《あべのひきたのおみひらふ》（生没年不詳）に降伏した記録である。この時、蝦夷恩荷は代表して齶田の浦の神に誓ったとされている。阿倍比羅夫の子孫はこうして東北に勢力を広めた。この際に従者として漢人が男鹿半島に住みついたともいわれている。しかし、東北においては坂《さかの》上《うえの》田村麻呂《たむらまろ》（七五八—八一一）の方が蝦夷東征の按察使《あんさつし》兼陸奥守《むつのかみ》兼鎮撫将軍（後の征夷大将軍《せいいたいしょうぐん》）として名高く、漢高祖帝の血を引く帰化人・漢氏《あやし》であり、その点は縁が深いともいえる。

その大昔、男鹿半島の西海岸に大兵肥満で、紅毛碧眼の怪物に等しい者が打ち上げられた。その怪物は漂流してきたらしく、陸地に着いた時に、異様に甲高く響く叫び声をあげたという。これがロシア人ともスペイン人ともいわれたのである。漂流者の伝説は広く男鹿半島内に分布されている。前出した旧若美町鵜ノ木在住のＯＳ氏は、スペイン人が南磯《みなみいそ》に漂着したのは、室町幕府末期の十六世紀後半、西洋においては大英帝国のエリザベス一世時代だったといい切った。そこでＯＳ氏に聞いたことを記してみる。

漂着したスペイン人は男鹿市船川港門前の永禅院の住込みの寺男として使役されたという。彼らの習得していた航海や操舵の技術は五社堂の石段造築に応用された。具体的には石段の石を山頂に引き上げるための鉄製滑車や特殊ロープがそれであるという。スペイン人は寺男として働き、正月だけは骨休みすることを許されて、里に下りてきて村人から餅を貰って食べたという。

このほかに異邦人漂流説が多くある。例えば漂着した外国人が本山・真山のなかに隠れ住み、髪や髭を伸ばしてすごい形相になり、ボロボロの姿で里に下りてきて物乞いをしたことなどがあげられる。これを村人は神の使いと思い込んでしまった。また、男鹿半島に流れ着いた異人が村の人々に対して蛮賊行為をはたらいた。それは殺しや略奪をしたり、女をあさったりしたということである。そして、村人は恐れて彼らを怪物や鬼畜と呼んだという。これがナマハゲの正体であるといったのである。ただし、異邦人説は武帝説よりも海へのロマンがあるという。

3　修験者説

修験者《しゅげんじゃ》説とは、男鹿のナマハゲの拠所を山伏《やまぶし》の修行姿とする考えである。この山伏とは、修験道の宗教的指導者であり、山に伏して修行することから山伏（山臥）と記された。この修行により験力《げんりき》を修めることから修験者といわれた。修験者の信奉する修験道とは、日本古来の原始的山岳信仰と道教の神仙思想や陰陽《おんみょう》道《どう》、密教などを習合して成立した。山岳修行によって超自然的な力を獲得し、その力を用いて呪術宗教的な活動を行なった役《えんの》小角《おづぬ》（六三四年生まれと伝えるが、生没年不詳）を祖とする日本仏教の一派である。役小角とは、呪術宗教者といい、鎌倉時代初期に修験道の始祖に仮託され、世に役《えんの》行者《ぎょうじゃ》、役《えんの》優婆塞《うばそく》ともいった。東北地方において、も修験道の霊場《れいじょう》となるところは多数あった。その一つとして男鹿のお山が考えられた。この男鹿半島において、お山という場合は、本山・真山・寒風山か、本山・真山・毛無山であった。

平安時代に天台宗《てんだいしゅう》本山派山伏が熊野信仰を伝えて本山（大峰《おおみね》）と名付けた。真山も同時代に新山、そして後に真山と呼ばれた。本山・真山ともに赤神を祀った。この本山・真山には神社があり、本山の方は本山赤神神社と称し、真山の方は真山赤神神社といった。この赤神を漢の武帝としたのは天台宗本山派山伏であり、前記の伝説を形作ったのである。

本山赤神神社は、祭神が天津彦火之瓊々杵之命《あまつひこほのににぎのみこと》、誉田別命《ほむたわけのみこと》、大山咋命《おおやまくいのみこと》、天照皇大御神《あまてらすおおみかみ》、天手力男命《あめのたぢからおのみこと》、大山祇命《おおやまづみのみこと》である。神社の宮司が寺の住職を兼ねたので別当《べっとう》といい、この職に当たったのが赤神山日積寺永禅院であり、貞観二年（八六〇）に円仁（七九四―八六四・慈覚大師《じかくだいし》）が開創し、建保年間（一二一三―一二一九）の頃には寺院四十八坊を数えて興隆したが、明徳二年（一三九一）の南北朝統一期に紀州高野山竜光寺派の古義《こぎ》真言《しんごん》に転宗した。鈴木重孝の『絹篩』には、日積寺永禅院の末寺のなかの自寂院、仙壽院、圓月院、照光院、泉光院六箇寺は廃止され、吉祥院と長楽寺の二寺のみが残っていると記されていたが、現在は永禅院が明治時代に復飾して赤神神社となり、吉祥院は男鹿市船川港椿に、長楽寺は男鹿市船川港門前にその名を留めている。

赤神神社の本尊は本山中腹に屹立している五社堂である。五社堂の神は左から十善子、赤木明神、阿迦神《あかがみ》、二の宮、八王子である。中央社堂安置の厨子《ずし》は室町様式であり、国の重要文化財に指定され、木造観音立像、木造十一面観音像は平安時代末期、石造狛犬《こまいぬ》一対は室町時代の作であり、秋田県有形文化財に指定されている。この赤神神社のある本山から真山への山駆《やまが》けは順峰《じゅんぽう》といい、反対の参路の山駆けは逆峰《ぎゃくほう》ともいったのである。

この本山神社の方は下に門前があるように、五社堂は南に面していて自然な登り口であった。そして、ここに武帝伝説で紹介した九百九十九段の流紋岩《りゅうもんがん》で造営した石段がある。ちなみに、この石段を数えようとしたが、青瑪瑙が混入しているということで、戦後、心ない人々によって掘り起こして持ち去られてしまった箇所が

五社堂

数多く見られ、完全に計算するのが不可能であった。そこで石が存在しているものと仮定して数えたところ千五十五段（歩幅で千二百七歩）ぐらい必要であるとの回答が出た。やはり伝説の九百九十九段よりも多くの石段が存在したという確証を得たのである。

次に、真山赤神神社の方であるが、神仏習合《しんぶつしゅうごう》によって真山赤神山遍照院光飯寺が別当を務めていた。慶応四年から明治元年（一八六八）の神仏判然令（神仏分離令）によって、榧《かや》の古木を残して廃寺となり、真山神社と改称した。この開基年代は門前本山の赤神神社と同時期と考えるのが妥当といわれている。祭神は真山大神、天津彦瓊々杵尊《あまつひこににぎのみこと》、伊邪那岐尊《いざなきのみこと》、大山咋命《おおやまくいのみこと》、大名持命《おおなもちのみこと》、少者彦命《すくなひこなのみこと》、八《や》衢《ちまた》毘女命《ひめのみこと》、天照皇大御神《あまてらすおおみかみ》、受気母智命《うけもちのみこと》、武甕槌命《たけみかづちのみこと》であった。真山神社の別当寺も本山赤神神社の別当寺と同様に、天台宗から真言宗へと改宗したのである。ここは本山の五社堂と並ぶ奥宮五社堂があるが、一宇《いちう》であった。現存はしていなかったが再建された。

門前

本山・真山両赤神神社が開かれた際に別当として各々に寺があった。これは神社と寺が共立並存していた時代の名残である。当時は道教・仏教・儒教が大陸から入ってきて神仏混交・神仏習合の世であったのである。これが千年余続いたのである。これらのなかにおいて本山・真山両方に従っていた山伏たちが対立して、男鹿のナマハゲ行事に影響を与えたといわれている。また、山伏のなかで五社堂の石段造りの功労者の形相が異様に映り、それがナマハゲの起源とされたとも伝えられている。

男鹿のナマハゲ行事について修験者の影響は色濃く残っているが、なにゆえに、本山・真山の両神社が天台宗から真言宗へと転換したのかというと、当時の南北朝の統一と関係があったのである。南朝が衰退して、北朝に統合されたことは歴史的事実である。天台宗は南朝であり、真言宗は北朝を支持していたもので、世の常として政治的影響により、弱体な密教寺院はすべて古義真言へと改宗せしめられたのである。それが男鹿半島の本山・真山の両神社の別

山門

当寺だったのである。

　以上のナマハゲ伝説から思うに、男鹿半島とお山を結び付けるための伝説だったといえよう。つまり歳神が明《あき》の方《ほう》＝恵《え》方《ほう》から訪れるのではなく、お山すなわち本山・真山からやってくるということを説くための伝説だった。それが後に、祖霊信仰と結びつく契機ともなったのである。そして男鹿半島の人々に語り継がれているのは、本山・真山・毛無山というお山に住む荒神様《こうじんさま》が怠け者の懲罰にくるという。それをナマハゲとしているのが多い。しかし、お山は本山と真山があり、降りてくる順路も門前と相川と二つ伝わっている。この二つの通路は後世のものであり、伝説形成と深く関係があるようである。この由来にあるように、怠け者の懲罰とは、諭や説諭や御告げの形成をとってきた。これによって男鹿半島の人々は一年に一回ナマハゲと交流していたのである。そして、この土俗的な習慣を観察した者がこれを保存維持すると称して利用したのである。これが修験者であった山伏たちであったのである。

ナマハゲとは何か

男鹿のナマハゲが歳神とされ、柳田国男により小正月の訪問者として全国に紹介された。ナマハゲは小正月の訪問者として、他の行事と比較考察することも大切である。ナマハゲが鬼ではなく、歳神であり、ナマハゲ面やその形相に鬼の形容が多い点は批判の対象となる。最後に、ナマハゲとは何か問われれば、小正月の訪問者としての歳神、そしてナマハゲは鬼ではなく、神であり、この地の人々はナマハゲという愛称で呼んでいる。ナマハゲは全国に数多くある小正月の訪問者の行事が衰退するなかで、独特な民俗性のある民俗行事を残し、その地域的濃密さも誇っている。さらに、ナマハゲはその根拠地をお山の本山・真山とし、土地の人々から信仰心を抱かせ、依然として正月を迎えるにあたって不可欠な存在となっている。

思うに、男鹿半島は漁業の拠点であり、そこに発生した民俗的な行事が農耕儀礼だけのものではない。狩猟採集あるいは焼畑《やきはた》的な素因も窺えないわけではない。男鹿半島の年の瀬に出現するナマハゲ行事は、人々の心に根差したものである。ナマハゲ行事は、ナマハゲに扮した若者たちと集落の家々の人々との間に織り成す民俗行事である。そして、このナマハゲとの相互交流をとおして精神的にも、肉体的にも深い信頼が生まれるのである。この相互信頼が長い歳月の間、信仰へと発展し、ナマハゲ行事を継承させてきた原動力ともなったのである。男鹿のナマハゲは行事内容に奇抜なところもあるが、その背景には三つのナマハゲ伝説が行事を伝え続けさせている。伝説の一つは遠い古《いにしえ》を感じさせる武帝説である。二つ目は広い海へのロマンをかきたてている異邦人説である。三つ目は道を極めて艱難辛苦《かんなんしんく》を突き進む修験者説である。ナマハゲ行事の面の形相は、想像上の生き物である鬼に等しく、牛の角と虎の牙を備えている。ナマハゲと家人との問答はもっともらしく挨拶をして、予祝《よしゅく》を奉答する結実となっている。ナマハゲの持っている小道具についても出刃包丁や御幣や手桶を携えていることは行事内容の説明の際に論述したとおりである。

近年、ナマハゲは行事の際に、言葉を発することが多くなった。近世・近代・現代にかけての民衆の自由闊達な姿を反映させたものである。諺にもあるように、言葉が多いと、説明よりも蛇足と化してしまう。菅江真澄の記録にもナマハゲの言葉に関しては一言半句も記されていない。日本人の神観念の典型例として言葉は必要なかったようである。ナマハゲの言葉よりも行為や行動であったのである。今後も男鹿半島において、ナマハゲと人々との行事は続けられるであろう。

ナマハゲを迎える◆2

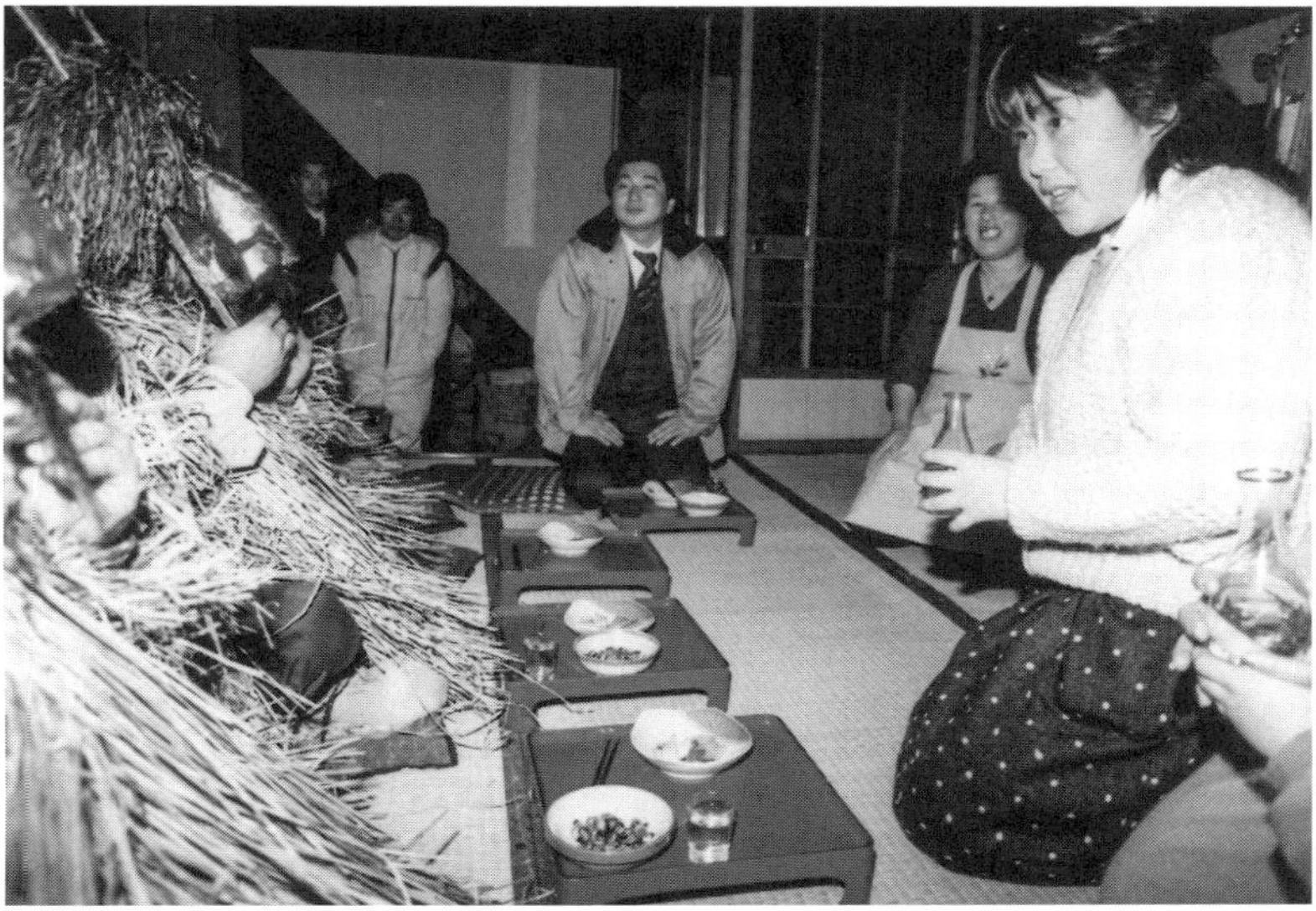

天照皇大神

八幡大神
天照皇大神
春日大神

八幡大神
天照皇大神
春日大神

天照皇大神

かまつ

第三章　ナマハゲ行事の変遷

1　菅江真澄の時代のナマハゲ

江戸時代後期に、男鹿半島の旧若美町宮沢海岸の民家において、菅江《すがえ》真澄《ますみ》は初めてナマハゲそのものをリアルに見分することになった。その模様を『牡鹿乃寒かぜ』に次のように記録していたのである。

「十五日（中略）夕ぐれふかう、灯火とりて炉のもとに円居してけるをしも、角高く、丹塗の仮面に、海菅といふものを黒く染なして髪とふり乱し、肩蓑といふものを着て、何の入りたらんか、から〳〵と鳴る箱ひとつをおひ、手に小刀を持て、あといひてゆくりなう入り来るを、すはや生身剝よとて、童は声もたてず人にすがり、ものゝ陰ににげかくろふ。これに餅とらせて、あなおかな、泣などおどしぬ」と描いた。

これは意訳すれば、正月十五日の夕方も過ぎて暗くなり、囲炉裏を囲んで一家団欒の最中に突然にナマハゲが入ってきた。一点に光るような高い角と赤色の仮面を被って、黒々とした海菅《うみすげ》の髪を振り乱していた。螻蛄蓑《けらみの》を着てカラカラと音のする箱を背負っていた。小刀を手に持っており、子供らは母親らしき人にすがりついて物陰に逃げ隠れた。家の主人はナマハゲに餅二切れを与えて帰ってもらったが、ナマハゲは「怖いぞ泣くな」などと脅したのである。

もう一つ、絵の上部に書き記していた文を紹介する。

「正月十五日の夜深く、わかき男とも集り、鬼の仮面、あるはいふ可笑とて空吹の面、あるは木の皮の面に丹ぬりたるをかけて、螻蓑といふものに海菅てふ艸を黒染としてふり乱し、手に小刀を持て、小筥の中に物ありて

ナマハゲの絵（菅江真澄『牡鹿乃寒かぜ』より。秋田県立博物館蔵写本）

ころ〳〵と鳴るを脇に掛て、たゝむきをいからし、蒲のはきまき、海菅のはきまきに雪沓をさしはき、人の家にゆくりなう飛入りてければ、あなをかな、なまはきの来るとて、童の聲も得たてす逃まとひかくろふ。奈万波義は寒さにたえず火に中りたる膝に赤斑のかたつけるをいふなり。その火文を春は鬼が来て剝ぎ去るちふ諺のあるにたくへて、しか鬼のさまして出ありく生身剝ちふもの也。中国にて、かんことて元興寺の鬼をいひ、陸奥などにて、もつことて蒙古国の襲ひ来るをいひ、此あたりにては生剝をいひて童をすかしぬ」とある。

これも意訳すると、正月十五日の晩に若者たちが集まって鬼の面、ひょっとこの面、木の皮に丹塗《にぬり》をした面を被って、螻蛄蓑を着こんで、黒色の海菅を頭に掛けて髪を振り乱すナマハゲに変身したのであった。音の鳴る木箱を背負って小刀を持ち、足に蒲《がま》の脛巾《はばき》や海菅の脛巾を着けて藁沓《わらぐつ》を履いた格好だった。こうして人の住んでいる家々を巡回した。家へ入ると子供らは驚いて怖がった。ナマハゲとは足や手に赤斑《せきはん》をつけたことをいった。この火文《ひがた》を春になると剝ぎ取ったのである。奈良の元興寺《がんごうじ》の鬼や陸奥《むつ》の国でいわれているもっこも同じように子供らには恐ろしく怖いものである。男鹿半島ではナマハゲといって子供らを脅かしているのである。

菅江真澄が見て描いたナマハゲは二匹であった。その絵から検証すれば、家の板戸を開けると、その上部には注連縄《しめなわ》が張ってあり、正月であることが理解できる。まず、ナマハゲは鬼のような角を生やした赤い仮面を被って黒い髪を振り乱しているものが一匹おり、全身を螻蛄蓑で覆っていた。そして音を鳴らす木箱を背負っていた。左手に小刀を持ち、右手で家の主人が差し出す餅を貰おうとしていたのである。この木箱に小石を入れて、カラカラやコトコトと音を立てて鳴らして薄気味悪いバックミュージックを奏でようと演出したと考えられる。恐ろしさの表現として、ナマハゲが登場したことを印象付けようとしていたのだろうと思われる。説明文にあるよう

男鹿総合観光案内所のナマハゲ像

に、ナマハゲは手甲《てっこう》を着け、脛巾を着けて藁沓を履いていた。菅江真澄は「雪沓」と記しているが、この地方では単に沓や藁沓としかいわないのである。菅江真澄は温暖な三河《みかわ》国出身なので、雪の少ない地方の出身者がよくいう「雪沓」と称することが理解できる。

もう一匹のナマハゲは鬼の面ではなく、番楽《ばんがく》面のようなひょっとこ・火《ひ》男《おとこ》の面、空吹《そらふき》の面を被っており、黒色のザンバラ髪ではなく、代わりに坊主頭に鉢巻をしていた。そして、全身を螻蛄蓑で覆い、手甲を着けて足には脛巾と藁沓を着けていた。服装は鬼の面と同様であるが、カショケと称した手桶のような持ち物を腰に携えていた。右手には小刀を持っていたが、左手は何も持っていなかった。現在のナマハゲは男鹿総合観光案内所に立っている背の高さ十五メートルのナマハゲ像、赤ナマハゲと青ナマハゲが二匹いる。赤ナマハゲはリーダーとしての御幣を持っており、青ナマハゲは右手に出刃包丁と、左手に手桶を持っている。このスタイルが定番となっている。この御幣に注目をしておいてもらいたい。

菅江真澄のナマハゲ行事の民家訪問の一枚は貴重な絵となっている。今に伝わる江戸時代後期のナマハゲを伝える最古のものである。民俗学では、日本人の神観念の古い形態を表現する典型例としている。というのは日本人の神観念においては、神は町や村に常在していない。他界から子孫である人々の所へ時を定めてやってくるという信仰である。この定められた時の顕著な時期が正月と盆であった。いわば昔のナマハゲを証明する証拠品としては天下一品なのである。

この絵と文からナマハゲ行事の原初形態を説明すれば次のようになる。

①ナマハゲ行事の期日は正月十五日
②ナマハゲ行事の主体は若者
③ナマハゲ面は木製
④ナマハゲは戸別訪問
⑤饗応はなし
⑥問答もなし
⑦挨拶はなし
⑧御祝儀は餅
⑨禁忌伝承は不明
⑩持ち物は小刀

⑪装着具はケラミノ
⑫寺社参拝はなし

これがこの絵から理解できるものである。もう少し簡潔にしてみることにする。①時期が小正月、②担い手は若者、③面は木製、④戸別訪問はあり、⑤問答はなし、⑥饗応はなし、⑦挨拶はなし、⑧御祝儀は餅、⑨禁忌伝承は不明、⑩持ち物は小刀、⑪装着具はケラミノ、⑫寺社参拝はなしと整理できる。これがナマハゲ行事の仕組みであることが理解できる。

江戸時代、菅江真澄が検証したナマハゲ行事から百年ぐらい時が経った頃、同じ行事を見たのは柳田国男《やなぎたくにお》であった。柳田国男の見たナマハゲは明治期を過ぎた大正末期であった。

2　柳田国男と折口信夫の時代のナマハゲ

明治時代を経て、大正時代に柳田国男が、その著作『雪国の春』のなかで次のように語っていた。

「雪深き国の多くの町で正月十五日にこれを行う他に、（中略）南は沖縄八重山の島々にも、（中略）穀祭の日に際して、二人の若者が神に扮して、村々の家を訪れる風が南の果の孤島にもあった。本土の多くの府県ではその神事がややゆるみ、今や小児の戯れのごとくなろうとしているが、これもまた正月望の前の宵の行事で、あるいはタビタビ・トビトビといい、またはホトホト・コトコトなどと、戸をたたく音をもって名づけられているという差があるのみで、神の祝言を家々にもたらす目的はすなわち一つである。福島・宮城ではこれを笠鳥とも茶せん子とも呼んでいる。それがいま一つ北の方に行くと、かえって古風を存することは南の海の果に近く、敬虔なる若者は仮面をかぶり藁の衣裳をもって身を包んで、神の語を伝えに来るのであって、ことに怠惰逸楽の徒を憎み罰せんとするゆえに、これをナマハギともナゴミタクリとも、またヒカタタクリとも称するのである。閉伊や男鹿島の荒蝦夷の住んだ国にも、入れ代わってわれわれの神を敬する同胞が、早い昔から邑里を構え、満天の風雪を物の数ともせず、伊勢の暦が告ぐるごとに、出でて古式をくり返して歳の神に仕えていたなごりである」と。

さらに、昭和二年の「おがさべり」のなかでも、「正月十五日のナマハギの故郷」にて、として次のように語っていた。

「正月様の訪問――この小正月の晩に来る蓑笠の神さまを、ナゴミタクリまたはヒカタタクリと呼び、やはり怖ろしい声をして手には小刀を携え、それを筒ようの器に入れて、がらがらと鳴らしてくる村もある。ヒカタは東京などで『火だこ』ともいうので、火にばかり当たっている者の肌膚にできる斑紋、すなわちなまけ者の特徴である。タクルとはすなわち剝ぐことであった。火だこのできている皮を剝いでやろうと称して、小刀を鳴らして夜くるので、（中略）神聖なる一つの脅迫である。ナマハギのナマも同じく『火だこ』のことで、またナマケ者のナマとも関係があるように思う。ナゴミというのもまたそれらしいが、閉伊郡の海岸の人は、化け物のことだと私に教えてくれた。あるいはそのナゴミタクリが、こわい声でモーといってくるゆえに、これをモーコと称しまた一般に化け物をモーコといい、蒙古人のことだと説明した物知りさえあった。（中略）ところが海を越えてはるか南の、八重山群島の村々においては、また北の果の男鹿半島と同じように、いたって謹厳なる信仰をもって、これを迎えて一年の祝い言を聞こうとする習いがある」と。

柳田国男は北のナマハゲと南の沖縄のアカマタ・クロマタ（赤又・黒又）の行事を比較しようとしていた。そして、今度はアカマタ・クロマタを詳しく説明するのであった。柳田は『海南小記』のなかにおいて、石垣島宮《みや》良《ら》で見た「二色人」として、次のように書いていた。少し長いが紹介する。

「毎年六月穂利《プーリ》祭りの二日めの暮れ方に、赤又、黒又の二神はこの洞から出て、宮良の今の村の家をめぐってあるく。かならず月のない夜ごろを選ぶことになっている。夜どおし村の中をあるいて、天明にはまた洞の奥に帰ってゆくと、次の日は村の男女がここに参詣する。佐事と称する六人の警固役が、杖を突いてその途《みち》に立っており、常々行ないの正しい者でないと、何と言っても通ることを許さぬ。宮良の人々は神の名を呼ぶことはばかって、単にこれをニイルピトと言っている。それを赤と黒と二色の人ということであると言うが、ニイルはすなわち常世《とこよ》の国のことだから、これも遠くよりきたる神の意であろう。（中略）木を削って作った恐ろしい面で、赤は黒よりもなお一段と恐ろしいそうだ。茅や草の葉を身におおうて人《ママ》がこの面をかぶるという（中略）実際新宮良の住民は、祭りの日には人が神となることをよく知りつつ、しかも人が神に扮するということは知らぬようである。この夕は家を清め香を焼いて、早くから神の来臨を待っている。二色人が前盛の家へきて、言う詞は一定しているが、その他の家々では形式が色々ある。不幸のあった者は慰める。無事の者は激励する。そうしていずれも次にくる年の、さらにめでたくまた豊かであることを親切にかつおもしろく、言って聞かせるのだそうである。（中略）彼らはこれを直接に神の御詞と信ずるがゆえに、いかな事があっても村外の者に、その文句を知らしめぬ。ぜひともこれを聞こうとすると、うそを教えるそうである。しかも彼らの間においては、最も精確なる伝承がある村の青年の強健にして品行正しいいく人かが、毎年新たに選ばれて祭の役を勤めるために、その練習と準備をしている。ことに赤又、黒又は式の間一切酒食を口にせず、終夜踊りかつ歌う骨折りの役であれば、かねての精進もひととおりでないが、それがまた男としてこの上もない面目と考えられている。老人などのこの祭りを大切に思うことも、想像を超えている。ゆかしいなつかしいという人間の感情の全部を、この神に集注《ママ》すると言ってもよい。（中略）いよいよもとの洞に帰ろうとするのを見ては、また来年もおわしませと、落涙する者すら少なくはないそうである」と。

　これはアカマタ・クロマタの説明であるが、柳田国男はナマハゲとの比較することを考えていたと推察できる。これは折口信夫《おりくちしのぶ》の方に影響を与えてしまうことになる。折口はアカマタ・クロマタに拘泥してしまう。柳田の前の文章から見たナマハゲを整理してみるとつぎのようになる。

①ナマハゲ行事の期日は正月十五日
②ナマハゲ行事の主体は若者
③ナマハゲ面は木製
④戸別訪問はあり
⑤饗応は不明
⑥問答も不明
⑦挨拶は不明
⑧祝儀は餅
⑨禁忌伝承は不明

⑩持ち物は出刃包丁
⑪装着具はケラミノ
⑫寺社参拝は不明

柳田国男によるナマハゲの説明は、菅江真澄の見たものと同じように小正月の夜に若者が蓑を着て歳神《としがみ》に化身して家々を訪問したというものであった。いわば参与的観察の域を出ておらず、ナマハゲそのものの実態調査にはやや迫っていなかった。柳田国男の弟子でもあった地元秋田出身の奈良環之介が案内をしなかったのであろうか。柳田はナマハゲ行事の核心に少しでも近づくことはなかった。『海南小記』に記していたアカマタ・クロマタもナマハゲと同じように神行事があると紹介したほどである。

柳田国男から影響を受けた折口信夫は、昭和初年に、その著作『春来る鬼』において、ナマハゲを次のように書いていた。

「古代日本人の考へをつきつめてゆくと、私の申す所のまれ人といふのは、終始海から来てゐるのです。それが、だん〱平地の生活、或は山の生活、又は村落の生活が初まつて来ると、山からおりてくる山男・山姥・ひつくるめて言ふと『山人』が考え出されて来ました。所が、尚、それにも拘らず、海岸地方では、海から来る信仰が厚かったのです。（中略）このなもみたくりといふものゝ、一つの中心地帯である秋田の男鹿半島の事ですが、此処は、姿のすぐれた異色のある山が多く、新山、本山、寒風山などがあります。『真澄遊覧記』の中にも出て居まして、真澄が興味を寄せた一つの中心地なのです。こゝには、なもみたくりの話しが大変に多く、柳田先生の『雪国の春』を見ても、『遊覧記』からなもみたくりの記事を、出来るだけお集めになつて居られます。それ位ですから、流石に今行つて見ても、此地で所謂『なまはげ』の出る村々が澤山あります。（中略）小正月の晩に、若衆がそれぐ〳〵笊に紙をはり、彩つてかぶつて行く、とあります。これは、村々で違ふのでありまして、或村では、笊だが、又或村では、夏に杉の皮を剝がしておいて、冬になるとこれに加工して、正月十五日の晩――農村では一番大事な日――にかぶつて出るのです。中には、紙の面になつてゐる所もあります。面の形は、村々の意匠が加はり〳〵して、変わつて来たのか、又は、毎年々々お面を変へた為か、一様でなく、亦統一がなくなつてしまうて居ます。（中略）抑々なもみたくりといふものが、始めて記録として、広く世間に発表されたのは、大正十年頃の朝日新聞が、各地の行事を記載した時に、奥州には広く若衆が顔に鍋ずみを塗つて（中略）出て居た様に思ひます。なもみは、ゐろりで火だこの出来てゐるやうな怠け年より、又は、腕白小僧を懲しめに来るものだ、と信じられてゐます」と。

折口信夫が、変化や反応を受けたのは、柳田の『雪国の春』よりは『海南小記』の方が強かった。折口は沖縄県の特殊な世界、例えば、ノロ、オタケ、ニライカナイ、ニイルピトなど宗教や信仰の問題に興味と関心を持ったのであった。そして、ナマハゲも海から来訪するもの、山から下りてくるものとして、文学的に「まれびと」としたのであった。折口のナマハゲに関する文を整理してみれば次のようになる。

①ナマハゲ行事の期日は正月十五日
②ナマハゲ行事の主体者は若者
③ナマハゲ面は木製
④戸別訪問はあり

⑤饗応は不明
⑥問答も不明
⑦挨拶は不明
⑧祝儀は餅
⑨禁忌伝承は不明
⑩持ち物は出刃包丁
⑪装着具はケラミノ
⑫寺社参拝は不明

折口のナマハゲは、柳田国男の「小正月の訪問者」から少し変化して、期待を込めて「まれびと」とした点にある。そして、まれびとは海から来るもの、山から来るものとしていたのである。しかし、折口のナマハゲは柳田のそれと瓜二つであった。柳田と折口のナマハゲ論では、まだまだ対象の内容も輪郭も漠然としており、その性格が明確になっていないことが課題として残されたのであった。『雪国の春』『海南小記』の柳田も、『春来る鬼』の折口も、読者から読むと、客観的に、平易に、わかりやすい文になっていないところが難点であった。ナマハゲ行事の実態とナマハゲの正体も不明なままであった。しかし、大正年間にはナマハゲという名称と現在でも行なわれている行事の内容は、広く世間に公表されていたのである。深いものではなくともナマハゲ行事の再確認にはなっていたのである。ナマハゲ行事が明確になり、変化が提示されるのは、次の吉田三郎の著作を待たなければならない。

3　吉田三郎の時代のナマハゲ

吉田三郎のナマハゲ論は、最初は、『男鹿寒風山麓農民手記』だけだった。その後に、『男鹿風土誌』にもナマハゲの別考が掲載された。その『男鹿風土誌』においては次のように語っていた。少し長いが引用してみる。

「私もかつては男鹿のなまはげだった。なまはげ訓練所に入所前十五年というものは、もつぱら冬になるとのんびりわがままできない日日を過した。訓練所にいる時期はざっと七年から十二、三年位でだいたい結婚前とされていた。私はだいたい八年間入所した。先ず村の若い者十七、八才から三十才ぐらいまでの者が、それぞれ村の大きさによって幾組かに別かれるのである。そして正月十一日の午後は、なまはげの装束を整える日として休日に定まっていた。自分たちの属する区域内のしかも子供のおらぬ家、そういう家のない場合は物置小舎等を借りてそこに集合する。一組のなまはげの数はだいたい二匹だが組によって三匹のものもある。なまはげの面は、村々によって大小様々作り方は違うがその他の装束はだいたい同様である。村によっては、木ぼりの半永久的な牛馬や竜の面をしたものを使っている村もある。だがだいたいは竹の笊面である。つまり笊をもとにして鬼の面を作るわけである。私の村の面は男鹿でも一番大きい笊を使っていた。巾四十センチ長さ五十センチぐらいの、長方形の笊、青赤、金銀の紙、ほご紙、ノリ、糸、海や潟の藻草の乾燥したもの。馬の髪、墨、藁、鍬台、タラの木の太いもの、板切れ等の材料を用意する。集まった者のうちに誰か手工の上手な者が先ず笊を土台にして、藁や藻草で鬼面の原型を作る。口は両方まで割れて大きく、歯や牙は鋭く、鼻は太く高く、目は上方に向けてひし形にし、頭は太い角を二本、そして赤面と青面の二つを作るのである。歯や牙や角には銀紙をはり、目玉や鼻の背骨や穴の部分には金紙をはり、額やほほの深い皺を表すために、金銀の紙を波型に切ってはり、角には馬の髪を巻きつけて、そして始めて鬼面が完成するのである。面が出来ると次ぎは持物を作る。板切れで出刃包丁の大きい模型を作り、刃の部には銀紙をはり、その他の部分には墨を塗り、廃物の鍬台にも銀紙をはる。またタラの木の太い棒を一メートルぐらいに切り、二十センチぐらいの部分を皮むき、残りはそのままとげをはやしておく。（中略）次ぎは身にまとう物、即ち『けだし』という物を藁で編む。一匹あたり三枚を編む。（中略）いよいよ十五日の夜がくる（中略）午後六時頃までにちゃんとその準備を整える。家を廻る順序は（中略）前もって相談しておく。どこの家でも最初にきたなまはげを一番なまはげという、そして二番なまはげ三番なまはげと称する。一番なまはげは男鹿のお山から、二番なまはげは大平山から、三番なまはげは八郎潟のスガを渡ってくるものと言われている」と。さらに続いて、

「さてなまはげが、家々に乱入するときは、従者全員が声を合わせてウオーウオーと奇声をあげつつそこらあたりの戸板を叩いたりして茶の間に上る。上がればのしんのしんと力をこめて踏み歩く。

そして、主人のいるろばたのところに行き、『新年おめでとう』と年詞をのべる。こういう礼儀は大昔はなかったとのことだが、明治中頃警察の大干渉となり、そのころからなまはげの素振行動が原始的なものから一挙に近代的になったと祖父から聞かされた。私は大正時代のなまはげだから、ちゃんと年詞を述べたものだった。年詞を述べおわると立ちあがり、相変らず兇器を振り廻してウオーウオーとうなりながら

『泣く子がいだが、いねが、三太が泣くが、お春が泣くが、親の言うごとよくきぐがきがねが、ウオーウオー』

『もし泣いだり親の言うごどきがねばもらてゆく、どごにいだ、どごにいだ。ウオーウオー』

『この家の初嫁朝早く起ぎるが、もし起ぎねば、ケツ（お尻）しにぎてやる（ひねる）、ウオーウオー』

こうしてわめきながら座敷であろうが、物置であろうが、押入であろうが、二階だろうが、梁であろうが、どんどんさがしもとめたものである。（中略）そうして暴れているところへ、主人がほどよく行って、

『まあまあ、なまはげど、なまはげど、ごめんしてけれ、ごめんしてけれ』といって手を引っ張ってきて、酒肴を供する。昔はほとんどが濁酒だった。その濁酒を飯茶碗に一ぱいついで飲ませながら問答を初める。

『なまはげど、なまはげど、どこがらきたすか』

『ウオーウオーお山がらきた』

『なめひば　なんというすか』

『ウオーウオー　お山の鬼で、ナベノフタトテノシケだよ』

『オガのなめはなんというすか』

『ナグガキカムコだ』

『今夜はひばどこさとまるすか』

『ウオーウオー　おらはお宮のウド木さとまる』

『なんぼ日ひばとまるすか』

『ウオーウオー　この正月いっぺいるはらだ　んだどもおらのけらいが年から年中いるがらいつでも知らひればくる』

『なまはげど、なまはげど、泣く子連れて行ってなんとするすか』

『ウオーここにあるカマスの中さひでいって、お宮さいてがら、六尺もある竹の串にケチから頭まで刺して、ヒド火さあぶってまぐらう、あぶらがあって　んめもんだ、こでらいね、なんぼもくねい』

『なんとも、ごでぎだったすなあ』と主人がいうと。

なまはげは、ウオウ、ウオウとうなりながら濁酒をぐっと飲みほして、けたたましく去ってしもうのである。主人は大きな長方形の餅、大家では大きな丸餅、二枚に松とエゾの葉をつけて、荷物背負いの男に渡してやる」と。

このように先に紹介した『男鹿寒風山麓農民手記』とは少し違っていた。ナマハゲのオガ（妻のこと）の名前が、「ナグガキカムコ」とか、泊まるのは、「正月いっぺいるはらだ」としたり、串の長さが、「六尺」になったりしていた。

『男鹿寒風山麓農民手記』が出版されると、ナマハゲという来訪神が訪問準備期間をもうけていたこと、ナマハゲの人数が二人一組や三人一組から成っていること、ケダシの効用などが明確になった。それと訪問先の家の主人との問答実態が明らかになり、たいへん注目されるようになった。来訪神と家人との珍無類で面白い問答実態であった。これが有名な「ナマハゲ問答」であった。吉田が高い評価を受けたのは、ナマハゲ行事の実際を正確に可視化し文字化したことがあげられる。まさに、ナマハゲの一般公開、一般公表であった。それに、初めて、来訪神の「ナマハゲ問答」を巷間に紹介したことも評価の理由である。このナマハゲ問答は、ユーモアがあり、ウイットにも富んでおり、多くの人から拍手をもって迎えられた。吉田の紹介した旧男鹿市脇本大倉のナマハゲ行事と、ナマハゲ問答は現在まで続いていることになる。筆者は旧若美町ではナマハゲ問答を体験してみることはできなかったが、旧男鹿市北浦安全寺においてはこれを採集したことがある。それは第一章の前文にて紹介したものである。

そして、吉田の著作はよく読まれたという。柳田国男が奈良環之助に話したところによると、「ぼくもこの本は三回も読んだよ」と語ったという。そして、吉田の『男鹿寒風山麓農民手記』はナマハゲのバイブルとなってしまうのである。特に、ナマハゲと家の主人との問答実態の箇所がそのまま引用や真似をされている。

「一番ナマハゲ、二番ナマハゲ、三番ナマハゲ」とか、ナマハゲの名前が「ナベノフタトテノシケ」とか、家の子供の名前が、「三太」や「お春」とかがそのまま使用された。

三太とは、吉田三郎自身が三男だったことからきていた。吉田はほかにも三助、三吉、三平という名前を他の著作において使用している。これは長男ではないという意味の表現である。女の子の名前は正月に因んで「お春」としていた。

吉田の『男鹿風土誌』によれば、「明治中頃警察の大干渉となり、そのころからなまはげの素振行動は原始的なものから一挙に近代的になった」という。

さらに、吉田は、『男鹿のこぼれだね』（秋田文化出版・一九七七）において、次のように語っていた。

「相川部落の調査だが、この村のナマハゲは、これまた昔から男鹿随一に荒っぽいナマハゲとして有名に噂されているので調査することにした。だが噂さ程今は荒っぽいものではなかった。（中略）ただ変わっていたのは、持物の中に六尺ばかりの棒に、御幣を示しかの如く、色々な布の長い切れをくくりつけたものを持っていた」と。

ナマハゲが御幣を持っていたのである。というよりも、ナマハゲに御幣を持たせればそんなに乱暴なことはしないだろうという予防策であった。私道や所有地などを進入禁止とするために赤い鳥居のマークを付けさせたことと同じ発想である。ナマハゲに御幣を持たせれば少しはおとなしくなるであろうという期待である。

「明治三十年頃になると、こんな野蛮な行事は止めろと、警察の命が下り厳重な取締りがあって遂いに止めることになった。ところで村の若者たちにとっては、重大問題である。一年一度の最大娯楽行事とも言うべきものを厳禁されては何んの生甲斐があるぞと、若者たちの意気消沈、不平もんもん、それがやがて農業生産にも及ぶものなり。この不平に耳をかした人あり、その人こそ当時県内は無論のこと、他県中央にまで農業の神様として仰がれていた石川理紀之助翁である。そこで深い学問のある石川翁のことなれば、これは若者たちの言うことは理の当然と認めるけれど、これまでのような非道い乱暴は止めねばいけないとして、先づ警察署に行き、老農石川翁的ナマハゲ観を述べたのが左記の如し。ナマハゲというから自から乱暴な行事になってしまうのである。本来ナマハゲというものでなく、ナモミハギという事である。これは怠惰な人間を働かせるための教訓行事である。つまりナモミハギとは、怠惰な人間が冬期仕事もせずに火にばかりあたっていると、脛に火形がつく、その火形を方言でナムメヨ又はナモミと言う。そのナモミを剝ぎ取るぞとおどしのための行事である。又嫁や婿も朝早く起きて働くように、或いは行儀の悪い子供をさとしため《ママ》のものでもある。然るが故にこの行事は決して悪いものではなく、若者自から発憤して働く動力の一つだ。だから取締りを解きこれまで通り行わせた方が良い、その代わりこれまでのような乱暴は自から慎むように指導するから許されよと抗議した結果、警察も石川翁の言う事は成程と感心して、これを再び許し事になったと、私の父から聞かされた一説である」と。

男鹿半島出身者である吉田三郎の大正時代のナマハゲは、無礼講の原始的ナマハゲから秩序正しい近代的ナマハゲになった時期であるという。吉田三郎時代のナマハゲとは以下のように纏められる。

①ナマハゲ行事の期日は正月十五日
②ナマハゲ行事の主体は若者
③ナマハゲ面は木製、笊製、その他多様
④戸別訪問はあり
⑤饗応はあり
⑥問答はあり
⑦挨拶はあり
⑧祝儀は餅
⑨禁忌伝承は死火・産火
⑩持ち物は出刃包丁、御幣
⑪装着具はケデ、ケダシ、ケンデ
⑫寺社参拝は不明

吉田の語る近代的ナマハゲとは、ナマハゲ問答ができる、予祝《よしゅく》や年始挨拶ができる、家人に饗応されるナマハゲのことである。ただし、吉田三郎のナマハゲには寺社参拝のことや御幣を持つことに関しては触れられていなかった。石川理紀之助がナマハゲを復活させた際の条件としては神社参拝が入っていた。それでナマハゲが御幣を持つことが条件とされた。また、ナマハゲに警察からの介入や注意が入った際には、神社に御幣を奉納することを目的とする行事であることを理由としたことが考え出されていた。この部分が吉田三郎のナマハゲ論にはほとんど触れられていないのである。ただ、明治三十年代にナマハゲ行事に官憲からの介入があった事実は祖父や父から聞かされていたようである。

次項で述べるが、高橋文太郎（一九〇三―一九四八）の「男鹿のナマハゲ」（『旅と伝説』通巻159号・一九四一）には、寺社参拝や御幣使用は記録されている。吉田の住んでいた旧男鹿市脇本大倉の集落と、高橋文太郎が調査した旧男鹿市北浦相川と旧男鹿市脇本は集落は漁業が生業であり、似ている場所であった。

4　高橋文太郎による補足

吉田三郎のナマハゲ問答が取り上げられるなかで、別な観点からナマハゲを探ろうとしていた研究者がいた。高橋文太郎であった。高橋は、その考察をした「男鹿のナマハゲ」（『旅と伝説』通巻159号）を発表した。それは、高橋文太郎が主張する「観察本位の平面的記述」を目指して、ナマハゲを、「一、何時行ふか、二、部落におけるナマハゲ組、三、参加資格無き場合の条件、四、ナマハゲ組の準備作業、五、各戸訪問の順序、六、各戸訪問の模様、七、貰ひ物の処分、場所並に慰労会、八、餅及び身につけたものの呪力、九、ナマハゲの習性と伝承、十、ナマハゲのもつ呪性、十一、摘要」の項目から照射した。「十一、摘要」の内容は、「当行事の特色として挙げられる事項」として次のように纏めあげた。

「(1) ナマハゲは旧正月十五日の歳取りの晩即ち節季の変り目に各戸を訪問する。
(2) ナマハゲ演行者は生地のままの姿を見せない即ち仮面、蓑等を使用し必ず仮装のもとに現れる。
(3) 面作り其の他、この行事に関する準備作業は人々特に女子供等の眼に触れない場所を選び秘密裡に為されること。
(4) ナマハゲは個人で行はず、ナマハゲ組をつくつて行ふ。而してこの組は部落常設の青年団（ワカゼ組）と直接の関係なく、団員の任意参加によること。
(5) その組に死火産火の穢れある家の青年は参加できない。
(6) ナマハゲは各戸訪問の際、主人と対座し祝言をのべる即ち来るべき年の漁猟、岡作の豊饒、家運の繁栄、人々の幸福を予淑する。
(7) ナマハゲの訪問は悪魔祓ひとなること。
(8) 祝言、厄祓ひとの交換の意味合ひにて、各家に於てはナマハゲを歓待し祝儀の餅或は銭を与ふること。
(9) 貰ひ物たる餅、銭はそのナマハゲ組において適宜に処分消費する。
(10) その餅及び身につけたるウミスゲ、藁類等に一種の呪力が認められる。
(11) 訪問の際におけるナマハゲの振舞は許容され、ナマハゲ自身は女子供に対し、威嚇の意志をもつこと等が挙げられる」と。

思うに、高橋のナマハゲ論は、吉田ほどに影響を与えるほどのインパクトにはならなかった。世間がリアルなナマハゲを目の当たりしていなかったことが大きな要因であった。高橋の苦心した詳細な調査は善し悪しの判別は不可能であったのである。高橋が吉田三郎のナマハゲ論を補強していることが、理解できなかったのである。さらに高橋自身が日本民俗学会から身を引き、家業に専念する形で引退してしまったことにも原因があった。

しかし、高橋文太郎の論文の中において、吉田三郎のナマハゲ論、いわゆる「原始的ナマハゲから近代的ナマハゲへ」を補足するものが記録されていたのである。それを紹介してみることにする。

高橋文太郎「男鹿のナマハゲ」によれば、

「調査地域は、南秋田郡北浦町大字相川（現男鹿市北浦相川）、脇本村本村、同村飯ノ森、富永大倉、樽沢（以上現男鹿市脇本）に亙つてをり、前者は漁業、後者は農業を以て主業としてゐる。採集時期は昭和十三、十四年の正月においてなしたもので、又調査に当り種々御助力下された地元の方々並に友人諸兄に深く感謝したい」とし、本題に入って行く。

「（前略）四、ナマハゲ組の準備作業（中略）宿、（中略）面作り、（中略）一組のナマハゲ組の統領が持つものにボンデン（梵天）という御幣がある。柄ぐるみの丈が八十五糎許りあり、柄材にはゴマギの若木を用ひる」と。さらに、「脇本村では、当時、各組が最初お寺（禅宗）へ行き年詞の挨拶をなした。（中略）飯ノ森では、お宮を出発したナマハゲ三組の中、上の連中は上から下へ通し、下の連中は下から上へ通し、中の連中は、中から始め上へ廻り後下へ通して廻ることになつてゐる。樽沢では、以前においては部落の社が三社に分れてゐたから各組はその所属する社から一組づづ《ママ》出発したが、現在は三社合祀となつて鎮守中山山《ママ》社となつたから、こゝから各組が出発し、部落をまわる」と。

「(前略) 相川町における例。玄関の前にてウオーウオーと声を揃へて唱へ、(中略) 玄関の間の板敷で、板が踏みぬけるほど、七五三を踏む。踏み乍ら続く部屋の茶ノ間に入り、炉辺に待つてゐる主人に向ひ青面を中央に挟んで赤面二つ並んで座る。(中略)主人と対座すると、お目出度うと挨拶をかはす。アクタレ子供がゐるといつて、男の子一人を炉辺へ引出し、ナマハゲにこらしてもらふのを見た。(中略) 主人はナマハゲに対し酌取りといつて、酌をする。(中略) 私達が、同部落の小林富吉方にて実見したナマハゲは、赤面の中一つが御幣を手に持つてをり、之が統領 (大将) で上座を占めてゐた。」としてあった。

このように、高橋の論文から発見されることは、ナマハゲは寺院や神社を参拝しており、しかもナマハゲの頭目が御幣を持っていたことがわかる。調査した種々の事実によって、寺社参拝の有無と御幣を携えていたことが明確になっていた。

そのことは、研究者として報告を寄せた三浦隆次の「秋田県船川のナマハゲ」(『民族』壹巻貳号・一九二六)に次のようにあった。

「秋田県船川のナマハゲ―正月十五日の晩はナマハゲと云ふ者が来る。土地でも指折のよい若い者たち、此夜は鎮守の社で通夜をして居て、夜に入ると二人三人が組になり、一夜作りの藁蓑・藁はんばき・藁前垂に藁ぐちをはき、昔から伝はる鬼の面をかぶつて、オウ〳〵と奇声を放ちつゝ、町中の家をまはる。各戸では前以て子供を隠してしまひ、酒肴や餅などを用意して置いて、此ナマハゲを迎へる。巡る家数の増すにつれて、ナマハゲは益々荒くなる。貰った餅酒は別に連れてゆく人に持たせて、鎮守の社に帰つて来てそれで酒盛りをする。昔は真山本山の鬼どもが、斯うして麓の家を襲うたものであったが、いつの頃からか、里の若者がそれを真似るやうになつた。ナマハゲが来たと云ふ言葉は、船川の町などでは、子守や母親が泣く児をおどす言葉になつて居る」と。

ここではナマハゲは神社から出発して神社に戻ってくることが明らかになっていた。神社参拝については、吉田三郎が触れていなかったものであり、高橋文太郎のナマハゲ論がその補強になっている。

5　吉田以降から現在までのナマハゲ

吉田三郎以降は、戦後であるが、吉田の模倣からナマハゲ論が出発する。戦後直近の論文は中村たかをの「なまはげ覚書」（『民族学研究』第16巻3／4号・一九五二）である。そこにおいて、中村は、吉田三郎の『男鹿寒風山麓農民手記』を一事例として引用していた。それは次のようであった。

「秋田県男鹿寒風山の麓、富永村では、旧正月十一日、十七、八歳から三十歳位までの若者が、十人から二十人ほどの組に分れ、その日一日仕事を休み、それぞれ自分達の区域内のしかも子供のいない家か、物置き小舎などを借りて、ナマハゲの面や所持品の準備をする。やがて正月十五日の晩になると、藁靴をはき、肩と腰にケダシをつけ、蓑を着て、怖しい鬼の面を被った二匹のナマハゲが、手に手に鍬台や出刃包丁、或はトゲのあるタラの木の太棒などを持ち、叺を背負った従者一人を供らして、〝ウオー、ウオー〟と奇声を発し、腰や肩に巻きつけたケダシをガサガサと、ものすごい音をたてながら、手にした兇器の類を振り廻し、振り廻しつつ、家の中へ暴れ込み、ずかずかと主人の居る所へ上がり込んで次のようにな問答を始める。ナマハゲ『新年おめでとう』主人『何と御苦労だった』ナマ『オー』主『何の方面から参りました』ナマ『真山本山の方から』主『お名前は何と申し』ナマ『ナベノフタトテノシケ』主『おお、御苦労だった』ナマ『オー』ナマ『ウオー、ウオー。このエ（家）で泣く子がいだが、いねが三太が泣くか、お春が泣くか。ウオー、ウオー。若し泣いたり親の言うこときかねば、貰ってゆく。ウォー、ウオー。何処にいだ。何処にいだ。ウオー、ウオー。このエの初嫁（若しくは初婿）朝起きするが。すねが。若し朝起きすねば、まじないしてやる。ウオー。ウォー。』このようにして、三匹のナマハゲは家中を探しまわり、若し、子供や初嫁などが見つかろうものなら、お尻をつねったりもんぺの緒など切られたり、又〝言うに言われぬまじないごと〟などされる。このような場面が終るとナマハゲは又主人の所へ戻って来て、酒肴を前にしながら、再び問答にかかる。主『さあさあ、ナマハゲど、おいの三太やお春や又嫁などは泣きもしないし、又朝寝もしない。よーく、老人《とーそり》の言う事もきくから、ごめ（許）してやって先ず一杯やってけれ《ママ》。ナマ『それではごめしてやるが』（と言って膳に坐り、大きな飯茶碗になみなみと注がれた濁酒をぐいとのみほす。）主『ナマハゲど、ナマハゲど、今夜は何処にとまるか』ナマ『ウオー。ウオー。おらは、お宮のウドの木にとまる』主『なんぼ日、泊る心算でしか』ナマ『ウオー。そうだ、おらは四日も五日もとまるが、おらの子分が年がら年中居る。だがら何時でも、三太やお春が泣いたり、老人の言うことききがねがたり、又、嫁が我儘をしたりしたらお教れ、ひば何時でも来て貰ってゆくから、ウオー』主『ナマハゲど、ナマハゲど。ひば泣く子貰って行って、なんとするか』ナマ『ウオー、それは今持て来た叺に入れていって、お宮に行ってから火を焚き五尺もある串に尻から頭まで刺して焙って食うのだ。ウォー』と言いのこし、濁酒をぐっと呑みほして荒々しく立去って幕になるのであるが、その後で従者は、彼の肩にした叺に、餅二箇をいれてもらうことになっている。そして、これらナマハゲが、村中の家々を廻り了えたあとで、又さい前、準備をした家に戻り慰労会を催すのである」と。

中村たかをは、吉田三郎の論文を引用したが、原文そのままではなく、自分で文を付け加えたり、削除したりした。吉田の原文は微妙に異なったものに換えられたのである。さらに、メインテーマとなっているナマハゲ問答の原形を変えてしまった。吉田が初めて世間に公表したナマハゲと主人との問答を段落の改行もしないままで羅列形式に引用した。これはもうナマハゲ問答ではなくなってしまったのである。せっかくの吉田の努力も禅問答のようになってしまい、何を問答しているのかわからなくなってしまった観は免れない。主人がナマハゲに問いかけるナマハゲ問答のユーモラスな珍問答効果も薄れてしまった。中村は一つの事例として報告書のつもりでいたのかもしれない。これは吉田のナマハゲ論に対する解釈の違いが明らかになってしまったのである。

柳田国男と共著をなした映画監督・三木茂の『雪国の民俗』（養徳社・一九四四）の「主として秋田県南秋田地方に於ける年中行事と習俗」のなかでも吉田三郎の本は次のように利用されていた。

「十五日この日は小正月の元日であるから方々でいろいろな行事が催される。就中男鹿のナマハゲの行事は、その劇的な点に於て、内容の意味深い点に於て行事中の花形である。（中略）男鹿半島のそれの如く、今もつて信仰的な厳粛さと、物凄さを保持してゐるものは少い。（中略）時間は夕食後から十一時頃。猛獣の咆哮にも譬ふべき怒号を発しながら家へ入つて来、

『新年お目出度う。今年は陸では萬作、海で大漁』と太い声で年詞を述べる。すると格式ある家の主人が袴羽織で出迎へ、

『何んと御苦労様だつた』と、その労をねぎらひ、かねて支度を調へてあつた膳で酒を饗するが、時には餅二枚、酒料を添へて荷背負男に渡してやるだけの場合もある。そして面白い問答がはじまる。

主『何の方面から来たーか』

ナマハゲ『お山の方から』

主『お名前は何といふしか』

ナマハゲ『ナベノフタトテノスケ』

主『おー御苦労様だった』

ナマハゲ『ウオー』其処でナマハゲは腰や肩に巻き付けたケンデをガサガサと音をたてさせ、手にした木製の兇器を振廻して愈々本舞台となる。

ナマハゲ『ウオー、ウオー、ここのエで泣く子が、ゐだが、ゐねが。三太が泣ぐが、お春が泣ぐが。親の言ふごどきぐが。きがねが、ウオー、ウオー若し泣いだり、親の言ふごどきがねば、貰つてゆぐ。ウオー、ウオー』

ナマハゲ『ここのエの初嫁朝起ぎするが、すねが。怠けがちな下男、下女はゐるが、ゐねが。若し朝起ぎすねば、まじなひしてやる。ウオー、ウオー』

こうしてナマハゲは座敷であらうが、物置であらうが、押入れであらうが、二階であらうが、蔵の中であらうが、梁であらうが、どんどん捜しもとめる（中略）かうしてまじなひを終つたナマハゲは再び主人の所に戻つて来る。すると主人は

主　さあさあナマハゲど、ナマハゲど、おいの三太やお春、嫁は泣ぎもスネス、朝寝もスネス。よーくトソリ

の言ふごどきぐから、ゴメしてやつてたんせ。先づ先づ一杯やつてけれ』とナマハゲを宥め、膳の前に坐らせる。そして並々と飯茶碗に酒をつぐ。ナマハゲもその時はすつかり御機嫌が直つて、
ナマハゲ『ではゴメしてやるが』と云ひグッと酒をあける。
すると主人は更に
主『ナマハゲど、ナマハゲど、今夜は何処さ泊るすか』
ナマハゲ『ウオー、ウオー、おらはお宮のウド木さ泊る』
主『なんぼ泊る心算ですか』
ナマハゲ『ウオー、さうだナ、おらは四日も五日も泊るが、おらの乾分は年がら年中居るがら、三太や、お春が泣いだりトソリの言ふごど、きがねがつたり、又嫁が我儘言つたりしたら、オセレ。セバ何時でも来て、貰つてゆぐがら。ウオー』
主『セバ泣く子貰つて行つてなんとするすか』
ナマハゲ『ウオー、それは今持つて来た叺さ入れで、お宮に行つてがら火を焚き、五尺の串に尻から頭までぶッ刺して焙つて食ふのだ。ウオー』
かうした動作、その音声等、実に悪鬼そのものの感じがして、平常でも悪童を戒めるのにナマハゲが来るぞと威嚇する位である」と。

さらに、三崎一夫（一九二三―二〇一〇）の「小正月のまれ人」（『講座日本の民俗6』有精堂・一九七八）に

鹿市脇本大倉である。

も吉田三郎の論文は引用されていた。次にそれを掲載してみる。中村たかをの論文と同じように、改行なしの一事例報告となされていた。ナマハゲ問答の主人は、「主人」となっており、ナマハゲは、「ナマ」としていた。ひじょうに読みにくいものであった。また、最初に出てくる「富永」とは、昔の行政単位の村であり、現在では男鹿市脇本大倉である。

「富永は寒風山の東麓にある。十七、八歳から三十歳ぐらいまでの若者たちが、村の大きさによって幾組かに分かれ、正月十一日の午後から仕事は休み、部落内の子供のいない家か物置を借りて集まり、行事の準備を始める。面は一尺二、三寸、長さ二尺ぐらいの長方形の笊に、赤、青、金、銀の紙を貼り、角を生やし馬の毛を付けた鬼面で、持ち物としては板に銀紙を貼った包丁、鍬台に銀紙を貼ったもの、それに三尺程のタラの木の棒などを作る。身にまとうケダシを藁で編み一人について二枚用意する。いよいよ十五日の夕刻、準備作業をした場所に集まり、一組三人の二組のナマハゲが、藁靴を履き、ケダシを腰に回し肩に掛けてその上に蓑を着、鬼面を被り、それぞれ庖丁、鍬台、タラの木の棒を持って扮装する。ナマハゲの役は交代するが、役以外の組員も二手に分かれてそれぞれの組に十人、二十人と従う。そのうち十七、八歳で始めて若者組に仲間入りした者は、御祝儀の餅や銭を入れる叺を背負う役に当てられる。午後六時頃までに準備を終り、一行は村はずれから他の組と落ち合わないように申し合わせて家々を回って行く。家々では最初に訪れた組を『一番ナマハゲ』といい、男鹿の真山、本山から来る、二番は大平山から、三番は八郎潟のスガ（氷）を渡って来ると語っている。組の一行は『ウオー』と奇声をあげ、ナマハゲは持ち物を振り回し、板戸を叩いて音を立て、ケダシを振り動かして威勢を誇示して家に入る。それを迎えたその家の主人と挨拶の問答を交わす。ナマ『新年おめでとう』、主人『何んとも御苦労さまだった、何んの方面から参りました』、ナマ『真山、本山の方から』、主人『お名前は何んと申す』、ナマ『鍋の蓋取手之助』、主人『おお御苦労さまだった』、ナマ『ウオー』。この後ナマハゲは『ウオー、ウオー、ここの家で泣く子いだがいねが、三太が泣ぐが、お春が泣ぐが、親の言うこと聴くが聴かねが、ウオー、ウオー、もし泣いたり親の言うこと聴かねば貰って行く、ウオー、ウオー、何処にいだ、何処にいだ、ウオー、ウオー、ここの家の初嫁（または初婿）朝起きするがすねが、もし朝起きすねば呪いしてやる、ウオー、ウオー』などと畏嚇しながら、子供や初嫁を家中捜し回り、見付かるとつねられるなどされ、特に初嫁はひどい仕打ちを受ける。やがて主人が『さあさあナマハゲど、おい三太やお春やまた嫁は、泣きもしないしまた朝寝もしない。よく年寄の言うこと聴くから、御免してやって、まずまず一杯やってけれ』と酒肴と餅の膳を進める。ナマハゲは『それでは御免してやるが』と膳に着き、主人は濁酒を進める。再び双方の問答がある。主人『ナマハゲど、ナマハゲど、今夜は何処に泊まるか』、ナマ『ウオー、ウオー、おらはお宮のウドの木に泊まる』、主人『なんぼ日泊る心算でしか』、ナマ『ウオー、そうだ、おらは四日も五日も泊るが、おらの子分が年から年中いる、だから何事でも三太やお春が泣いたり年寄の言うこと聴がねがったり、また嫁が我儘をしたりしたら、おひれひば何時でも来て、貰って行くから、ウオー』主人『ナマハゲど、ナマハゲど、ひば、泣く子貰って行ってなんとするしか』、ナマ『ウオー、それは今持って来た叺に入れて行って、お宮に行ってから、火を焚き五尺もある串に尻から頭まで刺して焙って食うのだ、ウオー』などの遣り取りをし、酒を飲んで座を発つ。その後荷物背負いの役が、御祝儀の餅を受けて行く。一行は喪中の家を除いて村中全戸を回り終るのは十時過ぎになる。若者はナマハゲの面を被ると、気持ちが荒々しくなり、さらに大酒するので異常な状態となる。他の組のナマハゲと大喧嘩になることも珍しくなかった。翌日若者たちは先に準備のために借りた家に集まり、貰い集めた餅などで飲食をする。道具は来年のために保存される。また御祝儀の餅は食べると無病息災になると村人に求められ、ケダシは疫病除けに村境の木か石に掲げられ、落ちた藁は頭痛みしないように頭に巻く」と。

続いて、木崎和廣（一九二八―二〇〇五）の「男鹿のナマハゲ―類似伝承の分布と考察―」（『記録　男鹿のナマハゲ第3集』男鹿市教育委員会・若美町教育委員会・一九八二）においては、柳田国男・三木茂『雪国の民俗』の「主として秋田県南秋田地方に於ける年中行事と習俗」を引用していた。三木茂の文章は吉田三郎の論文をそのまま引用したものである。吉田三郎から三木茂が写し、それを木崎和廣が、「戦前の資料として注目される」と語って、さらに重ねて写したのである。写しの写しである。その一文は次のようにあった。

「十五日。この日は小正月の元日であるから方々でいろいろな行事が催される。就中男鹿のナマハゲの行事は、この劇的な点に於て内容の意味深い点に於て年中行事の花形である。（中略）元来ナマハゲなる語の意味は、ヒガタ即ち炉火に長くあたった人の脛、火鉢にあたった人の腕などに現はれる火形を、生身のまま剝ぎとると云う意味で正月の休みに気を弛ませた農民の心を引緊めるためと云はれている。（中略）」

「時間は夕食から十一時頃。猛獣の咆哮にも譬うべき怒号を発しながら家へ入って来、『新年お目出度う。今年は陸で萬作、海では大漁』と太い声で年詞を述べる。

するると格式のある家では主人が袴羽織で出迎へ、

『何んと御苦労様だった』

と、その労をねぎらい、かねて支度を調てあった膳で酒を饗するが、時には餅二枚、酒料を添えて荷背負男に渡してやるだけの場合もある。
そして面白い問答が始まる。
主　何の方から来たしか。
ナマハゲ　お山の方から。（お山とは真山本山のことだが、五里合、脇本などでは太平山からと云ったりする）
主　お名前は何んと云ふしか。
ナマハゲ　ナベノフタトテノスケ。
主　おー御苦労様だった。
ナマハゲ　ウォー
其処でナマハゲは腰や肩に巻き付けたケンデをガサガサと音をたてさせ、手にした木製の兇器を振回していよいよ本舞台となる。
ナマハゲ　ウォー、ウォー、ここのエ（家）で泣ぐ子がいだが、いねが。三太が泣ぐが、お春が泣ぐが。親の云うごどきぐが、きがねが、ウォー、ウォー、若し泣いだり、親の云うごどきがねば、貰ってゆぐ。ウォー、ウォー。
ナマハゲ　ここエの初嫁（若しくは初婿）朝起ぎするが、すねが。
怠けがちな下男《わかぜ》、下女《めらし》はいるが、いねが。
若し朝起ぎすねば、まじないしてやる。ウォー、ウォー。
こうしてナマハゲは座敷であろうが、物置きであろうが押入れであろうが、二階であろうが、蔵の中であろうが、梁であろうが、どんどん捜しもとめるが、それと覚しき者共はとっくに姿を消し、見つからないようなところで難を避けて居るが、若しも見つかつたら大変、ナマハゲに尻をひねられ、気の弱い子供はその場で気絶してしまうことなど珍らしくない。こうしてまじないを終ったナマハゲは再び主人の所に戻って来る。

するど主人は

主　さあさあナマハゲど（殿）ナマハゲど　おい（俺）の三太やお春、嫁は、泣ぎもスネス（しないし）朝寝もスネス。ようくトソリ（年寄）の云うごどぎぐがらゴメ（御免）してやってたんせ。先ず先ず一杯やってけれ。

とナマハゲをなだめ、膳の前に坐らせる。そして並々と飯茶碗に酒をつぐ。ナマハゲもその時はすっかりご機嫌が直って、

ナマハゲ　ではゴメしてやるが。

と云ってグット酒をあける。すると主人は更に。

主　ナマハゲど、ナマハゲど、今夜は何処さ泊るすか。

ナマハゲ　ウォー、ウォー。おらはお宮のウド木さ（大木の根が腐って洞穴になっているところ）泊る。

主　なんぼ日泊る心算ですか。

ナマハゲ　ウォー、そうだな、おらは四日か五日も泊るが、おらの乾分は年から年中居るがら、三太やお春が泣だり、トソリの云うごどきがねがったり、嫁が我まま云ったりしたらオセレ（おしえろ）。セバ（そうすれば）何時でも来て、貰ってゆぐがら。ウォー

主　セバ泣ぐ子貰って行ってなんとするすか。
ナマハゲ　ウォー。それは今持って来た叺さ入れで、お宮に行ってがら火を焚き、五尺の串に尻から頭までぶっ刺して焙って食うのだ。ウォー。
こうした動作、その音声等、実に悪鬼そのものの感じがして、平常でも悪意を戒めるのにナマハゲが来るぞと威嚇する位である。
このナマハゲ行事が終れば、服装のワラ切れにて、頭や手首を巻くと、頭痛やソラ手（手首の筋肉炎）が癒ると云うので、当分は神社境内にかけて置き、希望の者のむしりとるに任せている。又、鬼面や道具類は、子供の目にふれない様に社殿内かワカゼ頭の宅の奥深く保存して置く」と。

吉田三郎の描いたものから全く影響を受けない人物もいた。爆発する芸術家・岡本太郎（一九一一―一九九六）がその人だった。『芸術新潮』に、「芸術風土記」の連載をするために日本各地を歩き回っていた。その第一回目に男鹿のナマハゲを取材した。岡本太郎は立派な二本牙を生やした男鹿市船川港芦沢のナマハゲの写真を自分で撮影していった。面の素材は笊《ざる》であった。『重要無形民俗文化財　男鹿のナマハゲ』の表紙絵に採用されているナマハゲである。岡本太郎『日本再発見―芸術風土記―』（新潮社・一九五八）によれば次のようであった。
「『なまはげ』の本場は男鹿半島である。東北地方はいったいに、こういう特異な風習があったのかどうか、今はわからない。痕跡は能登にも津軽にも、その他方々に残っているらしいが、しかしこゝほど色濃く古い儀式の様を伝えているところはない。『なまはげ』は年越しの晩に行われる。（近年、男鹿市では新暦の大晦日に統一された）。深夜、見るから恐ろしい面をかぶり、藁（あるいは海草）のケラ、腰ミノ、ハバキ（脛当）、テウェ（手甲）で擬装した若者たちが、カショケ（手桶）とギラ〳〵する銀紙ばりの大包丁や刀をふりかざして、白雪の中をウォー〳〵と吠えながら、家の中になだれ込んでくる。戸口でカショケを三つ叩き、七五三と定めの足ぶみして上りこむ。床の間に並んでおはらいをする。ここで正装して出迎えた主人と珍妙な問答をはじめるのである。

『ウォー〳〵、この家《え》には、泣ぐ子がいるが、いねが』

『ゼンコ（お金）つがうが、つがわねが』

『勉強するが、しねが』

『親のいうことききがねば、ナマハゲが貰ってぐ、ウォー』

また新嫁のいる家では、

『ここの家《え》には、嫁っこいるが、いねが』

『この家《え》の嫁っこは、朝起きするが、すねが。親のゆこどきぐが、きがねが』

（中略）

なまはげのくる時刻、子供たちや若いお嫁さんはみんな屋根裏とか、戸棚の奥とか、見つからないようなところに隠れてしまう。だがなまはげはのっし〳〵と、家じゅう怒鳴りながら探しまわる。ウォーッ〳〵と吠えたてながら座敷じゅうを荒れ狂う。そのさまは、人か魔か、猛獣か、何ともいえないぶきみな凄みである。これがひどく怖しいので、土地では三十すぎても一ぺんもなまはげを見たことがないという女性がいくらもあるらしい。だがたま〳〵子供や女たちが見つけ出されると、主人や年寄りが背中にかくし、子とろ子とろのように両手をひろげて、もみあうのである。

『ナマハゲど、家の子はあぐだれね、ゼンコもつかわね。ベンキョもよくすっがら、一ぱいのんで、ごめしてけれ』

『家《え》の嫁っこは朝起ぎするし、しゅど（舅）のゆことぎぐがら、どうかごめしてけ』

厳粛に家長があやまる。

『あぐだれ子や、しゅうのゆことぎがね嫁いれば、いつでもナマハゲが貰ってぐ。ナマハゲは山の上がら見てる。いつでも出てくるがら』

ようやくなまはげは納得して、用意してある膳の前に坐る。主人は神棚にそなえてあったお酒をおろして、大きな飯茶碗にたっぷり注いでふるまう。

赤面が男、青いのが女だそうだが、バカデカイ怪異なマスクのなまはげが、チョコナンとならんで坐り、マスクをかたげて、垂れさがったひげの間からお酒をすゝる。こゝがもっともユーモラスで、ほほ笑ましいシーンだ」と。

ひじょうにシンプルであり、単純明快な性格が表れている。岡本太郎は、ナマハゲ問答を確実に記録していたのである。誰でも記録ができるので、自分で取材できる人は吉田三郎のものをそっくり真似る必要はないことが理解できるものである。

岡本太郎は独特な語りを続け、ナマハゲ観を展開する。

「私が『なまはげ』にひかれたのは、第一にそのお面だった。書物で写真を見て、こいつはいゝ。無邪気で、おゝらかで、神秘的だ。しかも濃い生活の匂いがする、と感心した。大たい日本のお祭りの面などが、とかくしら

〳〵しくこまっちゃくれているのに、底ぬけ、ベラボーな魅力。古い民衆芸術のゆがめられない姿だ。（中略）もと〳〵マスクは、祭りをやる連中が手作りしていたものだ。入念に樹の皮で下地を作り、あるいはザルに紙をはったりして、不細工な、ずデカイ、しかし彼らの素朴な感動と、イメージをそのまゝ伝え、かえって鬼気せまる『なまはげ』が出現した」と。

吉田三郎以降のナマハゲには、ナマハゲ問答が行事のなかで注目を浴び、かならず設けられるようになった。ナマハゲ行事にとっては、大きな影響であり、吉田以降はナマハゲ行事にナマハゲ問答が必ず加えられた。そして、古くからナマハゲ行事を伝える町内では今でもナマハゲ問答を実施している。『重要無形民俗文化財　男鹿のナマハゲ』によれば、次のようにある。

男鹿市北浦安全寺では、「昔から安全寺は一月十六日であった。里に下りて行き、帰りが翌日になるために戻りナマハゲといわれた。勤め人が増えてきたため、休日の一月十五日となり、休日の変化で十数年前から十二月三十一日となった。ナマハゲには名前がある。リーダー格は『オクヤマノオクスケ』、暴れん坊の『キバノキンスケ』、新米の『ササデノサンスケ』、他にも『ナベノフタトテノスケ』、『マゲヤマノマンゾウ』の名もある」と。

ナマハゲには昔から名前があったという。『重要無形民俗文化財　男鹿のナマハゲ』によれば、男鹿市脇本百川のS氏から聞いたという記録が残っていた。それによれば、ナマハゲの名前は以下のようだった。「『オグヤマノオグスケ』『キバノキンスケ』『ササデノサンスケ』『ナベノフタトテノスケ』『オエダラノサンキチ』『トビノハチロウ』『エノシタクグリノネコザエモン』『ハナカカシノゴミソ』」と。

男鹿市北浦真山では次のようにある。「入っても良いと言われますと先立ちが座敷に上がって『おめでとうございます』と主人とあいさつをする。ナマハゲは座敷に上がる前に七回シコをふんでから上がる。お膳に座る前に五回シコをふむ。お膳から立って三回シコをふむ。最後に帰る時に『来年も来るからまめでいろよ』と言って帰る」と。このようにナマハゲが家の座敷の上り台で、唸り声と調和を取りながら七回足踏みをする。ナマハゲは家の主人の勧めで御膳に座る時に五回、そこから立つ際に三回足踏みをする。いわゆる七、五、三の踏み込みを基本としていた。

男鹿市船川港住吉町では次のようであった。「ウオーと言いながら戸をたたき入る。家の主人に『親父一年ぶりだな、まめでいだが』などと言う。子供は、『言うごど聞でだが、勉強してるが』と詰め寄る。酒を飲みながら『お山からいっつも見でる。言うごど聞がねがったら手を三つただけ。へば、いづでも降りてくる』と言う。帰りに『来年もくるがらな』と言って去る」と。

6　結語

ナマハゲ行事の変遷を四つの時代に分けてみてきた。菅江真澄時代、柳田国男・折口信夫時代、吉田三郎時代、吉田以降から現在までの四時代である。明確に違うことは菅江真澄時代から柳田・折口時代と、吉田三郎時代である。これは吉田三郎時代を境として、それ以前と以後とでは異なる行事となったのである。それをもう少し明確にすると次のようになる。

（1）時期…小正月から戦後は大正月になった。

表－８　ナマハゲ行事の変遷

	菅江真澄時代	柳田・折口時代	吉田三郎時代	吉田以降現在
1．期日	正月 15 日	正月 15 日	正月 15 日	12 月 31 日
2．主体	若者	若者	若者	青年、壮年
3．面	木製面	木製面	木製面、笊面	木製面、笊面、多様化
4．戸別訪問	有	有	有	有
5．饗応	無	不明	有	有
6．問答	無	不明	有	有
7．挨拶	無	不明	有	有
8．祝儀	餅	餅	餅	餅、お金
9．禁忌伝承	不明	不明	死火、産火	死火、産火
10．持ち物	小刀	出刃包丁	出刃包丁	出刃包丁
11．装着具	ケラミノ	ケラミノ	ケデ、ケダシ、ケンデ	ケデ、ケダシ、ケンデ
12．神社参拝	無	不明	有	有

（2）主体…主体は若者、青年から壮年も含むようになる。
（3）面…木製から多様化になる。
（4）戸別訪問…戸別訪問は変わらない。
（5）饗応…以前はなかったのが、実施するようになった。
（6）問答…以前はなかったのが、実施するようになった。
（7）挨拶…以前はなかったのが、実施するようになった。
（8）祝儀…餅から金になる。
（9）禁忌伝承…死火、産火が加わった。
（10）持ち物…剝ぐ道具。
（11）装着具…かわらない。
（12）神社参拝…以前はなかったのが、実施するようになった。

菅江真澄時代は、江戸時代後期であったが、ナマハゲの絵と文を遺してくれた。続く柳田国男と折口信夫時代は、ナマハゲを「小正月の訪問者」と「まれびと」としたものの明治期および大正期のナマハゲの輪郭だけに終始した。さらに、吉田三郎時代にはナマハゲ役になった吉田を登場させて、初めて現実のナマハゲが民俗行事として認められた。吉田以降から現在までの伝承によってナマハゲはユネスコの無形文化遺産に登録され、世界に知られる行事となった。

ナマハゲ行事は明治三十年頃を境として大時代的な行事内容が近代化されたのであった。ナマハゲ行事が激しい内容すなわちもう少し荒々しいものが、官憲の干渉によってある程度整理されて、内容がスマートになったのである。神行事に相応しく神の依代《よりしろ》である御幣《ごへい》を携帯したり、崇敬のために寺社を参拝したりをするようになったのである。ナマハゲが家々を訪問する際に、各家の中において展開する行動に制限を持たせるためにナマハゲを饗応して、その際にナマハゲと主人の会話を問答として取り入れたのである。これがナマハゲ行事において大きく変わったことである。

ナマハゲを迎える◆3

第四章　秋田県内の類似行事

概説

秋田県内においては、男鹿半島のナマハゲと似ている行事が広い範囲で分布している。一見すると男鹿のナマハゲと同様に見えるところがある。それを『秋田県民俗分布図』（秋田県教育委員会・一九七九）を中心に、益子清孝・嶋田忠一「なまはげ習俗と仮面」（『秋田県立博物館研究報告』第6号・一九八一）、木崎和廣「男鹿のナマハゲ」（『記録　男鹿のナマハゲ』第3集・一九八二）、『天王町の文化財第6集ナマハゲ特集』（天王町教育委員会・二〇〇〇）、石郷岡千鶴子「秋田市及び岩城町に於ける来訪者の習俗について」（『秋田民俗』第15号・一九八九）、拙著『ナマハゲ』（一九八五）と『ナマハゲ新版』（秋田文化出版・二〇〇五）に若干補足して纏めてみると、以下のようになる。ただし、この事例のなかにおいて、現在は行事が全く廃れてしまった地域もあるがそのままにしておく。

1　大館市

大館市真中上宅地のナマハゲとは、七郎兵衛家の大人が正月中にその集落内の子供に対して訓戒をした。これは行事の名のみ残り、内容は抜け落ちてしまったものであった。

2　八峰町八森

旧八森町（現八峰町）のナマハゲは現在実施されていない。過去に子供らの小正月行事としてあったという。

3　八峰町峰浜沢目水沢

旧峰沢村沢目水沢（現八峰町）のナマハゲとは男の子が木製の獅子面を被り、鳥追い歌を口ずさみながら家々を歩き回って餅やお金を貰う小正月の行事であった。現在は廃れている。

4　能代市浅内のナゴメハギ

（1）名称

能代のナゴメハギは男鹿のナマハゲと区別され、主にナゴメハギといわれているが、三とおりの名称が使われている。その第一はナゴメハギ、第二はナゴメ、第三がナマハゲである。第二のナゴメという名称はナゴメハギが縮まった形であり、あまつさえ、愛称でもある。しかし、第三番目のナマハゲという名称は明らかに男鹿のナマハゲの影響といっても過言ではない。その点に関しては『能代のナゴメハギ』（能代市教育委員会・一九八四）

に基づき秋田県下における男鹿のナマハゲ行事の類似分布を考察すると、ナマハゲという言葉を使用しているところは、四十一か所中十六か所の事例がある。このナマハゲという言葉の採取によって能代のナゴメハギは男鹿半島からの伝播と推察できる。

（2）由来

ナゴメハギという名称に含まれるナゴメとは、ナマミ、ナモミなどと同様である。冬期間に何もしないで囲炉裏にばかり当たっていると腿や脛に火斑《ひはん》・火形《ひがた》が付く、これをナゴメと呼んだという。そのナゴメを新しい年を迎えるにあたって剝ぎ取るということをナゴメハギと称した。すなわち仕事をしないで怠けている者（からっぽやみ、ひやみこき）に対する懲戒的、訓戒的な行為とされたのである。これが能代のナゴメハギの由来の第一の説である。第二の説は蒙古《もうこ》説であり、鎌倉時代に北九州博多湾に蒙古の大軍が襲来して以来、この時の恐怖を子供の訓戒に使用した。これが日本海沿岸に伝わってきたとするものである。これは柳田国男《やなぎたくにお》もその著書『雪国の春』のなかにおいて、モーコという説明の項でそう述べていた。第三の説は蝦夷《えぞ》説であり、獰猛な蝦夷の戦士に因みその恐ろしさから生じたという説で、これも子供を諫めるのに使用した。第四の説は男鹿半島のナマハゲ伝承から流れて伝播してきたとするものであり、能代のナゴメハギは男鹿から来たという説が最有力である。

（3）実施日

この奇習の実施日は、現在は毎年暮れの十二月三十一日の大晦日である。これは男鹿のナマハゲのような伝承を持っていなくとも統一的である。戦前は一様に旧暦の小正月であったとする。しかし、この行事の実施日が変更されたのは戦後の昭和二十七、二十八年頃であった。

能代の浅内《あさない》地区といっても現在のような自治会組織になるまで紆余曲折があり、分断された集落もある。最も海岸線に隣接している浜浅内の集落においては、面の問題から中断されて復活できなくなってしまったところもある。

（4）主体と人数

能代のナゴメハギ行事の主体については青年会のような若者の団体が多い。それも未婚の青年を中心としている。人数については集落ごとに十人から十二人と多人数の浅内、中浅内の両集落と、二人の寒川《さむかわ》、四人の黒岡《くろおか》、六人の浜浅内の三集落とに大別される。これは戸数の少なさと面の数からきている。現在はナゴメハギ行事を取り止めている浜浅内集落はナゴメハギ面を伝承されなかったので廃れていったといわれる。寒川集落においては木彫りの面はあるが担い手の年齢問題があって平成十一年（一九九九）から中断を余儀なくされている。黒岡集落においてもややもすれば担い手の人数が足りなくなり、四十歳代や五十歳代の人々が担当することもある。この集落は青年会そのものがあまり活発な事業を行なってこなかったからである。浅内、中浅内両集落では面が番《ばん》楽《がく》面で各々十四枚ずつあった。山伏神楽《やまぶしかぐら》の番楽面を媒介として結びついたナゴメハギ行事は盛んに続けられた。

（5）神社参拝

男鹿のナマハゲにおいて、行事実行前の神社参拝を探究していった結果は明治三十年代後半の官憲の弾圧から生み出された窮余の策と判明した。このことは能代のナゴメハギにおいても同様と考えられるだろう。神社参拝は多くの例があり、むしろそれをしない方が少ない。浅内は神官が祓いをする。中浅内は単に参拝し、寒川は参拝はしない。黒岡では祓いはないが、身を清めるためにお参りをする。浜浅内にいたっては不明である。神社とナゴメハギ行事との関係においてはいつ頃から神社参拝を始めたのか定かではない。

（6）家人作法

能代のナゴメハギに関しては、家人のナゴメハギに対する作法は多種多様である。饗応するのを普通とする家、玄関口で餅や祝儀をあげて終わる家、コップ酒ぐらいは飲ませる家などといろいろに分かれている。しかし、ナゴメハギが家庭内に入る際にはその家の許可を必要としている。このことは男鹿のナマハゲ行事と同様である。『能代のナゴメハギ』には次のような体験談が収録されていた。「大正八年頃までは勝手に家に入ったものだが、今は鈴を鳴らし、入っても良いという許しを得てから入るようになった」と。さらに、「家に入る時には、まず袋持ちが玄関先で『ごめんくださいい、おばんです』といって戸を開け、それから二人のナゴメハギがワアーと勢いをつけて入って行く」という具合であるという。ナゴメハギが家に入ると、子供、娘、嫁などを探し当てて戒めた。それに対して、その家の主人は酒を振る舞って丁重にもてなし、餅や祝儀を持たせて返した。ナゴメハギは帰る時に、「三つ手を叩くといつでもやって来るぞ」という言葉を残して去って行く。これも男鹿のナマハゲ

床の間に飾ったナゴメハギ面と道具類

能代のナゴメハギの面：女鬼（左）と男鬼

能代のナゴメハギ

行事と共通している。

このナゴメハギ行事の際に進呈する餅を、男鹿のナマハゲ行事におけるナマハゲ餅と同様に、ナゴメの餅と称して普通の餅と区別している。この餅の形体については、『能代のナゴメハギ』によれば、「特別ナゴメの餅という」ことではなく、家によって丸餅もあれば切り餅もあった。たいていは切餅二枚ずつ重ねて出した」という。しかし、いったん、ナゴメハギの手に渡れば、ナゴメの餅となるのである。男鹿のナマハゲの場合は特別製の餅であり、その形も現在まで伝承されていた。ここが両者の異なる点であった。

(7) 巡回後

ナゴメハギが各集落において家々を回った後、三々五々もとの集会所などの集合地に帰ってくる。そして、面、ケラ、その他の道具を外す。その処理の方法は二通りに分かれている。それは焼却か、もしくは神社境内に奉納かである。焼却は浅内、中浅内、寒川の三集落で、黒岡は奉納であった。行事が廃止された浜浅内集落は不明であった。さらに、巡回後の酒宴については、浅内集落を除いて、中浅内、寒川、黒岡の三集落は催す。浜浅内はこれも不明であった。また、酒宴は後日改めて開く場合もあったが、当日の場合が多くなった。酒宴の場において、行事の際に家々から献呈された餅や祝儀を分配したり、面を借用した礼にかえたりした。それでも残った餅や祝儀は老人ホームや福祉施設などに寄付をした。

（8）禁忌伝承

ナゴメハギ行事の禁忌伝承は次の事柄をあげることができる。

（イ）不幸、病人、出産のあった家には入ってはいけない。

（ロ）ケラから落ちた藁くずはその晩一夜は掃除せず、神聖なものとして頭や患部に巻くと疾病によく効く。

（ハ）ナゴメの餅は女性は食べられない。

（イ）の進入禁止は、その期間は長くて三年間、短くて一か月ぐらいとして、その集落ごとに長短があった。これも伝承がまちまちであった。以上の結果から導き出されることは、禁忌伝承は男鹿のナマハゲと似通っていた。

（9）面

男鹿のナマハゲの面は鬼のような面になってしまった。菅江真澄《すがえますみ》が見聞して、その記録にとどめたのは、「丹塗の面」がナマハゲ行事の主体となっていた。そのほかに空吹《そらふき》の面を被っていたとも書いていた。男鹿のナマハゲ行事においては大部分が赤鬼、青鬼、緑鬼、黄鬼の面となっている。ただ昔から残っている男鹿市の真山神社近辺の集落では角も牙もない面を使用しているという。

能代のナゴメハギにおいては、浅内と中浅内では番楽の面を使用している。その種類は山の神、鈴木三郎、曾《そ》我《が》五郎十郎《ごろうじゅうろう》兄弟、翁《おきな》、三番叟《さんばんそう》、恵比寿《えびす》、機織《はたおり》、女、狐などであった。それに対して、寒川は大正十四年（一九二五）に能代の仏師に依頼して作ってもらった木製の鬼面で、男鬼が二本角、女鬼が一本角である。また、黒岡では昭和三十一年（一九五六）に欅《けやき》の皮を剝いで製作した手作り面である。これは男鹿のナマハゲ行事の面とひじょうに類似しているものである。浜浅内では行事が廃れる前までは中浅内の面を借用していたという。浜浅内のように面の問題から廃止された場合をみても行事存続にとって面が重要な問題となってくる。浅内や中浅内の両集落が番楽面を使用しているのは旧浅内村に伝わっていた番楽が廃れて、その面だけが残ったからである。その前までは黒岡と同様に面を作っていたという。

このように、ナゴメハギ行事と類似している行事において、様々な面を使用するところは多く存在する。秋田県内において番楽面を使用している類似の行事は、昭和四十七年（一九七二）に復興された旧由利《ゆり》郡象潟《きさかた》町（現にかほ市）小滝のアマノハギがあげられる。全国的な類似行事のなかで番楽面を使用している箇所は、山形県飽《あく》海《み》郡遊佐《ゆざ》町のアマハゲがある。

(10) 装着具

農業を主体とする生業地であったので、ナゴメハギ用の装着具は藁で作ったケラがその主たるものだった。この特装のケラは農村らしくふんだんに藁を用いて、これを七枚使用するという。ケラの下には昔の名残として襦《じゅ》袢《ばん》、袴《はかま》を着たが、動き易くするために運動着を着用しているのが現在では普通となった。脚絆《きゃはん》、手甲《しゅこう》、襷《たすき》、毛皮なども見られなくなった。珍しい例として鎧《よろい》を着けていたともいう。また、沓《くつ》はゴム長靴からスノーブーツの普及によって藁沓は後退した。男鹿のナマハゲ行事でケデといった装着具はここではケラといった。しかし、ケラの伝承を受け継いで編む若者が少なくなってきたことが問題としてあげられる。

（11）持ち物

持ち物については、刃物類と非刃物類とに分別される。寒川はナゴメを剝ぎ取る道具として、トゲのあるタラの木を持つことになっている。以前は出刃包丁と手桶に変更しようという案も出たが、伝承としてタラの木を持つことを墨守していた。浅内、中浅内、黒岡は木製に銀紙貼りの出刃包丁や斧《おの》・鉈《なた》・鉞《まさかり》を携えている。そのほかに拍子木《ひょうしぎ》や鉦《かね》や鈴でもってバックミュージックを奏でている所は浅内や中浅内である。山形県飽海郡遊佐町のアマハゲも囃子にのせてやってくるというが、そのような同じ種類のものであろう。それとも一種の前触れのようなものと考えた方がよいだろう。

餅、蜜柑、祝儀を入れる荷子《にこ》背負いの麻袋、濁酒を貰った時に入れる手桶なども持ち物としていた。持ち物については黒岡においては算盤《そろばん》を使用したというが、男鹿市船川港女川のナマハゲ行事と同様である。これは計算のために使用したというよりは、拍子木、鉦、鈴の代用品と考えた方が妥当であろう。持ち物については、刃物や長いタラの木を持つことが、ナゴメを剝ぎ取る道具として重要なのである。そして、同時にこれが威嚇的な脅しの意味もあったのである。持ち物の役目はそのことを体現していたのである。

能代市浅内におけるナゴメハギ行事は懲戒や教訓の意味の行事である。一年における最も大切なその年の最初の日に神となって現れるのがナゴメハギである。秋田県下にはこのような男鹿のナマハゲ類似の行事が多い。菅江真澄の慧眼さを頼りにすると、珍奇なものはすべて記録したはずである。それがたとえ伝聞や言い伝えであっても真澄は筆を染めたにちがいない。だが、能代のナゴメハギは真澄の日記には記述されなかった。このことは、江戸時代にはこのナゴメハギ行事が行なわれていなかったことを物語っているのではないか。

表－９　能代のナゴメハギ
（『能代のナゴメハギ』より作製）

集落	名称	実施日	主体人数	神社参拝	面	由来
浅内本村	ナゴメハギ	12 月 31 日	青年会	有	番楽面	火形を剝ぐ懲戒 男鹿の真山からくる
中浅内	ナゴメハギ ナマハゲ	12 月 31 日	青年会	有	番楽面	怠け者への懲戒 男鹿からの伝播
寒川	ナゴメハギ ナゴメ	12 月 31 日	2 人	無	木製鬼面	火形を剝ぐ鬼 ナゴメは山からくる
黒岡	ナゴメ ナマハゲ	12 月 31 日	青年会	有	ケヤキ皮面	男鹿からの伝播
浜浅内	ナゴメ ナマハゲ	12 月 31 日	青年会	不明	番楽面	昭和 24 年で中止

菅江真澄は文化元年（一八〇四）九月十一日に能代市浅内を歩いていた。真澄は日記『恩荷奴《おがの》金風《あきかぜ》』に次のように描写していた。

「成会の村をめてに、ゆみてのかたに遠からず黒岡といふやかたのあり。（中略）やはら大路を福田の村に来て、石丁を浅内の湖のへたに見なして、あなおもしろのところにこそあなれと見たゝずめば、あない、うんじがほつくりて、なにがこゝやおもしろからん。風のみはげしう、夜はさらにいねもつかれず。捨たる村にてなど語りつつ、寒川といふやかたになりぬ。（中略）内浅内といふ村へ行みちあり。はた浅内といふ村あり。行く浅内のやかたになりぬ。（中略）河戸川のやかたをへて、棒箇崎、長崎などいふ村を遠かたに見やり、大道に出て、出戸村より雨のいたくふりつれば、ぬれ〳〵て能代に至る」と。

これは簡単に説明をすれば、能代市成合の村を右手に見て、左の方の遠くないところに黒岡という集落がある。やっと大路を福田の村に来た。石丁を浅内沼の岸に見て、「ああ、味わいのあるところだ」とたたずむと、案内人は呆れた顔をして、「ここの何が面白いのですか。風が激しい場所で、夜も寝付かれやしません。捨てられた村です」と語った。寒川という集落に入った。中浅内という村に行く道がある。また、浅内という村がある。ゆくゆくはその集落にさしかかった。河戸川の集落を過ぎて、坊ケ崎、長崎などという村を遠くに眺めて大道に出た。出戸村あたりから雨がひどくなってきて、すっかり濡れながら能代に到着したとの説明があった。

思うに、能代のナゴメハギ行事は、その発祥が新しいものであり、史的過程もそう長くないと推察される。その証拠に面の伝承に番楽が入り混んで独自の面がない。次に、行事内容に男鹿のナマハゲの影響が色濃く残っていることである。歳神《としがみ》として男鹿のナマハゲが伝承したものと考えるのが正しいと思う。平成二十九年（二〇一七）現在において、平成二十一年（二〇〇九）頃に中浅内、平成二十四（二〇一二）年頃に黒岡、平成十一年（一九九九）頃に寒川の三地区は、浅内ナゴメハギ保存会の浅内を残して、ナゴメハギ行事が途絶えてしまっている。能代市教育委員会によれば、これらの三地区は復活の要望はあるものの、担い手の確保の問題が残っているということである。

5　三種町旧八竜町、旧山本町、旧琴丘町

旧八竜町（現三種町）釜石のナマハゲは若者が鬼面を被って、ケラを着た。そして、怠け者や悪い嫁を諌める行事としていたが、同じ町の鵜川のナマハゲは家々を回って歩き、餅を貰い、それを焼いて食べる小正月の遊びで子供を主体とする男鹿のナマハゲを真似た行事であった。

旧山本町（現三種町）外岡と旧琴丘町（現三種町）鹿渡で演ずる行事も子供らが主体であった。「ナゴメコハ

ゲダガ、ハゲダガヨ、ホージョコトゲダガ、トゲダガヨ、アズキコニエダガヨ、ニエダガヨ」と唱えて子供らが演ずる行事は、面はなく、ケラのみを着て戸を叩いて歩き回った。これに家々では切餅を与えた。旧山本町（現三種町）では青年も参加した時もあったという。ケラのみを着用することは、水を掛けられまいとする態勢であり、山陰地方のホトホトやトノヘイと同様であった。

6　八郎潟町夜叉袋

南秋田郡八郎潟町において、小正月の歳取りの日に男の子がナマハゲと称して家々を回り、餅を貰う慣習があった。

7　五城目町浅見内

南秋田郡五城目町浅見内のナモミハゲは、蓑を着て変装した大人が家々を回って歩いて餅を貰うものであった。

8　潟上市旧飯田川町下虻川、旧昭和町豊川槻木

潟上市飯田川下虻川と潟上市昭和豊川槻木では、十歳の子供から二十歳前後の青年とが、面を着けた上を被り

物で覆い、首と腰に藁で作った注連縄を巻き、家々を回って餅を貰って食べた。これをナマハゲと呼んだのであった。

しかし、旧昭和町（現潟上市）大郷守字北野街道のナマハゲは子供がケラを着て顔を隠し、鈴を鳴らし、「ナマハゲきたよ、ナマハゲのガタガタ」と唱えて家々を回っては餅を貰いにやってきたという。

9　潟上市天王

旧天王町（現潟上市）は男鹿半島の根っこの部分である。半島の一部といってもよい。ここのナマハゲ行事は男鹿から伝わってきたものらしくひじょうに似ていたが、現在では一部が廃れてしまった。この行事は若者が手作りの面を被り、ケラを着て、子供や初嫁を脅して家々を回って歩いた。その際に家々の主人からはもてなしを受けて、餅を貰うのが常であった。

10　秋田市金足、浜田、下浜

秋田市金足《かなあし》のナマハゲと秋田市土崎《つちざき》のナムミョウハゲ、ナモミョウ、ナモメコは頬被り、首巻、墨塗りで顔を隠して、「ハゲダガ、ハゲダガヨ」と唱えて家々を練り歩く小正月の子供の楽しみであった。子供らは餅や金を貰うのが嬉しかったようだ。男鹿市船川港女川のナマハゲ行事と同様に、持ち物として算盤を使用したと伝えられている。

秋田市浜田中村のヤマハゲは、子供たちが鬼面を被って、「ハグド、ハグド」と唱えて家々を回り、餅を貰う小正月の遊びであった。

秋田市下浜のヤマハゲ行事は、戦前は一月十五日に行なわれた。戦後は新暦の十五日に実施したという。青年が主体の行事で子供らを諌めて歩いた。ヤマハゲは悪魔祓いや福の神ともいわれた。

近年になって秋田市新屋においても、秋田市下浜よりヤマハゲ行事を誘致し、ヤマハゲ実行委員会が秋田市西公民館の協力を得て正月十五日頃にヤマハゲを行なっている。

11　秋田市豊岩

秋田市豊岩のヤマハゲには二つの伝説があった。一つは明治末期になくなった豊岩前郷《とよいわまえごう》の真山神社に男鹿半島の真山神社からナマハゲが伝わったというもの。二番目は坂上田村麻呂《さかのうえのたむらまろ》の妻が旅先の途中で出産したことが原因になって始まったという話である。豊岩のヤマハゲには代々大切に保存されてきた面、木片とゴムや笹の葉で作った口笛と木製出刃包丁を持って、ケボシ（藁帽子）、ケダシ、丹前（どてら・たんぜん）のようなエブシマを着て、一月十五日の夜に家々を歩く。そして、子供、娘、嫁を恐ろしがらせて、家人から茶碗酒と餅を貰って帰る。家々全部回ってからヤマハゲはケボシとケダシを脱いで、太い杉の木や地蔵さんに括り付けた。その後、青年会長宅や公民館に集まって慰労会を行なったものだった。秋田県内にあるナマハゲ類似行事として、男鹿のナマハゲを踏襲したものとされる。

12　秋田市雄和町

旧河辺郡雄和町（現秋田市）のヤマハゲ行事は、秋田市豊岩から伝わったものらしく小正月に町内のほぼ全域にわたって行なわれていたものであった。顔に鬼面を着け、身体にシデという注連縄や丹前（どてら・たんぜん）のようなヨブシマを巻き、手には包丁や御幣や手桶、背中に空俵《からだわら》を背負い、笛や鈴やまな板を強く叩いて家々を回った。そして、家人から餅を貰った。なかにはお酒でもてなす家もあった。この雄和のヤマハゲには色々な特徴があった。その一つとして、一月十五日に集落全戸から藁束を集めて豊凶を占う火の行事「カマクラゴンゴロー」と合体している。次に、御祈禱札の神符を配るヤマハゲは、他にナマハゲ、悪魔祓いと呼んだ風習がある。

さらに、湯野目集落や下黒瀬集落があった旧大正寺村においてはヤマハゲに名前が付けられている。その主な名前とは、「舘ノ下のバラザエモン」「向山のガンゴキ」「田ノ沢のタツコ」「野田の一円」「岩沢のイワコ」「下沢のシタコ」であり、地名といっしょになったものである。

続いて、平尾鳥集落があった旧種平村にはヤマハゲはなく、ナマハゲと呼んで、秋田市豊岩と同様にケボシ（藁帽子）が使用されている。そのケボシにおいて豊岩と違う部分は角が一本か二本付いていることである。ケボシと同じように鬼面にも藁を用いて作った。この藁製鬼面とは桟俵《さんだわら》に目が見えるように穴を空けて作った藁製俵面である。

13　由利本荘市岩城、大内、松ケ崎

旧岩城町（現由利本荘市）のヤマハゲ行事は、ナマハゲ行事とも称し、子供組と若勢組との両方が集落に出没した。その子供組の方は木製の面や夕顔を半割にしたものに目鼻口を付けた面を着け、手拭を被って、蓑やケデを着て鳴り物を吹いて夕暮れから晩方まで歩き、夜になると今度は若者が回った。子供らの方は悪魔祓いや福の神として歓迎された。そして、帰りに餅を貰ってきたという。次に、若勢らは主として初嫁の家を嫁ツツキに歩いた。それに対して、家々では酒で饗応した。しかし、青年の行動は廃れて子供らの楽しみとしてのみ残ったのであった。嫁ツツキとは、年の始めにあたり、子供らが、初嫁が子宝に恵まれるように棒でつついて祈った行事である。

旧大内町（現由利本荘市）においてはナモミハギともいい、男鹿のナマハゲを真似たものといわれていた。これも家々を回って子供らに訓戒を与えて餅を貰ったという。

旧本荘市松ケ崎（現由利本荘市）ではナマハゲとして若勢が扮装して一軒一軒ずつ歩いた。家々ではこれに餅をあげたという。

14　にかほ市中野、水沢

旧仁賀保町（現にかほ市）のアマハゲは、嫁ツツキと一体となり、集落内の子供らが自ら製作したツツキ棒に

よって嫁を突きに歩いた。家々では嫁ツツキが終わると、その嫁の接待でアマハゲに御馳走し、餅を進呈したのである。釜ケ台においても青年が鳥追いの際にナモミハギとなり、太鼓を打って家々を訪ねて餅を貰ったという。鳥追いとは、年の始めにあたり、子供らが害鳥を追払って農作物の五穀豊穣と農家の家内安全を祈る行事である。これらはナマハゲ行事とその他の行事が結びついた事例である。

15　にかほ市旧金浦町飛、赤石

旧金浦町飛（現にかほ市）のアマノハギは子供らが主体の行事である。このアマノハギは赤い面と青い面（緑色）を着けて家々を回り、悪魔祓いをして餅を貰った。

これに対して赤石のアマハゲとは少年が中心となり、家々を回り餅と初穂料を貰って歩くものであった。アマハゲは顔に墨を塗り、ケデを巻き付けた格好をした。

16　にかほ市旧象潟町

旧象潟町（現にかほ市）大森と横岡両集落のアマノハギは鳥追いと一体になっている。各家では初嫁、初婿から餅を貰うことをアマハゲと呼んだ。

旧象潟町（現にかほ市）小滝と小滝字石名坂においても鳥追いと一体になっているが、アマノハギは青年が

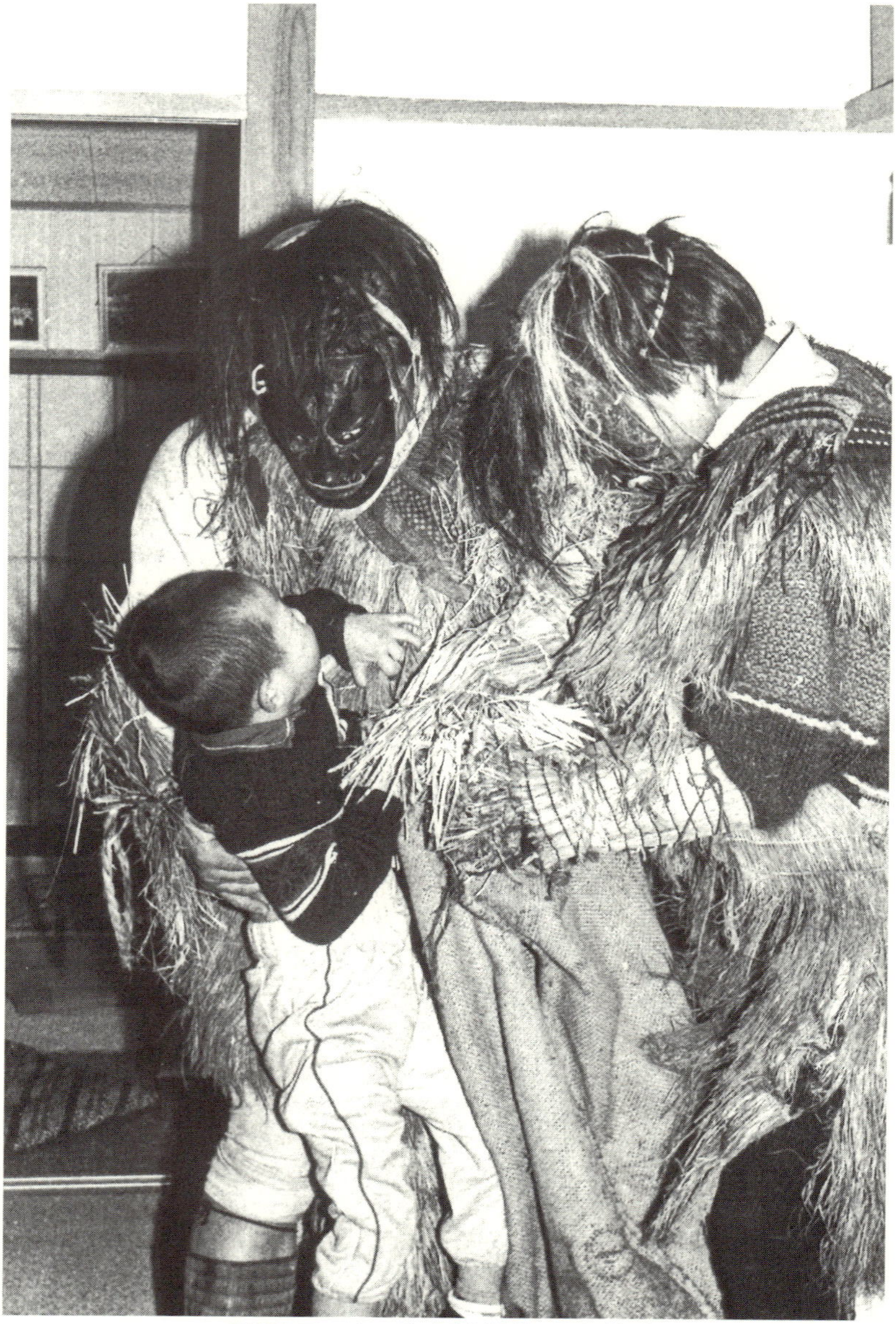

象潟のアマノハギ（写真提供：深沢博氏）

鬼面を被り、ケラや脛巾を身に着けて叺《カマス》と包丁と鉞《まさかり》を持って子供に訓戒を与えて家々を回り歩くのであった。アマノハギ行事は、戦後、就職や出稼ぎによって若者が流出し、一時立ち消えた。昭和四十七年（一九七二）に小滝青年会によって復活した。

17　ナマハゲの秋田県内類似行事の伝播

秋田県におけるナマハゲの類似行事は一部を除いて北は八森町（現八峰町）から南は旧象潟町（現にかほ市）までの日本海沿岸地帯に見られる。ということは男鹿半島から海を渡って伝播した可能性が高いと考えられる。そのほかに次のような特徴がみられる。

①秋田市を中心として、北部と中央の名称がナマハゲ、ナマメハギ、ナゴメハギ、ナゴミハギ、ナモミハゲ、ナムミョウハゲと「ナゴミ」や「ナマ」系であるのに対して、内陸部はヤマハゲ、南海岸部はアマハゲ、アマハギ、アマノハギと「ヤマ」や「アマ」系である。

②行事の主体が男鹿のナマハゲと異なるところもある。それは秋田市雄和のヤマハゲを除いて、子供のみか、子供と青年との共同ということである。それも主体の中心が子供に移ってきている。

③男鹿のナマハゲには見られないが、ナマハゲ類似行事は他の小正月行事の民俗行事と深く絡み合った関係にある。

④男鹿のナマハゲのように伝説は語られていない。例えば、具体的なものとして五社堂、武帝説、異邦人説、

修験者説などはない。

⑤男鹿のナマハゲのような威圧性はなく、通過儀礼的な要素が濃い。

⑥男鹿のナマハゲのようにナマハゲ面の伝承がない。

⑦行事の実施日については、小正月としての一月十五日が採用されている。

男鹿のナマハゲと秋田県内の類似行事は似ているようであるが、似ていない部分もある。色々な地域の行事と深く絡み合って現在まで伝承されている。ナマハゲ行事だけの伝承ではないことが理解できる。男鹿半島から伝播して各地の行事と結びついたといってもよい。それは各地においてその他の行事と合体同化したものは行事内容も伝承されたが、そうではなかったものは名のみ残ってしまった。

思うに、秋田県内分布のナマハゲ類似行事を鳥瞰すると、男鹿のナマハゲの外見的、表層的な影響は濃厚である。地理的要素からいえば、海による伝播は沿岸地帯が強いといえる。北は能代市浅内に著しい、南は山形県遊佐町、新潟県村上市まで強い影響を与えた。すなわち、男鹿のナマハゲが男鹿半島において小正月行事としての伝播であると理解できる。

■コラム１■ナマハゲ行事の実施状況

男鹿のナマハゲの現在の実施情況を考察することにした。平成二十七年と平成二十八年の実態調査は、昭和五十二年八月から十一月に行なわれた第一回調査の調査票に依拠している。第二回の調査は、男鹿市教育委員会と男鹿市菅江真澄研究会の共同調査であった。平成二十七年七月から十二月と平成二十八年四月から十一月に補足調査している。これによって平成二十九年三月に完成したのが、『重要無形民俗文化財　男鹿のナマハゲ―行事実施状況調査報告書―』である。これを表によって表わすことにする。

図－５　男鹿市全域

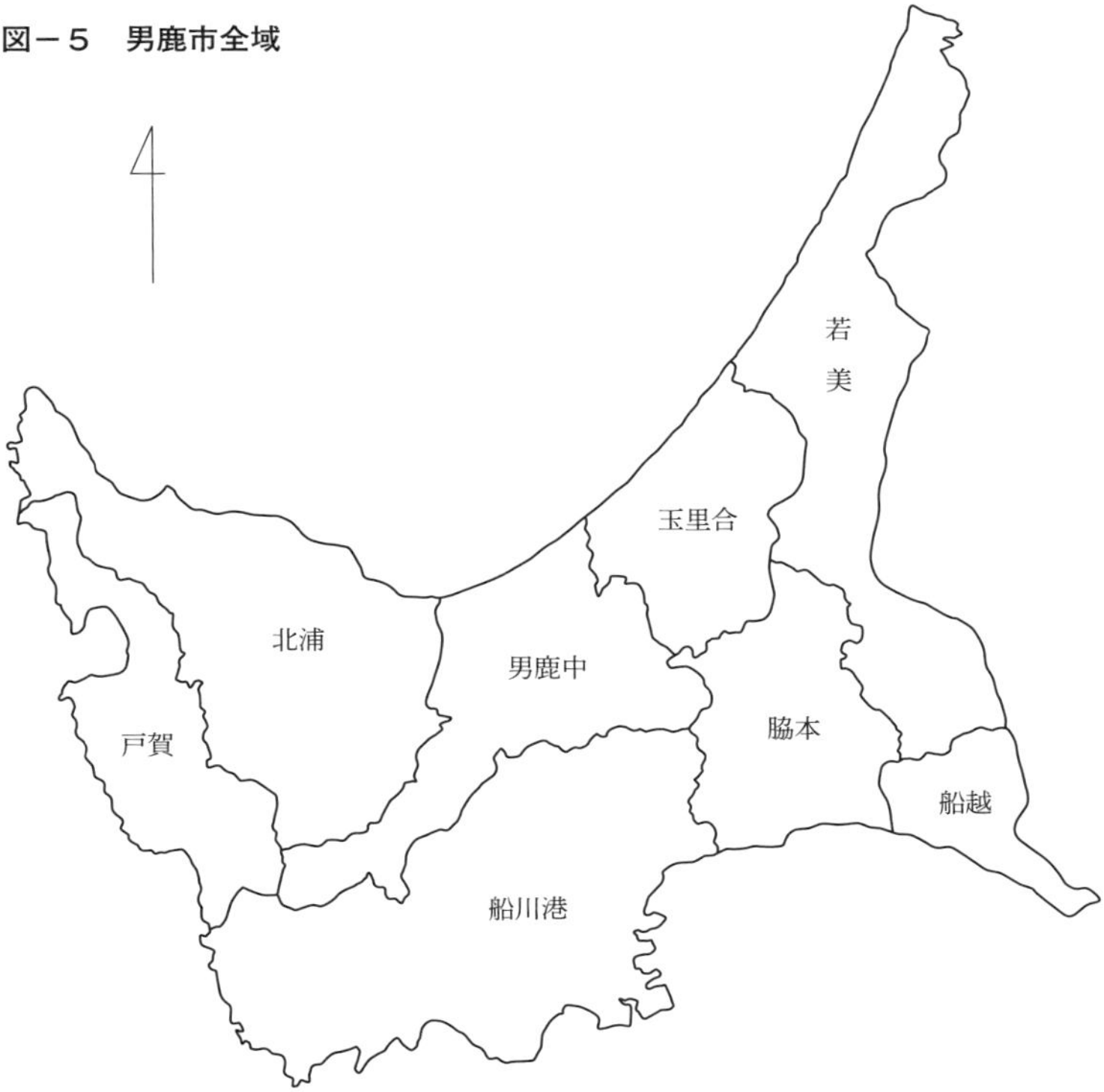

表―10　男鹿のナマハゲ実施情況

番号	町内名	世帯数	実施日	主体	ナマハゲ役	面	由来
①	船川港泉台一区	65	S60中断	子供会父親	2人1組	木彫既製品	真山から怠け者のこらしめ
②	船川港泉台二区	51	H2中断	子供会	2人1組		神社から子供のしつけ
③	船川港泉台三区	17	H1中断	子供会			子供のしつけ
④	船川港栄町一区	32	実施せず				怠け者をこらしめる 山から出てくる神
⑤	船川港栄町二区	16	S50中断	若者有志			
⑥	船川港元浜町一区	28	H23中断				
⑦	船川港元浜町二区	38	12月31日	町内会	3人1組	木製、粘土製	
⑧	船川港元浜町三・四区	70	12月31日	町内会	2人1組		
⑨	船川港東本町	32	H10中断		2人1組	木彫既製品	
⑩	船川港住吉町	131	12月31日	町内会	2人1組	木彫既製品	怠け者をこらしめる
⑪	船川港曙町一区	24	H12中断	子供育成会	2人1組	既製品	怠け者をこらしめる
⑫	船川港曙町二区	85	H19中断	子供会保護者	2人		怠け者をこらしめる 子供のしつけ、厄払い
⑬	船川港北町	125	12月31日	子供育成会＋若者	2人1組	木彫面	怠け者をこらしめる
⑭	船川港花園台	21	30年前中断	子供会の親	2組	借用面	怠け者をこらしめる
⑮	船川港西本町一区	16	H8中断	子供会	2人		山から来る
⑯	船川港西本町二区	28	実施せず				神明社から降りて来た
⑰	船川港西本町三区	20	実施せず				

（『重要無形民俗文化財　男鹿のナマハゲ』より作製）

⑱	船川港新浜町	42	S60中断				
⑲	船川港新町	31	S50中断	ナマハゲ保存会 子供育成会	2人1組	木製面	怠け者をこらしめる
⑳	船川港藤五郎坂	20	H4中断	町内会 子供会父親	2人1組	プラスチック面	村人、子供、初嫁のしつけ
㉑	船川港西坂町	50	12月31日	町内会有志		石川面	
㉒	船川港汐見ヶ丘	72	実施せず				
㉓	船川港旭ヶ丘	30	実施せず				
㉔	船川港霞ヶ丘	25	実施せず				
㉕	船川港芦沢一区	36	12月31日	芦沢振興会青年部	2人1組	ザル面	ナモミを剝いて怠け者をこらしめる
㉖	船川港芦沢二区	39	12月31日	同右	同右	同右	同右
㉗	船川港芦沢三区	60	12月31日	同右	同右	同右	同右
㉘	船川港芦沢四区	―	12月31日	同右	同右	同右	同右
㉙	船川港芦沢五区	20	12月31日	同右	同右	同右	同右
㉚	船川港芦沢《あしざわ》南	71	12月31日	同右	同右	同右	同右
㉛	船川港南ヶ丘	105	12月31日	町内会	2人1組	木彫面	怠け者をこらしめる 無病息災を願う
㉜	船川港北平沢	14	12月31日	町内会 南平沢と合同	2人1組		
㉝	船川港南平沢	112	12月31日	子供会父親 地元青年部	2人1組の3組	ザル面	ナモミを剝いで怠け者をこらしめる
㉞	船川港増川	100	H14中断	青年会	3人1組の2組	石川面	山からやって来た

㉟	船川港女川《おんながわ》	135	12月31日	青年会	2人1組の2組		
㊱	船川港下金川《しもかねがわ》一区	40	12月31日	子供会の父親有志	4人1組	木製面	五穀豊穣、家内安全、無病息災、勤勉
㊲	船川港下金川二区	22	12月31日	子供会の父親有志	4人1組	木製面	五穀豊穣、無病息災、怠け者をこらしめる
㊳	船川港下金川三区	41	12月31日	子供会の父親有志	4人1組	木製面	無病息災、怠け者をこらしめる
㊴	船川港下金川四区	29	12月31日		2人1組	市販の面	無病息災、家内安全、子供のしつけ
㊵	船川港上金川	80	12月31日	町内会役員若い人	2人1組	木製面	お山から来る
㊶	船川港羽立《はだち》	275	12月31日	羽立なまはげ保存会	2人1組の2組		ナモミハゲから
㊷	船川港羽立駅前	64	12月31日	有志	2人1組	プラスチック面	お山から来た雅気を払う
㊸	船川港比詰《ひつめ》	112	12月31日	子供会及び有志	2人1組	木製面	真山からおりてくる悪い子をこらしめる
㊹	船川港田中	95	12月31日	保存会消防団員	2人1組	プラスチック面	
㊺	船川港仁井山《にいやま》	43	12月31日	ナマハゲ保存会若者	3人1組	木製面	家内安全、厄払い、悪い子のいましめ
㊻	船川港仁井沢	4	実施せず				
㊼	船川港馬生目	38	H8中断	ナマハゲ保存会	3人1組	紙粘土製	
㊽	船川港金川台	178	12月31日	町内会（なまはげ実行委員会）	2～4人1組の2組	木彫既製品	怠け者をこらしめる

㊾	船川港緑ヶ丘	122	12月31日	保存会	3人1組	木彫面	ナモミを剝いで怠け者をこらしめる
㊿	船川港台島	70	12月31日	ナマハゲ保存会	4～5人1組の2組		
51	船川港中台	9	12月31日	台島へ依頼			
52	船川港椿	122	12月31日	椿町内会	3人1組の2組	石川面木彫	お山からの戒めと来る年を願う
53	船川港双六	60	12月31日	双六ナマハゲ行事保存会	2人1組の2組	桐の既製品	遭難船から助かったロシア人、形相が鬼のよう
54	船川港小浜	38	12月31日	有志	2人1組	木製面	怠け者をこらしめる
55	船川港門前	45	12月31日	青年会	3人1組の2組	木製面	怠け者をこらしめる 子供のしつけ
56	脇本栄町	62	12月31日	町内会	2人1組	木製面	太平山から潟のシガを渡ってくる
57	脇本浜町	28	H7中断	子供会の父親	2人1組	ザル面	怠け者をこらしめる
58	脇本新町	68	H7中断	中学生主体			
59	脇本荒町	20	H7中断	町内会			山からくる 子供や初嫁をいましめる
60	脇本向山	20	実施せず				
61	脇本御札町	24	H7中断	父母会		ザル面	潟のスガを渡ってオイダラ山から来る
62	脇本仲町	33	H7中断	青年会と知人	3人1組	ザル面	親のいう事を聞かない子供をいましめる
63	脇本館下《たてした》	24	12月31日	館下と天神町の有志	2人1組	ザル面	怠け者をこらしめる行事
64	脇本天神町	38	12月31日	天神町と館下の有志	4～5人の天神町と館下	ザル面	オデンチャ（菅原神社）から来る
65	脇本学校通り	57	12月31日	若者	2人1組	木製既製品	山からおりて来て怠け者を戒める行事

⑯⑥	脇本飯ノ町	93	12月31日	青年会	4人1組の2組	木彫面	山から来て子供初嫁をいましめる、無病息災、家内安全
⑥⑦	脇本脇本駅前	339	12月31日	町内会	2人1組の2組	木彫面	太平山から潟のスガコを渡って来る
⑥⑧	脇本打ヶ崎	100	12月31日	ナマハゲ保存会	2人1組	ザル面	寒風山から下りてくる子供のいましめ、家内安全
⑥⑨	脇本田谷沢	42	12月31日	若手	2人1組	キャッチャー面	お山から降りて来てナマケ者をこらしめる
⑦⓪	脇本岩倉	41	12月31日	青年会	2人1組	ザル面	お山から下りて来る子供をいましめる
㉑	脇本大倉	90	H24中断	町内会	2人1組の3組	ザル面	オイダラ（太平山）から潟のスガを渡ってくる
㉒	脇本飯ノ森	67	H15中断		2人1組の2組	プラスチック面	山から八郎潟のシガを渡ってやってくる
㉓	脇本浦田	160	12月31日	町内会役員と消防団員	2人1組の2組	市販面	怠け者や泣く子をいましめる
㉔	脇本樽沢	84	12月31日	町内会と若者	2人1組の3組	プラスチック面	お山からおりてくる
㉕	脇本百川	133	12月31日	成人有志	3人1組の2組	紙製面	ナモミを剥いで怠け者を懲らしめる行事
㉖	脇本根木	31	H6中断				
㉗	脇本根木住宅	57	実施せず				
㉘	脇本杉山	27	実施せず				
㉙	脇本中野	53	実施せず				
㊿⓪	船越新町	340	S57中断	青年会と町内会			寒風山、潟のスガを渡ってきた子供や怠け者をこらしめる行事
㊑	船越荒町	191	12月31日	子供育成会の父親、町内会	2人1組の2組	H24年製の面	真山のお山から来る
㊒	船越中町	69	実施せず				

㉝83	船越西町	152	12月31日	西町なまはげ実行会	2人1組の2組		
84	船越新地《しんち》	261	12月31日	新地なまはげ伝承会	3～4人1組の2組	桐製面	
85	船越本町《ほんちょう》	480	実施せず				
86	船越長沼	407	12月31日	子供会の父親	2人1組の2組	プラスチック面	怠け者をこらしめる行事
87	船越寺後	100	H7中断	子供会の父親			怠け者をこらしめるため
88	五里合鮪川《しびかわ》	74	12月31日	子供会の父親	2人1組の2組	木彫面	怠け者をこらしめる行事
89	五里合三本松	8	実施せず				
90	五里合中石《ちゅういし》	80	12月31日	中石伝承会	2人1組の3組	市販面	厄払いと家内安全祈願
91	五里合橋本	29	S54中断	青年会	2人1組の2組	金属製面	潟からスガを渡ってきた
92	五里合高屋	32	12月31日	ナマハゲ保存会	2人1組	石川面	怠け者と子供・嫁を戒め新年の祝福
93	五里合谷地	86	12月31日	自治会	2人1組の2組	プラスチック面	お山から下りて来る
94	五里合石神	62	12月31日	なまはげ伝承会	4人1組の2組	プラスチック面	お山から下りて来る 怠け者をこらしめるため
95	五里合箱井	130	12月31日	子供会の父親	2人1組	市販面	お山から
96	五里合琴川	70	12月31日	青年団	2人1組の2組	木製面	神様の使いが山から来る
97	男鹿中開《ひらき》	23	H3中断		2人1組の2組		ナモミを剝ぐ 怠け者をこらしめる
98	男鹿中三ツ森《みつもり》	30	実施せず	なまはげ会			
99	男鹿中島田	14	実施せず				
100	男鹿中滝川	111	12月31日	ナマハゲ保存会	4人1組	木彫面	お山から来るという

(101)	男鹿中杉下	28	H15中断	青年会	2人1組の2組	市販面	お山から来る 怠け者をこらしめる
(102)	男鹿中山田	63	12月31日	未婚男性	2人1組	木彫面	お山から来る 怠け者をこらしめる
(103)	男鹿中中間口	38	12月31日	青年会	1組	石川面	
(104)	男鹿中町田	35	12月31日	青年会	2人1組	練り物面	無病息災、豊作祈願、怠け者をこらしめる
(105)	男鹿中牧野	41	S50中断				
(106)	男鹿中浜間口	53	実施せず				
(107)	北浦北浦一区	150	12月31日	町内会	2人1組の2組	石川面	ナモミを剝いでいましめる
(108)	北浦北浦二区	90	12月31日	若者	2人1組		怠け者をこらしめるため
(109)	北浦北浦三区	110	12月31日	保存会	2〜3人1組	市販面	
(110)	北浦北浦四区	140	12月31日	青年有志	2〜3人1組	石川面	怠け者をいましめる
(111)	北浦相川	123	12月31日	相川ナマハゲ保存会	3人1組	紙の張り子面	言うことを聞かないといつでもこらしめに来る
(112)	北浦安全寺	85	12月31日		3人1組の2組	ケヤキ皮面 杉面	お山からやってくる
(113)	北浦真山	62	12月31日	青年会	2人1組の2組	杉製面	お山からおりてくる 新年の幸せを与える
(114)	北浦西水口	65	実施せず				
(115)	北浦野村	70	12月31日	郷中役員から若い人に頼む	2人1組の2組	石川面	お山から
(116)	北浦湯本	75	12月31日	湯本青年会	2人1組の2組	桐製面	お山からくる
(117)	北浦湯の尻	40	12月31日	消防団	2人1組	FRP面	真山から下りてくる 怠け者をこらしめる

(118)	北浦温泉	65	12月31日	青年会	2人1組の2組		お山からくる
(119)	北浦東山	30	実施せず				
(120)	北浦西黒沢	57	S30中断				
(121)	北浦入道崎	180	12月31日	岬友の会	2人1組の2組	桐製面	家内安全、大漁祈願、怠け者をこらしめる
(122)	戸賀戸賀	103	12月31日	子供の父親	2人1組の2組		
(123)	戸賀浜塩谷	16	H14中断	青年会	2人1組	市販面	お山から下りてくる
(124)	戸賀浜中	17	H3中断				
(125)	戸賀塩浜	51	実施せず				
(126)	戸賀加茂青砂	55	12月31日	漁業者有志	2人1組		厄払いと郷土繁栄
(127)	若美小深見《こふかみ》	394	H15中断				怠け者をこらしめる行事、潟のシガを渡ってくる
(128)	若美渡部	298	12月31日	子供会の父親	2人1組の2組 6町内	木彫面	八郎潟のシガを渡ってくる 山から下りて来る
(129)	若美潟端《かたばた》	45	12月31日	子供会の父親	2人1組	プラスチック面	怠け者をこらしめる
(130)	若美福川	93	12月31日	町内会主体 父母会と消防団	3人1組の2組	木彫面	寒風山から下りてくる
(131)	若美角間崎	230	12月31日	有志	2人1組	桐製面	いうことを聞かない子 怠け者をこらしめる
(132)	若美鵜木	122	12月31日	なまはげの会と美水保存会	2人1組の2組	特注面	真山からふとどき者をこらしめに来る
(133)	若美道村	71	12月31日	若者有志	2人1組の2組		寒風山から下りてくる 怠け者をこらしめる
(134)	若美松木沢	27	12月31日	青年会	2人1組	キャッチャー面	お山から下りて豊作祈願、厄払い、家内安全を願う

(135)	若美本内《ほんない》	47	12月31日	青年団			
(136)	若美福米沢	101	12月31日	町内会	3人1組の3組	石川面	男鹿に流布する伝承
(137)	若美土花	29	12月31日	青年部	4人		いうことを聞かない者を懲らしめる
(138)	若美野石	127	12月31日	野石なまはげの会、町内会	3人1組	石川面	怠け心の戒め 無病息災
(139)	若美宮沢	164	12月31日	町内会青年部	2人1組の3組	市販面	怠け者の戒め行事
(140)	若美釜谷地	82	12月31日	壮年と青年	2人1組の2組	プラスチック面	怠け者をこらしめる
(141)	若美玉ノ池	40	H12中断	青年会	2人1組	市販面	八郎潟の氷を渡ってくる ナモミ剥いで怠け者をこらしめる
(142)	若美美野《よしの》	6	H7中断				
(143)	若美柳原	27	H7中断				
(144)	若美石田川原	21	H3中断	青年会	2人1組		山から潟のシガを渡ってくる
(145)	若美五明光	56	12月31日	五明光児童会	3人1組	プラスチック面	無病息災、子供のしつけ
(146)	若美八ツ面	15	S50中断	若者	4人1組	木の皮面	
(147)	若美福野	11	S60中断	未婚男性		市販面	お山からシガを渡って怠け者をこらしめに来る
(148)	若美申川《さるかわ》	11	実施せず				

■コラム2■文献上のナマハゲ

江戸時代の紀行家・菅江真澄《すがえますみ》の日記『牡鹿乃寒かぜ』によると、文化八年（一八一一）に美夜差波《みやざわ》（現男鹿市若美宮沢）で真澄が見聞したナマハゲの記録は次のようであった。

「十五日（中略）夕くれふかう、灯火とりて炉のもとに円居してけるをりしも、角高く、丹塗の仮面に、海菅といふものを黒く染なして髪とふり乱し、肩蓑といふものを着て、何の入りたらんか、から〳〵と鳴る箱ひとつをおひ、手に小刀を持て、あといひてゆくりなう入り来るを、すはや生身剝よとて、童は声もたてず人にすがり、ものゝ陰ににげかくろふ。これに餅とらせて、あなおかな、泣などおどしぬ」と。

これの意訳は、夕方になり、火を灯して囲炉裏に集まっていると、突然、ナマハゲが入ってきた。高い角と赤色の仮面を被って、黒色の海菅の髪を振り乱していた。蓑を着てカラカラと音のする箱を背負い、手には刀を持っていた。子供は家人にすがりついて、物陰に逃げたのでナマハゲに餅を与えて帰ってもらった。

「正月十五日の夜深く、わかき男ともの集り、鬼の仮面、あるはいふ可笑とて空吹の面、あるは木の皮の面に丹ぬりたるをかけて、螻蓑といふものに海菅てふ艸を黒染としてふり乱し、手に小刀を持て、小筥の中に物ありてころ〳〵と鳴るを脇に掛て、たゝむきをいからし、蒲のはきまき、海菅のはきまきに雪沓をさしはき、人の家にゆくりなう飛入りてければ、あなをかな、なまはきの来るとて、童の聲も得たてす逃まとひかくろふ。奈万波義は寒さにたえず火に中りたる脛に赤斑のかたつけるをいふなり。その火文を春は鬼の来て剝ぎ去るちふ諺のあるにたくへて、しか鬼のさましして出ありく生身剝ちふもの也。中国にて、かんことて元興寺の鬼をいひ、陸奥なとにて、もつことて蒙古国の襲ひ来るをいひ、此あたりにては生剝をいひて童をすかしぬ」と。

これの意訳は、正月十五日の夜に若者たちが集まって、鬼面、ひよっとこ面を被り、蓑を着こんでナマハゲに変身する。音の鳴る箱を背負い、小刀を持って雪沓を履いて家々を巡回する。家へ入ると子供は驚いて怖がった。

ナマハゲとは足や手に赤くなる斑点《はんてん》をつけたことをいう。この火文《ひがた》を春になると剝ぎ取った。元興寺《がんごうじ》の鬼やもっこも同じように子供には怖いものであったという。

以上の記録の他に、真澄は『牡鹿の嶋風』にも記録していた。その文は、「第二章　ナマハゲ伝説」の概説にて述べたとおりである。これらを男鹿のナマハゲ行事の文献的な事例といっている。その後、民俗学的には昭和に入ってからでなければ同種の報告は記録されていない。男鹿のナマハゲを本格的に紹介するように慫慂したのはアチック・ミューゼアム・日本常民文化研究所を主宰した渋沢敬三（一八九六―一九六三）である。実業家・渋沢栄一（一八四〇―一九三一）は彼の祖父に当たる。そして、彼に見いだされた農民・吉田三郎が発表したのであった。吉田は昭和十年（一九三五）三月に、アチック・ミューゼアム彙報の一冊として『男鹿寒風山麓農民手記』を執筆し、そのなかで男鹿のナマハゲを取り上げた。少し長いが引用しておく。

「十五日の夜が来ると前に面を作つた場所に集合し、午後六時頃までにちゃんとその準備をする。このナマハゲの面をつける人は、若者中で、至つて丈夫な、併もいくらでも酒を呑める者で、交代でそのナマハゲの役割を持つのです。十七八歳《ママ》の、始めて《ママ》ナマハゲの仲間入りをした若者は、ナマハゲの貰つた餅や銭を叺に入れて背負男になる。これも交代で背負ふことになつてをる。先づ最初の三人が扮装に着手する。第一に大きな藁靴をはく、第二にケダシを腰に一つ、肩に一つ巻きつける。次ぎはミノを着る。第三に鬼面を被る。第四に鍬台か、出刃包丁か或はトゲのあるタラの木の太棒を各一つ〳〵持ち、これで完全にナマハゲの扮装は出来るのである。扮装が出来るとこんどは愈々村端れの家から尋ね廻ることである。村の幾組かのナマハゲは必ず示し合わせて一緒にならぬやうにする。何処の家でも最初に来たナマハゲを一番ナマハゲ、二番目に来たのを二番ナマハゲ、三番に来たのを三番ナマハゲとそれ〲称へる。一番ナマハゲは男鹿の真山、本山の方から、二番ナマハゲは太平山の方から、三番ナマハゲは八郎潟の方からスガを渡って来ると申して居る。」

「さてナマハゲが愈々家に入る時は、ナマハゲの従者十人でも二十人でもの《ママ》若者は、一緒に声を合せて、ウォーウォー、と奇声をあげて、ナマハゲを家に入れてやる。家に入ったナマハゲは三人共腰や肩に巻き付けたケダシを一挙一動にガサ〲と音をたてつゝ、手にした兇器を振り廻し土間の内の板や戸にわざとらしく打ちつけて音を立て、三人声を合せてウォー　ウォー、と奇声をあげつゝ其処の家の主人の居る所に行く。そして先づナマハゲは太い声で『新年お目出度ふ』と年詞を述べる。すると主人は『何と御苦労様だつた』と言ふと、オーと返事をする。

『何の方面から参りました。』

『真山本山の方から。』

『お名前は何と申し。』

『ナベノフタトテノシケ。』

『おお御苦労様だつた。』

『オー』

其処で主人とかうした挨拶がかはされてから、ナマハゲは又立ちあがる。そして矢張りケダシをガサ〲させ、兇器を振廻して愈々本舞台に入る。

『ウオー　ウオー』

『こゝのエ（家）で泣く子がいだが、いねが。』

『三太が泣ぐが。お春が泣ぐが。』

『親の言ふことをきくがきがねが。』

『ウォー　ウォー』

『若し泣いたり親の言ふことときがねば貰ってゆく。』

『ウォー　ウォー』

『何処にいだ。何処にいだ。』

『ウォー　ウォー』

『こゝのエの初嫁（若しくは初ムコ）朝起きするが、すねが。』

『若し朝起きすねばまじないしてやる。』

『ウォー　ウォー』

かうして三人のナマハゲは座敷であらうが、物置であらうが、押入れであらうが、二階であらうが、梁であらうが、どん〳〵捜しもとめます。若しも子供や初嫁や初ムコでも見つかったらそれこそ大変だ。子供はトンキヨな声を出して泣き叫ぶ。それでもけちつ（お尻）をひねってやる。子供は、あー痛い痛いと泣き叫ぶ。気の弱い子供は一時気絶さへすることが珍しくない有様です。初嫁などは又子供のように声を出さないで無言でナマハゲに対抗してくる。けれどもとてもナマハゲにはかなはない。モンペイの緒などきらされて、暗い押入れの中で痛い程ケチツをひねられたり、又言ふに言われぬまじないごとをされるのである。

からした場面が終るとナマハゲは又主人の所に戻つて来る、すると主人は酒肴と餅の用意をして居るから

『さあ〳〵ナマハゲど（殿）、ナマハゲど。』

『おい（俺の家の）三太やお春や又嫁などは泣きもしないし又朝寝もしない。よーくとそり（老人）の言ふこときくから、ごめ（許し）してやつて先づ〳〵一杯やづてけれ。』

といふと、ナマハゲは、

『それではごめしてやるが』と言ひつゝお膳に座る。そして主人は大きな飯茶碗になみなみと濁酒をついで飲ませるのである。

その間又主人とナマハゲとの間に問答が始まる。

『ナマハゲど、ナマハゲど、今夜何処にとまるか。』

『ウォー　ウォー』

『おらはお宮のウド木にとまる。（大木の心が穴になつてゐる木）』

『なんぼ日とまる心算でしか。』

『ウォー　さうだ。おらは四日も五日もとまるが、おらの子分が年から年中居る。だから何時でも、三太やお春が泣いたりトソリの言ふことききがねがたり、又嫁が我侭をしたりしたら、おひれ（知らせれ）ひば（そしれば）何時でも来て、貰ってゆくから。ウォー』

『ナマハゲど、ナマハゲど。ひば、泣く子貰つて行つてなんとするしか。』

『ウォー　それは今持て来た叺に入れてゆつて、お宮に行つてから、火を焚き五尺もある串に尻から頭まで刺して焙って食うのだ。ウオー』

といふて一杯の濁酒をぐっと呑み干してけたゝましく去つてしまふのである。荷物背負ひ男はナマハゲが去つてから叺を持つて来て、大きな餅（厚さ一寸巾四寸長さ六寸位の）を二枚貰って帰るのである。餅のない家即ち百姓以外の家では銭をくれます。」と。


以上が、吉田三郎が男鹿のナマハゲを全国に披露した箇所であった。この文章はその後、各分野においてナマハゲの説明項目には必ずといっていいくらい引用された銘文となった。

■コラム3■ナマハゲとその学説史

男鹿のナマハゲを見聞して、それを最初に記録したのが菅江真澄であることは「■コラム2■文献上のナマハゲ」において述べた。そして、この真澄の『遊覧記』を発見して評価したのが柳田国男であった。また、日本民俗学上において、柳田は、ナマハゲを小正月の訪問者の一事例としたのである。「表―11　ナマハゲに関する主な報告書」を参照すれば理解できるように、先鞭をつけた柳田に続いて登場したのが折口信夫であった。折口は歌人であり、国文学者であった。民俗学を国文学に導入したといわれている。折口は柳田の学説を踏襲して小正

表ー 11　ナマハゲに関する主な報告書
（『ナマハゲ』より）

	発表年	発表者	著作	収録書名
1	昭和３年	柳田国男	おがさべり	『雪國の春』
2	昭和６年	折口信夫	春来る鬼	『旅と伝説』第４巻１月号
3	昭和10年	吉田三郎	男鹿のナマハゲ	『男鹿寒風山麓農民手記』
4	昭和16年	高橋文太郎	男鹿のナマハゲ	『旅と伝説』第 14 巻３月号
5	昭和19年	柳田国男 三木　茂	雪國の民俗	
6	昭和27年	中村たかを	なまはげ覺書	『民族学研究』第 16 巻３、４号
7	昭和30年	奈良環之助	男鹿半島のナマハゲ	『秋田県の正月行事』
8	昭和33年	秋田県	年中行事―男鹿のナマハゲ	『秋田県史 民俗工芸編』
9	昭和39年	男鹿市	風俗ナマハゲ	『男鹿市史』
10	昭和48年	吉田三郎	ナマハゲに関する調査研究	『男鹿半島研究』第３号
11	昭和53年	三崎一夫	小正月のまれ人	『講座日本の民俗』第６巻年中行事

月の訪問者のなかのナマハゲやナモミタクリを「春来る鬼」として、さらに、「まれびと・客人」と規定したのであった。

三番目に男鹿のナマハゲを天下に紹介したのが、「**■コラム２■文献上のナマハゲ**」のところで論述した男鹿の農民・吉田三郎であった。吉田はアチック・ミューゼアムの渋沢敬三に慫慂されて民俗の採集に努めて昭和十年に『男鹿寒風山麓農民手記』を上梓した。この本によって、男鹿のナマハゲは有名になり、秋田県の民俗行事のスーパースター的存在となった。「**表―11　ナマハゲに関する主な報告書**」を見れば理解できるように、この本は数々の研究者に影響を及ぼした書物といっても過言ではない。しかし、残念なことに吉田のこの著作は、研究者たちには単なる男鹿のナマハゲの事例報告としての評価しか与えられなかった。そして、そのなかには吉田の氏名や著作名を明記しないで引用する人もいた。その後、吉田は男鹿のナマハゲに関する報告を続け、昭和十三年（一九三八）二月に払戸《ふっと》村の渡部集落（現男鹿市若美《わかみ》渡部《わたなべ》）の調査を昭和四十八年（一九七三）に『男鹿半島研究』第三号に発表したり、昭和四十年（一九六五）に『男鹿風土誌』に「なまはげ」を書いたりもした。

最後に、昭和五十二年（一九七七）刊行の『男鹿のこぼれだね』に前に公表した払戸村調査報告に主観や自説をまじえて書き改めたものを発表したのである。

四番目に男鹿のナマハゲについて論文を書いたのは高橋文太郎（一九〇三―一九四八）であった。高橋は柳田国男の規定した小正月の訪問者としての説に準拠して男鹿のナマハゲについて次のように述べていた。「(ナマハゲ)行事自体において、種々錯雑した要素が数えられるので、(中略)まづ求められるのは観察本位の平面的な記述であるし、「その対象を出来るだけ適確に把握することが、まづ必要なことだと考える」と。これはあくまでも採集記録報告の形式に徹していたのである。

柳田国男と共著で刊行した映画監督・三木茂（一九〇五―一九七八）の『雪国の民俗』は、男鹿のナマハゲを紹介した五番目の書物に数えることができる。そして、これは写真集ということもあり、同書収録で三木の書いた「主として秋田県南秋田地方における年中行事と習俗」は、まるで吉田の焼き直しのような作品であった。

戦後になって、ナマハゲ論をユニークな形で展開させたのは中村たかを（一九三一―二〇一二）の「なまはげ覚書」であった。そして男鹿のナマハゲを「日本列島における祭祀的秘密結社」であるという説を提言したのである。と同時に、中村は、男鹿のナマハゲを全国的な検証でもって小正月の訪問者の一つであるとした。この位置づけは柳田国男の説を全国的規模において裏付けした論文として高く評価されたのであった。中村の男鹿のナマハゲ論は比較民俗学上の線に位置づけようとしたのである。また、その手法上において、そうする必要があったのである。

昭和三十年（一九五五）刊行の『秋田県の正月行事』に収録された奈良環之助「男鹿半島のナマハゲ」には、「ナマハゲとはナモミハギの意で、ナモミとは火に当ったときに皮膚につく火文のことと、説明してあった。さらに、昭和三十三年（一九五八）上梓の『秋田県史　民俗工芸編』に記載された「年中行事―ナマハゲ―」には「ナマハゲという言葉はナマミハギ、ナモメハギのちぢまったもので、これはヒガタすなわち炉火に永くあたつた肌につく火文の意であるから、これをハグことは、怠け者を刑罰する意味を表す。この行事は全国かなり広い範囲で行なわれ」ていると、述べている。昭和三十九年（一九六四）には、『男鹿市史』が編纂されたが、「風俗・なまはげ」といった項目であり、研究調査や事例報告でもなかった。その実は『秋田魁新報』の昭和七年（一九三二）二月二十一日記事の転載であった。これら一連の地方公共団体の編集で発刊した書物は学説的な論考をあまり進展せしめるものではなかった。

その後の著作や論文においても、男鹿のナマハゲは小正月の訪問者の一事例とするのが通説的となり、それを歳神、来訪神、まれびと、おとずれものとする結論が多くなった。しかし、本質論に至っていないのが残念である。概観的にナマハゲの学説について述べると以上のようになり、柳田国男が規定したものが有力である。しかし、実際に、自分自身もナマハゲに扮したナマハゲ体験者であった吉田三郎は、最後の著作『男鹿のこぼれだね』において、次のように語っていた。

「男鹿のナマハゲという習俗は何も男鹿だけの奇習ではなく、実は正月に訪れてくる年神来臨の一形式で、日本各地に分布していると形付けている。けれども男鹿のナマハゲにはちゃんとした伝説があるが故に、この伝説を重視しなければならぬというのが私の結論である」としていたのである。まさに男鹿のナマハゲは三伝説があるので、ここまで伝承されてきたのである。

■コラム４■もどりなまはげ

男鹿のナマハゲの実施日は、今日では十二月三十一日の大晦日がほとんどである。『重要無形民俗文化財　男鹿のナマハゲ』を見ると、実施日は十二月三十一日のみである。

昭和期であるが、最後まで、新暦一月十五日と十六日に行なっていた集落もあった。その集落とは、「図―6　男鹿のナマハゲ行事集落」「表―12　男鹿のナマハゲ行事集落Ⅰ」「表―13　男鹿のナマハゲ行事集落Ⅱ」のなかの番号㊼男鹿市五里合安田一月十五日と、番号⑧男鹿市北浦安全寺一月十六日である。この二つの集落だけが実施日が例外で、ナマハゲ行事を続けていたのである。

以上のことから窺えることは、男鹿のナマハゲ行事の実施日は大晦日と一月十五日と十六日が存在していたことになる。現在ではすべて十二月三十一日になっているが、大晦日と一月十五日と十六日のどれが最も原初形態に近いのかを考察する必要がある。

戦前には、旧暦小正月としての一月十五日と十六日の実施日が多かったと『記録　男鹿のナマハゲ』にある。それが戦後になると、連合国軍最高司令官総司令部・ＧＨＱによって小正月そのものが廃止されたので、大正月の前夜として十二月三十一日になったという。そうすると、小正月が全廃された戦後の実施日は大晦日になったのかどうか、それを探る必要がある。ところが小正月がなくなってからナマハゲの来訪日を変更したのではない。その証拠に、戦前においても大晦日に実施していた集落があったのである。その集落は八か所あった。「図―6」

と「表―12」と「表―13」の番号を見るとわかりやすい。①男鹿市北浦入道崎、③男鹿市北浦湯ノ尻、⑪男鹿市北浦北浦三区、⑱男鹿市北浦加茂青砂、㉖男鹿市船川港平沢、㉘男鹿市船川港栄町・新浜町、㉙男鹿市船川港元浜町、㊷男鹿市男鹿中杉下である。

ここにおいて、ナマハゲ行事の実施日が戦後に変更されて大晦日になったとはいい切れなくなった。小正月が全廃される以前においても、大晦日に実施していた集落もあったのである。行事の実施日について、大晦日と一月十五日と十六日とはどこが異なるのか。この場合は前者を大正月といい、後者を小正月と称する。この点がこのナマハゲ行事のキーポイントではないか。月の満ち欠けを基準として作られた太陰暦は、月のかけた時の晦日・三十日を年の終わりとした。そして、満月（望月）の夜を年の初めとした。これが後に前者を大正月、後者を小正月としたのである。この場合には大正月と小正月を別々に祝うこともあり、また、大正月よりも小正月により重きを置く方が古いともいわれている。旧慣を遵奉する集落においては、しばらくの間、一月十五日と十六日をナマハゲ行事日としていた。ナマハゲ行事の実施日について、『記録　男鹿のナマハゲ』のなかには、実施日変更や実施日の変遷過程について触れられていない。調査したところによると、ナマハゲ行事の実施日については戦前と昭和三十年代頃までに年二回ナマハゲが来訪したと話してくれた方がいた。その方々は、「図―6」と「表―12」と「表―13」の番号㉒男鹿市船川港椿のＦＫ氏（明治四十年生）、㊿男鹿市五里合箱井のＳＫ氏（大正七年生）、(51)男鹿市五里合石神のＳＳ氏（大正五年生）、(64)男鹿市船越のＯＨ氏（昭和五年生）、同じくＯＫ氏（大正六年生）である。以上の各氏の住んでいる椿《つばき》も五里合《いりあい》も船越もナマハゲ行事が実施される日は、昭和四十年代から通常年一回となり、現在は毎年十二月三十一日の大晦日に統一されたという。これをもう少し理解で

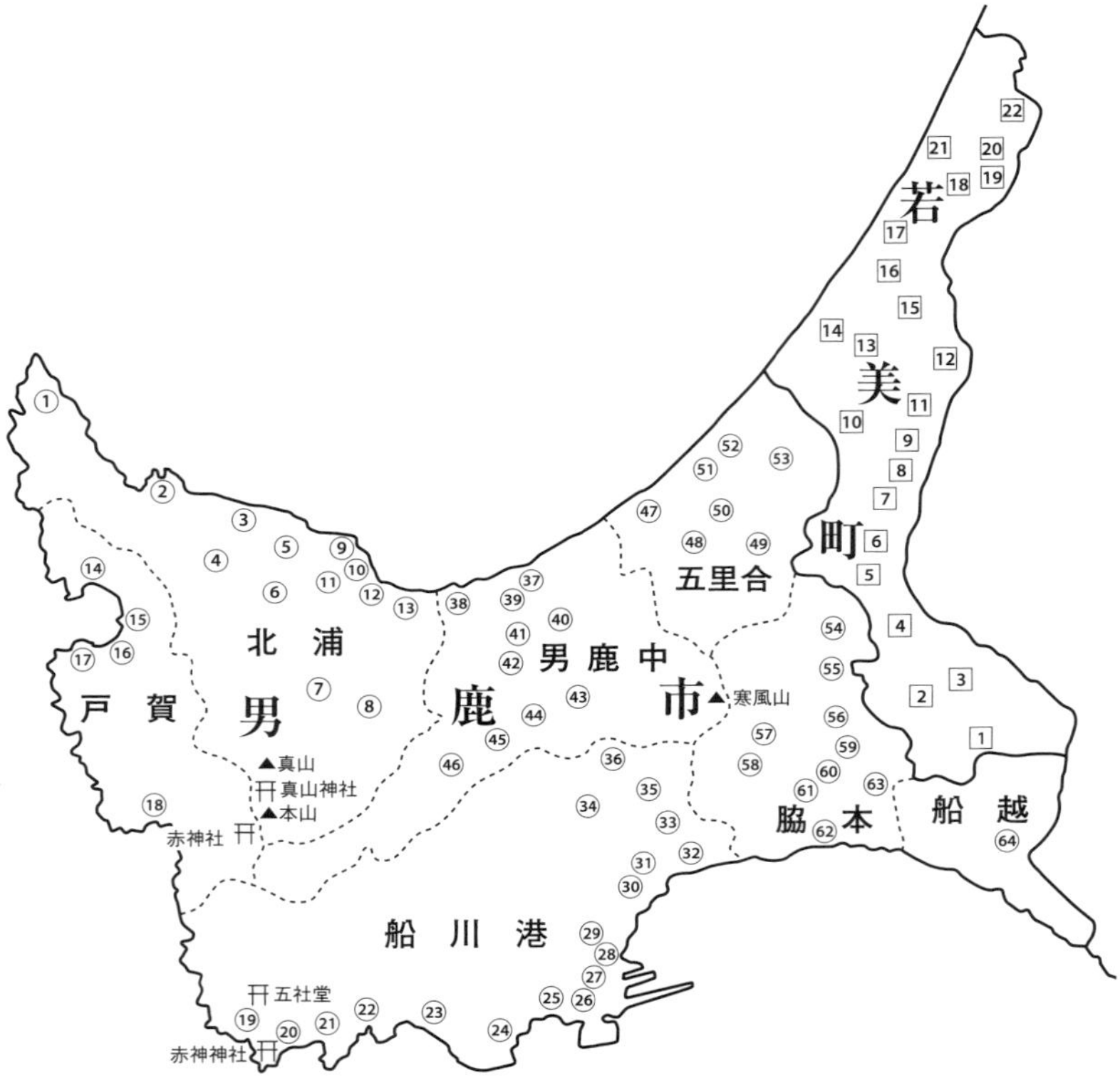

図―6　男鹿のナマハゲ行事集落

男鹿市①～64（②⑥㊲㊹　中止）

若美町1～22（14 19 20 21　中止）

きるように図に表現すると「図―1　ナマハゲ行事の変遷」のようになる。

明治期以前は正月の十五日と十六日の一辺倒であった。それを「図―1　ナマハゲ行事の変遷」のAとする。それから、一月十五日・十六日と十二月三十日・三十一日の二回実施のBを経て進展したのがCである。ここに、それ以前の実施日の変遷過程が明らかになってくる。思うに、Bのように、戦前から実施日を大晦日に転換したいくつかの集落は明治になって旧暦から新暦へと暦自体が変化した影響によるものだろう。しかし、旧慣を重んじる男鹿半島の人々は容易に行事実施日を変えることはできなかった。そこで、奇策的な大正月と小正月の年二回のナマハゲ行事が調和的な妥協点として生み出されたのであると考えられる。要するに、ナマハゲは一年間のなかにおいて最も重要な日に来訪することが大切なのである。つまり大正月か小正月かのどちらかを民の祭事・民俗行事日としたのである。それがこの男鹿半島で古くから暦や月日の上から小正月、すなわち一月十五日に行なわれていたと考えるのが妥当である。農耕従事者の正月祭は小正月であったからともいえよう。かつては大晦日まで働き、正月そのものは公的な行事で忙しく、十分に自分自身の身体を休めるのは十五日頃であったという。

表―12　男鹿のナマハゲ行事集落Ⅰ

（『記録　男鹿のナマハゲ』より作製）

番号	集落名	世帯数	現実施日	旧実施日	主体	由来	備考
①	男鹿市北浦入道崎	211	12・31（昭30）	旧暦大晦日	岬友の会	火形ハギ、怠け者の懲罰	
②	〃　北浦西黒沢	90	中止（昭和28年頃から）				
③	〃　北浦湯ノ尻	50	12・31（昭2）	旧暦大晦日	若者	新年の悪魔払い	
④	〃　北浦湯本	70	12・31	旧暦正月	青年会	複数説有	
⑤	〃　北浦野村	82	12・31（昭1）	旧暦正月	青年会	怠け者の懲罰	
⑥	〃　北浦西水口		中止				

⑦	男鹿市北浦真山	76	12・31（昭1）	旧暦小正月 1・15	若者	漢武帝五鬼説、異国人漂流節、火形ハギ、怠け者の懲罰	古い角無面有、ナマハゲとは鬼でなく、赤神のつかいである。
⑧	〃 北浦安全寺	117	1・16	旧暦小正月 1・16	青年会	火形ハギ、怠け者の懲罰	
⑨	〃 北浦北浦一区	188	12・31（戦後）	旧暦小正月 1・15	青年会	火形ハギ、怠け者の懲罰	
⑩	〃 北浦北浦二区	113	12・31（戦後）	旧暦正月	青年会		
⑪	〃 北浦北浦三区	129	12・31（戦後）	旧暦大晦日	有志		
⑫	〃 北浦北浦四区	210	12・31（戦後）	旧暦正月	若者		
⑬	〃 北浦相川	142	12・31	旧暦小正月 1・15	青年	火形ハギ、怠け者の懲罰	元は面に角無
⑭	〃 戸賀戸賀	146	12・31（昭1）	旧暦小正月 1・15	青年会	火形ハギ、怠け者の懲罰	
⑮	〃 戸賀浜塩谷	28	12・31（戦後）	旧暦小正月	青年会	火形ハギ、怠け者の懲罰	
⑯	〃 戸賀浜中	23	12・31（戦後）	旧暦小正月 1・15	若者	火形ハギ、怠け者の懲罰	
⑰	〃 戸賀塩浜	72	12・31（戦後）	旧暦小正月 1・15	青年会	火形ハギ、怠け者の懲罰	
⑱	〃 戸賀加茂青砂	84	12・31（昭15）	旧暦12・30	青年会	火形ハギ、怠け者の懲罰	
⑲	〃 船川港門前	62	12・31（戦後）	旧暦小正月 1・15	青年会	火形ハギ、怠け者の懲罰	装着具にイボシマを用いる
⑳	〃 船川港小浜	65	12・31（昭和）	旧暦小正月 1・15	青年会	火形ハギ、怠け者の懲罰	
㉑	〃 船川港双六	63	12・31（戦後）	旧暦小正月 1・15	青年会	火形ハギ、怠け者の懲罰	

㉒	男鹿市船川港椿	160	12・31（昭和）	旧暦小正月 1・15	青年会	火形ハギ、怠け者の懲罰	
㉓	〃 船川港台島	86	12・31（昭10）	旧暦小正月 1・15	青年会	火形ハギ、怠け者の懲罰	
㉔	〃 船川港女川《おんながわ》	151	12・31（戦後）	1・16	青年会	火形ハギ、怠け者の懲罰	
㉕	〃 船川港増川	100	12・31	1・16	青年会	火形ハギ、怠け者の懲罰	
㉖	〃 船川港平沢	150	12・31（戦後）	旧暦大晦日	青年会	火形ハギ、怠け者の懲罰	
㉗	〃 船川港芦沢	497	12・31	旧暦小正月 1・15	青年会 保存会	漢武帝五鬼説、怠け者の懲罰	
㉘	〃 船川港栄町・新浜町	150	12・31（昭15）	旧暦大晦日	保存会 同好会	お山からくる怠け者の懲罰	
㉙	〃 船川港元浜町	160	12・31（戦後）	旧暦大晦日	成人	火形ハギ、怠け者の懲罰	
㉚	〃 船川港下金川	213	12・31（昭25）	旧暦小正月 1・15	青年	火形ハギ、怠け者の懲罰	
㉛	〃 船川港上金川	110	12・31	旧暦小正月 1・15	青壮年	火形ハギ、怠け者の懲罰	
㉜	〃 船川港羽立	262	12・31	旧暦小正月 1・15	青年	火形ハギ、怠け者の懲罰	
㉝	〃 船川港比詰	150	12・31（昭1）	旧暦小正月 1・15	青年会	火形ハギ、怠け者の懲罰	
㉞	〃 船川港馬生目	54	12・31（昭30）	旧暦小正月 1・15	青年	火形ハギ、怠け者の懲罰	
㉟	〃 船川港田中	104	12・31（戦後）	旧暦小正月 1・15	青年会		
㊱	〃 船川港仁井山	51	12・31（戦後）	旧暦小正月 1・15	青年会	火形ハギ、怠け者の懲罰	

㊲	男鹿市男鹿中浜間口	81	中止（150年くらい前から）				
㊳	〃　男鹿中牧野	49	12・31	旧暦小正月 1・15	青年会	火形ハギ、怠け者の懲罰	
㊴	〃　男鹿中町田	51	12・31（戦後）	旧暦小正月 1・15	青年会	豊穣祈願、悪魔払い、怠け者の懲罰	
㊵	〃　男鹿中中間口	58	12・31	旧暦小正月 1・15	青年会	火形ハギ、怠け者の懲罰	
㊶	〃　男鹿中山田	100	12・31（戦後）	旧暦小正月 1・15	青年会	火形ハギ、怠け者の懲罰	
㊷	〃　男鹿中杉下	45	12・31（戦後）	旧暦大晦日	青年会	怠け者の懲罰	
㊸	〃　男鹿中滝川	135	12・31（昭15）	旧暦小正月 1・15	青年会	火形ハギ、怠け者の懲罰	ジッコナマハゲ（男）には角有、ババナマハゲ（女）には角無
㊹	〃　男鹿中島田	27	中止（30年ぐらい前から）				
㊺	〃　男鹿中三ツ森	51	12・31（戦後）	旧暦小正月 1・15	青年会	怠け者の懲罰	
㊻	〃　男鹿中開	48	12・31（戦後）	旧暦小正月 1・15	保存会	アマノジャクと石段づくりの勝負に敗れた鬼が里に降りて来訪	
㊼	〃　五里合安田	20	1・15	1・15	若者	お山の荒神様、怠け者の懲罰	
㊽	〃　五里合琴川	75	12・31（戦後）	旧暦小正月 1・15	保存会	お山の神様 怠け者の懲罰	
㊾	〃　五里合鮪《しび》川	109	12・31（戦後）	旧暦小正月 1・15	若者	神様的存在、怠け者の懲罰	面は赤が角二本（男）、青が角一本（女）
㊿	〃　五里合箱井	150	12・31（戦後）	旧暦小正月 1・15	青年会	お山の赤神様、呼び名発祥地は北浦相川地区	
51	〃　五里合石神	76	12・31（戦後）	旧暦小正月 1・15	若者	お山に住む荒神	

㊾52	男鹿市五里合谷地	84	12・31（戦後）	旧暦小正月 1・15	若者	八郎潟のシガを渡ってくる荒神、お山に住む	
㊿53	〃 五里合中石	97	12・31（戦後）	旧暦小正月 1・15	青年会	門前・相川方面から伝来のお山に住む神、怠け者の懲罰	
54	〃 脇本百川	131	12・31（戦後）	旧暦小正月 1・15	青年会	怠け者の懲罰	
55	〃 脇本樽沢	192	12・31（戦後）	旧暦小正月 1・15	青年会	女真族漂流説	
56	〃 脇本浦田	150	12・31	旧暦小正月 1・15	青年会	加茂に護送の罪人があばれた三〇〇年前からの行事	
57	〃 脇本岩倉	46	12・31（戦後）	旧暦小正月 1・15	青年会	怠け者の懲罰	
58	〃 脇本田谷沢	53	12・31	旧暦小正月 1・15	青年会	怠け者の懲罰	
59	〃 脇本飯の森	65	12・31（戦後）	旧暦小正月 1・15	青年会	怠け者の懲罰	
60	〃 脇本大倉	99	12・31（戦後）	旧暦小正月 1・15	青年会	ロシア人が漂流して門前、五社堂に住んだ。怠け者の懲罰	
61	〃 脇本打ヶ崎	110	12・31（戦後）	旧暦小正月 1・16	青年会	ロシア人が漂流して門前、五社堂住居説	
62	〃 脇本本郷	630	12・31（戦後）	旧暦小正月 1・15	青年会	若者の意義高揚	装着の前に丹ぜんを着る
63	〃 脇本飯の町	99	12・31（戦後）	旧暦小正月 1・15	青年会	怠け者の懲罰	
64	〃 船越全域	1,019	12・31（戦後）	旧暦小正月 1・15	有志	真山・本山・門前から伝承、火形ハギ、怠け者の懲罰	（昭和57年から中止）
[1]	南秋田郡若美町小深見	281	12・31（戦後）	旧暦小正月 1・15	青年会	男鹿地区からの伝来、山から八郎潟の氷を渡ってくる懲罰するもの	
[2]	〃 渡部	310	12・31（戦後）	旧暦小正月 1・15	青壮年	男鹿地区からの伝来、山から八郎潟の氷を渡ってくる懲罰するもの	

3	南秋田郡若美町潟端	42	12・31（昭15）	旧暦小正月	青年	八郎潟を渡ってくる。怠け者の懲罰	
4	〃　福川	102	12・31（昭14）	旧暦小正月 1・15	青年	火形ハギ、怠け者の懲罰	
5	〃　角間崎	244	12・31（戦後）	旧暦小正月 1・15	青年会	中国から二匹の鬼が怠け者の懲罰に来た	
6	〃　鵜木《うのき》	125	12・31（戦後）	旧暦小正月 1・15	青年会	中国から二匹の鬼が怠け者の懲罰に来た	
7	〃　道村	93	12・31（戦後）	旧暦小正月 1・15	青年会	武帝が二匹の鬼を派遣し、労をねぎらう	
8	〃　松木沢	34	12・31	12・31	青壮年	男鹿半島全域の風俗、伝承習俗	
9	〃　本内《ほんない》	48	12・31（戦後）	旧暦小正月	青年会	真山・本山から八郎潟の氷を渡ってくる。怠け者の懲罰	
10	〃　福野	14	12・31（昭46）		青年会	昭和20年開拓村	
11	〃　福米沢《ふくめざわ》	123	12・31（戦後）	旧暦小正月 1・15	青年会	真山・本山の南海岸に鬼が上陸し、それが村々をまわった	
12	〃　土花	34	12・31（戦後）	旧暦小正月 1・15	青年会	男鹿の山から八郎潟を渡って懲罰にくる	
13	〃　八ツ面	20	12・31（戦後）	旧暦小正月 1・15	青年会	本町海岸に外国の難破船それを鬼と思った	男に角二本有、女に角無
14	〃　石川	—	中止				
15	〃　野石	138	12・31（昭10）	旧暦小正月 1・15	青年		
16	〃　宮沢	209	12・31（戦後）	旧暦小正月 1・15	青年会	男鹿の山から八郎潟の氷を渡ってくる。懲罰	
17	〃　釜谷地	95	12・31（戦後）	旧暦小正月 1・15	青年	厄払いと子どもの戒め	

18	南秋田郡若美町玉の池	41	12・31（昭12）		青年会	男鹿の山から鬼がくる。怠け者の懲罰
19	〃 柳原	—	中止			
20	〃 石田川原	—	中止			
21	〃 美野	—	中止			
22	〃 五明光	66	12・31（昭12）	旧暦小正月 1・15	青年会	男鹿半島より伝承。怠け者の懲罰。農家の労をねぎらう

表—13　男鹿のナマハゲ行事集落Ⅱ

番号	集落名	装着具	持ち物	各家の対応、御膳、祝儀	
①	男鹿市北浦入道崎	ケラ、ケデ	出、桶、幣	有	有
②	〃 北浦西黒沢	中止			
③	〃 北浦湯ノ尻	ケデ		有	
④	〃 北浦湯本	ミノ、ケデ	出、桶	有	
⑤	〃 北浦野村	ケラミノ	出	有	
⑥	〃 北浦西水口	中止			
⑦	〃 北浦真山	ケデ		有	有
⑧	〃 北浦安全寺	ケデ		有	有
⑨	〃 北浦北浦一区	ケデ	出、桶	有	有

（出＝出刃包丁　桶＝手桶　幣＝御幣）

（『記録　男鹿のナマハゲ』より作製）

⑩	〃　北浦北浦二区	ケラ	出		
⑪	男鹿市北浦北浦三区	ケデ	出	有	有
⑫	〃　北浦北浦四区	ケデ	出		有
⑬	〃　北浦相川	ミノ	幣		有
⑭	〃　戸賀戸賀	ミノ	出、桶、幣	有	有
⑮	〃　戸賀浜塩谷	ミノ、ケデ	出、桶	有	有
⑯	〃　戸賀浜中	ミノ、ケデ	出、桶	有	
⑰	〃　戸賀塩浜	ミノ、ケデ	出、桶	有	有
⑱	〃　戸賀加茂青砂	ケラ、ミノ、ケデ	出　幣	有	有
⑲	〃　船川港門前	ケラ、ケデ	出、桶	有	有
⑳	〃　船川港小浜	ケラ	出	有	有
㉑	〃　船川港双六	ケラ、ケデ	出	有	有
㉒	〃　船川港椿	ケラ	出、桶	有	有
㉓	〃　船川港台島	ケラ	出	有	有
㉔	〃　船川港女川《おんながわ》	ミノ	出		
㉕	〃　船川港増川	ミノ	桶	有	有
㉖	〃　船川港平沢	ケラ	出	有	有
㉗	〃　船川港芦沢	ケラ、ケデ	出、桶、幣	有	有
㉘	〃　船川港栄町・新浜町	ケラ	出、桶、幣	有	有
㉙	〃　船川港元浜町	ケラ、ミノ	出、桶	有	

㉚	〃船川港下金川	ケラ	出、桶			有
㉛	男鹿市船川港上金川	ケデ	出、桶	不明、調査なし		
㉜	〃船川港羽立	ケデ		不明、調査なし		
㉝	〃船川港比詰	ケデ	出			有
㉞	〃船川港馬生目	ケラ、ケデ	桶		有	
㉟	〃船川港田中	ケデ	出、桶		有	
㊱	〃船川港仁井山	ケデ	桶		有	有
㊲	〃男鹿中浜間口	中止				
㊳	〃男鹿中牧野	ケラ			有	有
㊴	〃男鹿中町田	ケラ	出		有	有
㊵	〃男鹿中中間口	ケデ	出		有	有
㊶	〃男鹿中山田	ケデ	出		有	有
㊷	〃男鹿中杉下	ケラ			有	有
㊸	〃男鹿中滝川	ケデ	出		有	有
㊹	〃男鹿中島田	中止				
㊺	〃男鹿中三ツ森	ケデ			有	有
㊻	〃男鹿中開	ケデ	出		有	有
㊼	〃五里合安田	ケデ	出		有	有
㊽	〃五里合琴川	ケデ	出		有	有
㊾	〃五里合鮪《しび》川	ケデ	桶		有	

㊿	〃五里合箱井	ケデ	出、桶		有	有
51	男鹿市五里合石神	ケデ	出、桶		有	
52	〃五里合谷地	ケデ	出		有	有
53	〃五里合中石	ケデ			有	有
54	〃脇本百川	ミノ、ケデ			有	有
55	〃脇本樽沢	ケデ	出、桶		有	有
56	〃脇本浦田	ケデ	出、桶			有
57	〃脇本岩倉	ケデ	出		有	有
58	〃脇本田谷沢	ケラ、ケデ	出	不明、調査なし		
59	〃脇本飯の森	ケデ	出		有	有
60	〃脇本大倉	ケデ	出			有
61	〃脇本打ヶ崎	ケラ、ケデ	出		有	有
62	〃脇本本郷	ミノ	出、桶		有	有
63	〃脇本飯の街	ケデ	出		有	有
64	〃船越全域	ケラ	出		有	有
1	南秋田郡若美町小深見	ケデ	出、桶		有	有
2	〃渡部	ケデ	出		有	有
3	〃潟端	ケデ	出		有	有
4	〃福川	ミノ			有	有
5	〃角間崎	ケデ	出、桶		有	有

6	〃　鵜木	ケデ	出、桶	有	有
7	南秋田郡若美町道村	ケデ	出、桶	有	有
8	〃　松木沢	ケラ	出	有	有
9	〃　本内	ケデ	出、桶	有	有
10	〃　福野	ケデ	出 幣		
11	〃　福米沢	ケデ	出 幣	有	有
12	〃　土花	ケデ	出、桶	有	有
13	〃　八ツ面	ケデ	出 幣		
14	〃　石川	中止			
15	〃　野石	ケラ	出	有	有
16	〃　宮沢	ケラ	出、桶、幣	有	有
17	〃　釜谷池	ケデ	出	有	有
18	〃　玉の池	ケデ	出、桶	有	有
19	〃　柳原	中止			
20	〃　石田川原	中止			
21	〃　美野	中止			
22	〃　五明光	ケデ	出	有	有

明治政府は、明治五年（一八七二）十二月三日、太陰暦であった天保暦を廃止し、この日を明治六年一月一日

とする太陽暦とした。そこで次のような名案奇策を考え出した。新しい暦のなかに旧暦を明記して使用したのである。旧暦は依然として生活の指針ともなりえた。旧暦から新暦への変化は生活習慣を一時的に根底から覆したが、庶民はそれへの順応性を示した。そして、そのなかで男鹿のナマハゲ行事も、その実施日において一定期間、二回実施や実施日変更を余儀なくされた。ここで論ずる「もどりなまはげ」もそのなかから考えだされたものであった。

「第一章　ナマハゲ行事」の「2　ナマハゲ行事の実施日」に「もどりなまはげ」の項目がある。一つは男鹿市北浦安全寺、もう一つは男鹿市五里合安田におけるものだった。調査をしてみると二者二様であった。

「もどりなまはげ」といっても、男鹿市のなかに二か所二種類のそれがあった。一つは男鹿市北浦安全寺、も

男鹿市北浦安全寺のもどりなまはげは別名「かえりなまはげ」ともいい、昔からの伝承であるという。安全寺のナマハゲが何故にもどりなまはげと称するのか安全寺集落の長老・YZ氏（明治四十二年生）を訪ねて聞いてみたところ二つの理由があった。この安全寺集落では昔から、小正月の前日に集落中央の十王堂という寺の本尊である阿弥陀如来像の御開帳の行事が真夜中の十二時から行なわれていたので、ナマハゲ行事はその次の日に行なわれたという。二つの行事を重ね合わせることは決してできるものではないといわれていた。この十王堂の阿弥陀如来像には餅を献呈して祀るものであった。この餅はナマハゲ行事の際のナマハゲ餅といっしょに搗いたものである。このために安全寺集落でのナマハゲ行事の方は、他の集落のナマハゲ行事が正月の小正月を想定して一月十五日に行なえば、一日遅れて十六日となる。現在は古くからの小正月を尊重して、安全寺集落においては十王堂の阿弥陀如来像御開帳を小正月の前夜の十五日とし、ナマハゲ行事はその一日遅れの十六日と決めている。

安全寺集落のナマハゲ行事が、「もどりなまはげ」といわれる所以はもう一つある。これは前述した十王堂の阿弥陀如来像が実証的理由とすれば、次のは伝承的背景といえよう。その伝承によれば、ナマハゲはこの男鹿市北浦においては真山から現れるとされている。そして、真山から出たナマハゲは北浦一帯を回って最後に安全寺集落を通って真山に帰って行くといった伝承があった。安全寺を通って真山へ帰って行く時は北浦一帯の集落ごとに各戸を一軒一軒ずつ回ってからになるので次の日になってしまうという。それでもどりなまはげは御開帳行事の一日遅れとされ、北浦一帯が一月十五日とされる時には安全寺は十六日になる。これを図で表現すると「図―2」のようになる。このように真山から出発したナマハゲは北浦を歴訪し、安全寺に来る頃は帰り足となる。そして、この安全寺のナマハゲを真山にもどってくるナマハゲであるから「もどりなまはげ」と人々はいつとはなしに呼ぶようになった。さらに、別称として帰って来るから「かえりなまはげ」とも称するようになったのである。

安全寺集落には昔から真山へ登るための道があった。真山へ山がけするための登り口とされていた。お山に近い集落だからそうなったのであろう。「図―2」のように、上下真山集落は真山から真山神社を通る際の本道にあり、ここを通過すると安全寺集落に寄ることは本道から脇に入って再び本道に引き返してこなければならないことになる。いわば道草的な順路になるといえるだろう。かかるゆえに、ナマハゲ行事では安全寺集落を後回しにして北浦一帯を全部訪問した後に訪れることになったのである。

「もどりなまはげ」のもう一つの方、男鹿市五里合のものを考察してみることにする。五里合一帯は、昔から男鹿半島のナマハゲ行事が伝承されてきた地域であった。しかし、それは北浦一帯や西海岸の門前などのように、本山・真山を中心とする神事に基づいた行事ではなく、むしろ民間に宿った信仰行事であり、久しく五里合一帯に伝承され続けてきたものであった。だが、時代とともに様々な要素や影響が入り雑じって、そのナマハゲ信仰が支えられてきたという。思うに、五里合一帯に「もどりなまはげ」という語彙が萌芽したのもナマハゲ行事やその信仰から派生したといえよう。

五里合一帯は二か所からナマハゲが来ると伝承されている。集落名では、鮪川《しびかわ》、箱井、琴川の三集落はお山（真山）からナマハゲが来たといった。そして、中石、橋本、高屋、安田、谷地、石神の六集落に来るナマハゲは太平山から八郎潟の氷《すが》を渡って来るという。五里合地域の北半分が太平山のナマハゲ、その他が真山のナマハゲとなっていた。この五里合地域は職業として石工《いしく》が多く、その家業に精を出していた。昔から石膏も多く採れたという。その石工らが、太平山を信仰しており、五里合一帯に太平山講が広まり、各集落ごとに講社が建てられていた。五里合のなかでも石神集落の講が一番古く、慶応三年（一八六七）に太惣衛門《たそうえもん》という世話役が太平山講の本尊を彫刻させたという。それが今も残る馬頭観音像《ばとうかんのん》であった。この太平山講が、ナマハゲは太平山から来るという伝承に大きな影響を与えたのである。五里合石神集落の古老・SS氏によると、明治の頃のナマハゲ行事が小正月一辺倒であったのが、五里合石神集落においては大正十二年（一九二三）頃から大正月と小正月の二回実施するようになったという。五里合箱井のSK氏によると、大正の終わりから昭和初期のランプから電気に移行する時期には、大正月と小正月の二回ナマハゲが来たという。そして、大正月には全部回らないで、小正月に至って残りの家々を訪問して完了することにしたという。この二回実施する小正月のナマハゲ行事を「もどりなまはげ」と呼んで真山から来るナマハゲと特に区別した。そして、SK氏は次のように語って伝承とした。五里合の「もどりなまはげ」とは、大晦日にお山から下りて来て、八郎潟を渡って潟の東側の湖東《ことう》方面へ行き、再びこの集落に戻って来る日が、丁度一月の十五日になるというからこの名が付けられたという。

五里合地域においては、大正月を単なるナマハゲとし、小正月を「もどりなまはげ」と称するようになった。明治まで小正月のみだったナマハゲ行事が大正後期から昭和初期より新暦の十二月三十一日の大晦日に変更され、各集落内では回りきれない家々は再び小正月を想定して一月十五日に回ることから、二回実施のナマハゲ行事を「もどりなまはげ」と特に呼ぶようになった。

しかし、五里合の「もどりなまはげ」は古くから同地に伝えられた伝承と符合していないことが明らかになった。伝承として湖東方面をUターンする現象を想像し、前の安全寺のナマハゲと同様に、期間は異なるがUターンする現象で日数を埋め合わせることを創作しているという。だが、五里合地域においてはお山といっても太平山と真山の二種類があった。

太平山講は古くからこの五里合地域にあって、「もどりなまはげ」は出稼ぎが多くなった時期から便宜的にできたものであった。大晦日に真山から降りて集落を回って湖東方面に行き、再び五里合地域に舞い戻るという「もどりなまはげ」は大正後期・昭和初期から戦前までで消滅した。五里合地域においては、「もどりなまはげ」なる言葉は死語になった。

男鹿市五里合地域のナマハゲ行事には太平山信仰が深く関与している。大正後期・昭和初期から戦前までの「もどりなまはげ」行事には二度行事を実施しなければならないので、二種類の太平山と真山とのナマハゲ伝承が必要だった。大正月のナマハゲはそれでもよいが、小正月のナマハゲを「もどりなまはげ」として位置づけるために伝承を創作して説明しなければならないが、それでは真山のナマハゲは納得できるが、太平山からのナマハゲは湖東へ逆戻りすることになる。前出のＳＳ氏は太平山のナマハゲは小正月まで滞在することになると語ったが、説得力に欠けるものであった。

五里合地域においては出稼ぎの影響によりナマハゲ行事を二回実施しなければならなかった。古くからの小正月のみのナマハゲ行事では太平山と真山のナマハゲ伝承が不適当とされ、十二月三十一日の大晦日のみのナマハゲ行事に収斂されている。

「もどりなまはげ」として男鹿市北浦安全寺と男鹿市五里合の二つを見てきた。現在のナマハゲ行事は、両集落ともに十二月三十一日に実施されている。民間の信仰が盛んな時には講や集落内の信仰心が深くナマハゲ行事と溶け合っていた。男鹿市五里合集落の方は講の事情にて「もどりなまはげ」が実施され、それが出稼ぎや講よりも強い条件によって現在の大晦日になった。もう一つの北浦安全寺の方は、ナマハゲ行事の主体者すなわち担い手の事情によって、一月十六日を祝日の一月十五日に変更した。十王堂の御開帳の当日であった。しかし、平成十二年（二〇〇〇）よりハッピーマンデー制度によって、成人の日は一月の第二月曜日に変更をされた。その年によって、祝日である成人の日が毎年動くのである。そこで安全寺集落においては、最も担い手が集まりやすく、ナマハゲ行事の定番日としている十二月三十一日に変更を余儀なくされたのである。これも担い手の確保の苦肉の策であった。このようにして、男鹿のナマハゲの独特な「もどりなまはげ」行事は過去のものとなったのである。

第Ⅱ部　全国仮面仮装の来訪神行事

概説

男鹿のナマハゲは、柳田国男《やなぎたくにお》によって小正月の訪問者とされた。この小正月の訪問者という全国の来訪神がどのようなものなのかを調べてみる必要がある。これを『改定綜合日本民俗語彙』（平凡社・一九五六）、『歳時習俗語彙』（国書刊行会・一九七五）、『日本の民俗』（第一法規・一九七一―一九七五）、『日本民俗地図』（国土地理協会・一九六九―一九七一）、『年中行事図説』（岩崎美術社・一九八〇）から調べてみる。このなかではすでに廃れてしまっているものもあるが、全国の来訪神を概観していくことにする。

小正月に仮面仮装をして来訪する形式の風習について、柳田国男や折口信夫《おりくちしのぶ》によって早くから取りあげられてきた。この小正月の訪問者については、『歳時習俗語彙』において三十六例ある。

それは、「アマミハギ、オイハヒソ、オドシ、オモヒツキ、カサトリマハシ、カセギドリ、カセダウチ、カセドリ、カセヲドリ、カネウリ、カパカパ、カマモリ、カユヅリ、コタレカクシ、ケッコロ、コトコト、ゴリゴリ、サセゴ、シカタハギ、スネカ、ゼニナハイハヒ、タラカヒ、チャセゴ、トタタキ、トヒトヒ、トヘイビラキ、トヨトヨ、トロヘイ、ナゴミタクリ、ナマハゲ、ナモミハギ、ハタケサンダン、バタバタ、ヒガタタクリ、ホトホト、ワタカヒ」である。

その後、新たな事例を付け加えて、『改訂綜合日本民俗語彙』の部門別索引によると七十二例を数える。

それは、「アマミハギ、オイワイソ、オオメグリ、オオナナミ、オドシ、オモイツキ、オモガイコモガイ、カセオドリ、カセギドドリ、カセダウチ、カセダフキ、カセドリオモウシ、カセドリ、カセドリコッコ、カセドリマワシ、カドリコ、カパカパ、カマモリ、カユツリ、カユツリキヤク、カネウリ、クリカキネンシ、ケッコロ、ケンダイ、コタレカクシ、コトコト、コナナミ、ゴリゴリ、コロクラベ、ササイゴ、サセゴ、シカタハギ、シヨウマナコ、スネカ、スネカダクリ、ゼニナワイワイ、センザイロウ、ダイヤフク、タウエヨド、タラカイ、チャセゴ、トイトイ、トイワイ、ドウソジンノカンジン、トシトシ、トタタキ、トビトビ、トヘイビラキ、トヘウチ、トヨトヨ、トロヘイ、ナゴミ、ナゴミタクリ、ナナミタクリ、ナマハゲ、ナマミモチ、ナモミハギ、パカパカ、ハタケサンダン、バタバタ、バンナイ、ヒガタククリ、ヒヤハリ、ホエタショウガツ、ホトホト、ホメラ、マセエロウ、ヨイトブネ、ヨネントブネ、ヨロコビ、ワタカイ、ワラヨメジョ」である。

このような小正月の訪問者をさらに進展させて考察したのが、坪井洋文《つぼいひろふみ》（一九二九―一九八八）の「年中行事の地域性と社会性」（『日本民俗学大系』第七巻）であった。坪井はこの論文において小正月の訪問者を分類して、七種類のタイプ別とした。

（1）仮面または仮装の訪問者（主として青年集団）
（2）仮面仮装をしない訪問者
（3）子供の訪問形式
（4）嫁祝い（青年または子供の集団）
（5）鳥追い・土竜追い（主として子供の集団）

（6）厄年の者の訪問（男女および子供・大人を問わず）
（7）特別宗教者と特殊民

続いて、伊藤幹治《みきはる》（一九三〇―二〇一六）は「稲作儀礼の類型的研究」（『國學院大學日本文化研究所紀要』十・十二輯）において、性格別に分類したという。そして八系列に区分した。

（1）ナマハゲ系（ナマハゲなど11例）
（2）チャセゴ系（チャセゴなど4例）
（3）カセドリ系（カセドリなど11例）
（4）トタタキ系（トタタキなど15例）
（5）カユツリ系（カユツリなど6例）
（6）トロヘイ系（トロヘイなど5例）
（7）オイワイソ系（1例）
（8）その他（福の神など29例）

しかし、正月や小正月だけに来訪神がやってくるとは限らない。盆や旧盆にも来訪することが多い。それは時季の変わり目である。特に、南西諸島は時季の変わり目が顕著である。これを踏まえて全国の来訪神を説明することにする。まず、最初に、仮面仮装の来訪神の類型化をしたい。

（1）ナマハゲ系…ナマハゲ、ナゴメハギ、ナモミ、スネカ、アマハゲ、アマメハギ、アマメン、トシドン

（2）チャセゴ…チャセゴ、サセゴ

（3）カセドリ系…カセドリ、カセオドリ、カサドリ、カセダウチ、カセダウリ

（4）ホトホト系…ホトホト、コトコト、トロヘイ、カパカパ、トヘイ、トヘー、トロトロ、トノヘイ、トビトビ、オイワイソコトコト

（5）カイツリ…カイツリ、カユツリ

（6）南西諸島系…アカマタ・クロマタ、アンガマ、パーントゥ、フサマラー、ボゼ、マユンガナシ、ミルク、メンドン

表－14　来訪神の類型

	類型	名称
1	ナマハゲ系	ナガメヘズリ、ナモミ、スネカ、ナマハゲ、ナゴメハギ、アマハゲ、アマメハギ、アマメン、トシドン
2	チャセゴ	チャセゴ、サセゴ
3	カセドリ系	カセドリ、カサドリ、カセドリウチ、カセダウチ、カセドリウリ
4	ホトホト系	ホトホト、カパカパ、コトコト、トロトロ、トラヘイ、トロヘイ、トヘトヘ、トイトイ、トビトヘ、トヘイ、トーヘー、トービ、トビトビ
5	カイツリ	カイツリ、カユツリ
6	南西諸島系	アカマタ・クロマタ、ボセ、メンドン、アンガマ、ミルク、フサマラー

以上を大きく別けて、六つの類型とした。最初の（1）のナマハゲ系とは、青森県のナガメヘズリ、岩手県のナモミとスネカ、秋田県のナマハゲとナゴメハギ、山形県のアマハゲ、新潟県のアマメハギ、石川県のアマメハギ、福井県のアマメン、鹿児

島県のトシドンである。（2）のチャセゴは宮城県と岩手県南部と福島県に見られる。（3）のカセドリは青森県、岩手県、宮城県、山形県、福島県、神奈川県、佐賀県、熊本県、大分県、宮崎県、鹿児島県に分布する。（4）のホトホト系は、青森県のカパカパ、鳥取県のホトホト、島根県のホトホト、コトコト、トラヘイ、岡山県のホトホト、ゴリゴリ、コトコト、広島県のトロヘイ、トノヘイ、トロヘー、山口県のトロトロ、トロヘイ、トヘイ、徳島県のオイワイソコトコト、福岡県のトビトビ、トビである。（5）のカイツリは土佐から発祥して四国四県と岡山県のみである。（6）南西諸島は鹿児島県と沖縄県である。アカマタ・クロマタ、ホゼ、パーントゥ、メンドン、アンガマ、ミルクなどがある。

1　ナモミとスネカ

青森県

青森県のナガメヘズリは、昭和六十一年（一九八六）の青森県郷土館の風間村蛇浦の調査で大湯卓二が確認した。そして、『蛇浦の民俗』（青森県郷土館・一九八八）や『東北の鬼』（岩手出版・一九八八）に発表したのが初出である。これは小正月の晩に風呂敷を被って顔を隠し、手にバケツと出刃包丁を持って家々を訪れた。家では餅を与えた。

隣町の漁村の大畑町赤川でもチャホシと呼んで小正月に若者が面を被り、出刃包丁や鎌を持って、子供に訓戒の儀礼をして回って歩いた。

岩手県

岩手県においては小正月の来訪神は、かつては旧暦正月十五日が実施日だった。現在は一月十五日である。ナマミタクリ、ナモメタクリは久慈《くじ》市における小正月の訪問者は、子供らが仮面を被って餅を貰って歩いた。岩泉町下宿においてはナモミ、ナゴミといい、白髪の垂れた角のある面や黒面を被ってやってくる。下閉伊《しもへい》郡山田町では小正月の晩に、鬼面を被って仮装した若者が、不思議な物音を立てて騒然とやってくる。娘や子供を説諭し、酒を振る舞われて餅を貰って去って行く。これは鬼が怠け者の火斑《ひがた》を引き剝ぎにくると信ぜられている行事である。

釜石《かまいし》市においては古く青年の所作の大ナナミと童のふるまいの小ナナミに分かれており、恐ろしい神楽面を使用したという。土地によってはモーモーと鳴いてやってくるのでモウコとも呼んだ。これはお化けや鬼や妖怪と思われていたらしく、別にもガンボウなどと呼ぶものも出てきた。

岩手県陸中海岸南の大船渡《おおふなと》市や旧三陸町では、正月十五日の晩に二、五、七の年齢の厄年の若者や少年らが木製の鬼面や怖ろしい熊か山犬の面を被り、獣の皮や蓑笠《みのかさ》、手甲脚絆《しゅこうきゃはん》に両刀を帯びて、空俵を背負って家々を回った。これは怠け者を懲らしめるために脛の火斑を引き剝ぐといって来訪する慣習があったからである。このスネカが各戸を訪問する時には戸をガタガタと揺すったり、爪で引っ掻いたりした。そうすると家人は家のなかに招き入れて子供らに、「泣くか泣かぬか、いいつけを守るか、守らないか、おとなしくするかしないか」と説教する。それが終わると餅とお金を貰って立ち去って行くのである。このスネカとはスネカワタクリのことで、怠け者で寒さを嫌い、炉端にうずくまってばかりいる者は、自然と脛に火斑がつく。その怠け者を懲らしめるために、刃

岩泉のナモミ

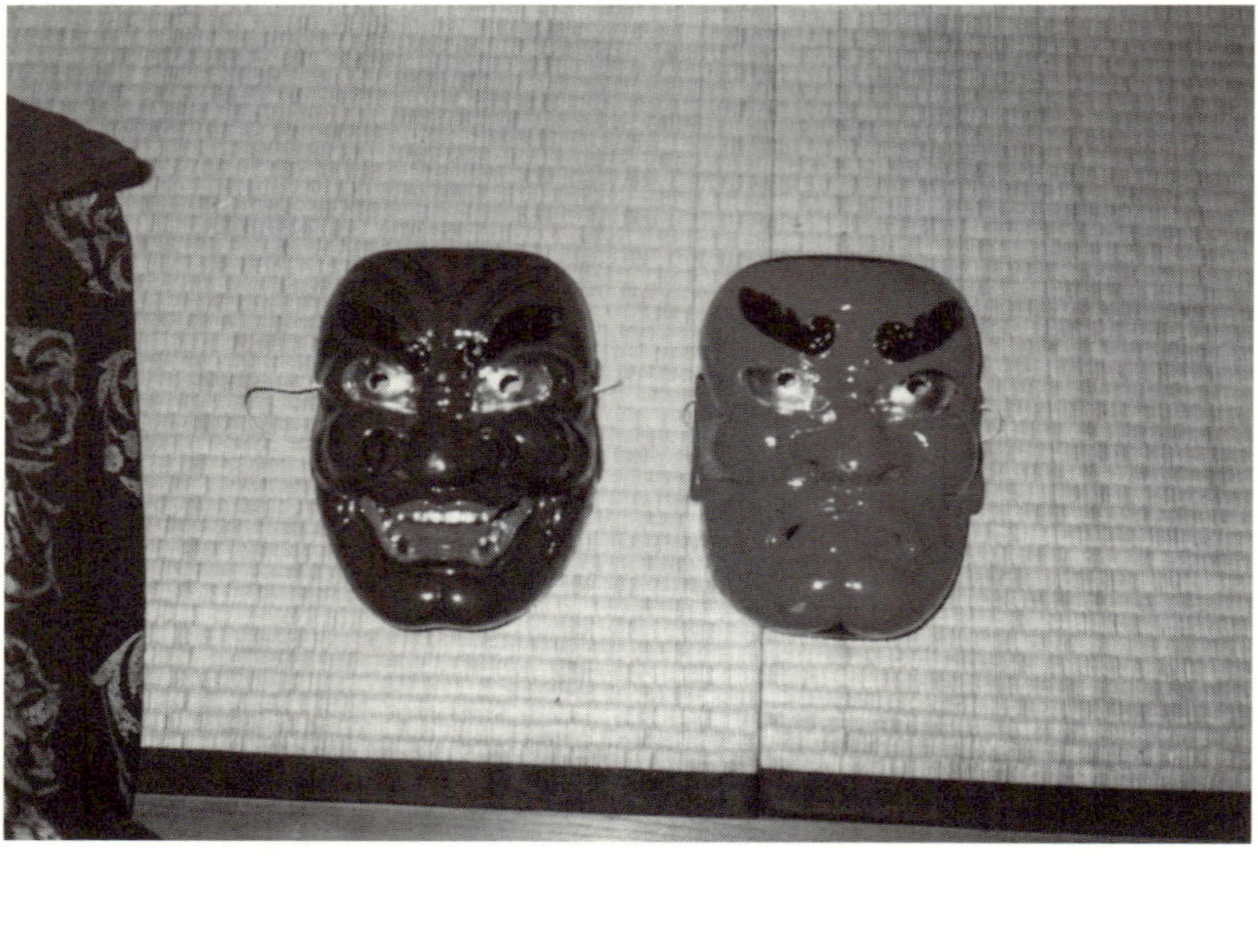

表−15　岩手県のナモミとスネカ

自治体名	ナモミ	スネカ
久慈市	ナモメタクリ、ナマミタクリ	
洋野町	ナモミ	
野田村	ナモミ	
普代村	ナゴミ、ナモミ	
田野畑村	ナゴミ、ナモミ	
旧田老町	ナモミ	
岩泉町	ナモミタクリ、ナゴミ、ナモミ	
旧川井村	ナモミタクリ	
旧新里村	ナゴミ、ナゴメ	
山田町	ナゴミ	スネカ
大槌町	ナゴミ、ナナミ、ナマミ	
宮古市	ナモミ、ナゴミ	スネカ
旧胆沢町	ヒガタタクリ	
釜石市	ナナミ、ナナミタクリ	スネカ
旧三陸町		スネカ
大船渡市	ヒガタタクリ	スネカ、スネカタクリ
陸前高田市	ヒガタタクシ、シカタハギ	

物で腰の皮をたくりにくるものをそういった。

「表―15」のように、岩手県北部、江戸時代の盛岡藩の領内ではナモミ、ナゴミ、ナモミタクリ、ナナミ、ナナミタクリといい、南の仙台藩の方ではスネカ、ヒガタタクリ、スネカタクリという。行事内容はほぼ同様であるが、名称の違いがその特徴である。現在も行なっている自治体は岩泉町下宿、洋野《ひろの》町種田、大船渡市三陸町吉浜である。

2　アマハゲ

山形県

アマハゲは山形県飽海《あくみ》郡遊佐《ゆざ》町の女鹿《めが》、滝ノ浦、鳥崎の三集落において行なわれている小正月の民俗行事である。本来は一月十五日が行事日であったが、戦後は小正月がなくなり、七

遊佐町女鹿の小正月行事・アマハゲ（写真提供：遊佐町教育委員会）

草粥を祝う七日正月《なぬかしょうがつ》を意味して次のように変更になった。滝ノ浦は、一度は正月五日にして、さらに、一月一日に移行した。女鹿が一月三日、鳥崎が一月六日になった。この三集落であるが、女鹿は昭和四十七年（一九七二）と四十八年に行事を休まざるをえなかったし、滝ノ浦も昭和五十二年（一九七七）と五十三年の二度中断する期間があった。旧態を伝えているのは鳥崎であるという。女鹿はアマハゲ面として日山番楽《ひやまばんがく》の面を使用し、滝ノ浦と鳥崎はアマハゲ行事の専用面を使っている。この行事の主体は、かつては若勢《わかぜ》であった。男子十五歳になるとアマハゲ行事の若者集団に加盟することになっていた。

鳥崎では岩倉、笠森、水坪《みずつぼ》の三鬼面が伝承されている。ケンダンと呼ばれる蓑様のものを一人五枚ずつ着用する。集落内鎮守の三上神社の社殿において準備をする。同様に、女鹿は八幡神社、滝ノ浦は大鳥神社である。アマハゲはケンダンを腰に一枚、胴に二枚、左右の両肩に一枚ずつ交互に着ける。ケンダンを着けると着膨れした状態になる。頭は手拭で頬被りをして面を被る。足に幅木を着けて、手に包丁と御幣《ごへい》を持つ。アマハゲは太鼓や笛や鈴をバックミュージックとして、「ハゲ、ハゲ、ハゲ」と叫びながら集落を一軒一軒回って歩いた。アマハゲは遠慮会釈なく、家のなかを一回りし、酒や餅の饗応を受けて子供に訓戒と、年寄に慈愛の言葉を残して乱調子を奏でるなかを去って行くのである。

女鹿のアマハゲの面は、赤鬼、青鬼、白髪で赤面のジオウ、カンマグレ、黒面のガンゴジの五匹であり、唱えごとや言葉を発しないで、産土神《うぶすながみ》の社や道祖神《どうそじん》の祠堂から出てきたものであるという。滝ノ浦のアマハゲは鬼面の名前はないが二人で被った。

なお、アマハゲは、平成十一年（一九九九）に国の重要無形民俗文化財に指定された。このアマハゲの道具類は男鹿のナマハゲと同様であることが、男鹿からの伝播の様子を物語っている。アマハゲの面に名前が付いているのはユーモラスさを表現しているといえる。バックミュージックは後で付与されたものであり、小正月の来訪神行事であると考えられる。

3　アマメハギ

新潟県

新潟県村上市大栗田《おおくりだ》のアマメハギは、正月行事の一つの区切りとして二十日正月《はつかしょうがつ》の晩に行なわれる行事であった。最初は二月二十日だったが、変更されて一月二十日に行なわれることになった。平成十六年（二〇〇四）と十七年は一時中断したが、保存会を設立して平成十八年から二十七年（二〇一五）まで一月六日に行なわれた。しかし、現在は途絶えてしまっている。

行事の主体は子供らであり、獅子頭を冠冕《こうべん》にして、天狗面、狐面を被った三人の子供が頬被りをして菅《すげ》で編んだ蓑を着て、手に擂粉木《すりこぎ》と大根《だいこん》卸金《おろしがね》を持ち、腰に漆桶を着けてカタカタと鳴らしながら集落の家々を回って歩いた。唱え言葉は「アマメハギマショウ」といった。家人は御供餅、団子、蜜柑、菓子を袋持ちの子供に与えた。このアマメハギ行事に参加できるのは小学生と中学生の男子であったが、女子も参加するようになったという。この行事は能登のアマメハギの影響が濃厚であった。『村上市史　民俗篇下巻』（村上市・一九九〇）によれば、秋田や山形のマタギによってもたらされたという説もある。

石川県

能登半島のアマメハギは、輪島市と能登町にて行なわれている来訪神行事である。旧門前町（現輪島市）は日本海に突き出ている能登半島の西北端に位置し、七浦地区と呼ばれ、海岸は断崖絶壁で奥能登第一の景勝地といわれている。産業は農業に求められず、魚介を産して好漁場と沿岸漁業が華やかだったが、不漁になると人々は都会へ流出して過疎の村となってしまった。アマメハギを伝承している旧門前町皆月《みなづき》と旧門前町五十洲《いぎす》は寒村の様相を呈していた。それがアマメハギ行事にも深く影響を及ぼしていた。それは七日正月の前夜の一月六日にアマメハギ行事を皆月、五十洲両地区で行なっていたが、出稼ぎから人が帰ってくる間に行事を行なうこととしたのであった。昭和四十三年（一九六八）頃に、五十洲は皆月と同様なアマメハギ行事を一月六日から一月二日に

輪島市門前町五十洲のアマメハギ。天狗面（上）・ジジ面（下右）・ババ面（下左）

変更したのである。この五十洲の事例を中心に説明する。

アマメハギ行事は集落の壮年会役員と若者が主体となる。宿は五十洲集落の北はずれの五十洲神社社務所が充てられる。アマメハギに扮する諸道具は、当日の一月二日午後五時から行事準備と打ち合わせと、天狗面、ジジ面、ババ面、コイドラ（袋担ぎ）の役割を分担する。かつては二十五歳の厄男が担当したが、大学生・高校生・中学生までにも弱年齢化している。分担説明が終わると、服装着付けで、天狗面は朱色の鼻高面に烏帽子《えぼし》、唐草模様の薄黄色狩衣《かりぎぬ》、薄青色と白地の指貫《さしぬき》、手に大幣《たいへい》、素足で足駄《あしだ》。ジジ面は眉太く眼光大開で獅子鼻で口を閉じた茶色面、薄水色の小袖に鎧《よろい》を着け、頭に兜《かぶと》を被り、灰色の括袴《くくりばかま》を穿く。手にノミと木槌を持ち、素足に下駄である。このジジが着けている鎧と兜は明治期に当時の役割に当たった人が用いてから常用となったという。ババ面は眼光深く、歯は全開、麻の白髪を乱した顔面、青地に十字模様の小袖を着て白色の括袴を穿く。手にはスリコギを持って、素足で下駄を履く。ただし、現在の若者は素足でも天狗面以外は道具としての下駄がなく、靴が普通とされている。

午後六時過ぎで準備完了、社務所から五十洲神社に参拝する。かつては、その際に天狗面、ジジ面、ババ面は一列に並び、区長や他の役員や世話役の主だった者も参列し、神主が到来して祓いをした。今は五十洲神社の外から拝殿を拝する程度となっており、御神酒《おみき》などはない。

五十洲は南北に長く、五十洲神社は北はずれにあるのでそこからアマメハギ行事を開始する。一軒一軒と順々に訪れるのは一年間の忌の家を除く全戸である。一行は天狗面、ジジ面、ババ面各一人にコイドラと称する袋担ぎが二、三人、提灯持ちが二、三人である。家に入る時は、「五十洲神社」と墨書された提灯持ちの壮年会役員が玄関を開ける。その家に入っていいかどうか尋ねる。家人が入ってよいとの許可を出すと、天狗面、ジジ面、ババ面の三人が家に入る。「じゃまもんがきんした」「なんだいもんがきんした」などの唱え言葉を語って家に入ることになっているが、現在はこの言葉はあまり使用していないようだった。

天狗面はその家の神棚の正面に進んで着座し、拝礼してから修祓《しゅうばつ》をする。その後に家の主人と「オメデトウゴザイマス」「ご苦労様です」の挨拶をかわす。一方、ジジ面とババ面は部屋より家のなかの子供を中心に脅かす。ジジ面は左手にノミ、右手に木槌を持ち、それをコンコンと叩きながら顔面を近づけてくる。ババ面は右手にスリコギを持ち、腰を屈め、「シューッシューッ」という唸り声とともに床や炬燵の周囲にスリコギを叩きながら、ジジ面と同様にその面妖な姿で擦り寄ってくる。こうしてしばらくの間ジジ面とババ面は家のなかの人を脅し続けていく。子供のいる家では泣いている場合と、しっかりと親の影に隠れている幼児もいる。これに対してジジ面とババ面は、「これからはいうことを聞くか」「勉強をするか」と問う。それに対して親も子も一緒になって「うんうん」と答える。それを聞くと、ジジ面とババ面は頃合いをみて退散する。そうすると家人が用意しておいた餅と蜜柑、または金を玄関でコイドラ係の小学生や中学生に渡す。以前は渡す役目は主人や子供が多かったが、最近は主婦の登場となっている。これは男鹿のナマハゲの場合も同様である。最後に提灯持ちが礼を述べて全員退出するのである。こうして一軒一軒訪問していくアマメハギの行事が終了するのは午後八時過ぎであった。行事が終了すると、五十洲神社社務所に戻って着替えをしてから帰宅する。

翌日になると午前十時から餅の宝引《ほうびき》をする。宝引とは福引《ふくびき》のことである。親を一人決めて参加者一人十円で数回引くことができることとする。餅は前夜のアマメハギで集めたものを並べておく。集落を東西に二分して、親は引く人数分だけを麻紐を配る。この紐に一文銭が付いているのが東西に一つずつある。この一文銭を当てた者が当たりであり、餅が三、四個配られた。このホービキはおよそ午前中のうちに終了する。ホービキで得た収入は壮年会の運営費に充てられた。

アマメハギの「アマメ」という言葉は冬期間の寒い日に囲炉裏や炬燵などに長く暖を取っていると赤い斑点が足にいっぱい付く、それをアマメといった。これを剝ぎ取ることを、すなわちアマメハギといった。旧門前町においては子供が長く囲炉裏や炬燵に暖まっていると、「アマメハギが来るぞ」とよくいわれたものだと語ってくれる人が多かった。

また、アマメハギが来る時に、「じゃまもんがきんした」「なんだいもんがきんした」というところを「邪魔者」とか「難題者」と解釈するのは誤りであり、これは「ジャマ紋」「ナンダイ紋」のことであって、紋様や斑文のことをいっているのである。すなわち脛や腿のところに付く赤斑のことを指している。このように行儀を悪くしている生活者に対して行儀直しにアマメハギを行なうことが一年のうちで最も大切な日としたのである。それを行なうのは神でなければならなかった。ゆえに、仮面仮装の姿をして一般人と区別したのであった。

アマメハギ行事は久しく能登半島で行なわれてきた。昭和五十四年（一九七九）二月三日には国の重要無形民俗文化財として指定を受けた。それは輪島市、旧門前町（現輪島市）、旧内浦町（現能登町）の三か所を一つに纏めて「能登のアマメハギ（輪島の面様年頭《めんさまねんとう》）」としたものであった。輪島崎神社神官は輪島の面様年頭はアマメハギではないというが、小倉学（一九一二―二〇〇三）は地元の古老から聞き出してアマメハギであるとする説を唱えた。面様年頭は一月十四日という小正月の前夜に行なわれている。さらに、旧門前町の行事も七日正月

表—16　能登のアマメハギ

実施場所	実施日	実施主体
輪島市門前町五十洲《いぎす》	1月2日	青壮年
輪島市門前町皆月《みなづき》	1月2日	青年会
輪島市輪島崎町	1月14日	面様年頭 串柿面と女郎面、小学生4人
輪島市河井町	1月14日	面様年頭 串柿面と上臈面、大人4人
輪島市大野町	1月第2日曜	赤鬼面と青鬼面 小学生・中学生
鳳珠郡能登町清真《きよざね》	2月3日	小学生・中学生＋大人
鳳珠郡能登町秋吉《あきよし》	2月3日	小学生・中学生＋大人
鳳珠郡能登町河ヶ谷《かがたに》	2月3日	小学生・中学生＋大人
鳳珠郡能登町宮犬《みやいぬ》	2月3日	小学生・中学生＋大人

の前夜に行なわれていた。旧内浦町は節分に行なわれる子供主体の行事となった。

過去に行なわれていたアマメハギ行事は、輪島市赤崎、小池、西二又《にしふたまた》、美谷《みたに》、深見、惣領、二ツ屋、名舟《なふね》、尊利地《そりぢ》、旧内浦町不動寺、行延《ゆきのべ》、山口、程谷《ほどだに》、山中、十八束《じゅうはっそく》、市之瀬があった。実施日は十二月三十一日、一月六日、一月十五日、二月六日と様々であった。

能登のアマメハギと男鹿のナマハゲとを比較すれば次の「表—17」のようになる。第一番目の実施日は、アマメハギは一月二日、一月十四日、二月三日と多様であるのに対して、ナマハゲはすべて十二月三十一日の固定日となっている。第二番目の行事の主体層のいわゆる担い手に関しては、アマメハギも、ナマハゲも所役の担当者確保に相当な苦労をしている。「表—17」からは判読できないが、実情から説明すれば、アマメハギの実施日の変更には苦労が隠されていた。地元では都会から戻ってくる担い手を待ち侘びての実施であった。ある地区では都会に進学した学生がアマメハギの担い手にな

表－17　アマメハギとナマハゲの比較

	アマメハギ	ナマハゲ
実施日	1月2日 1月14日 2月3日	12月31日
主体	青壮年、少年と大人	青壮年
人数	3人1組以上 2人1組以上	2人1組以上
面	木彫面	手作り、既製品
装着具	着物、ミノ	ケラミノ、ケデ、ケダシ
持物	スリコギ、ノミ、槌 片刃包丁	出刃包丁、手桶
伝説	アマメを剝ぐ	ナマメを剝ぐ 武帝説・異邦人説・修験者説

る報道が地元新聞紙面を賑わしていた。ナマハゲの方は、担い手確保を最優先と考えて、実施日を十二月三十一日に統一してしまった結果である。第三番目の人数は、毎年なんとか確保をしているというのが実情である。四番目の面についでは、アマメハギは木彫の物が作ってあるが、ナマハゲの方は手作りの独特の面が失われてしまっている。観光用の木彫面を使用するところが多くなってきた。五番目の装着具は、アマメハギは和服の着物なので何とか調達できている。ナマハゲはケデ、ケダシやケラミノである。六番目の持物は、アマメハギはスリコギ、ノミ、木槌という小道具類であり、ナマハゲは出刃包丁が必須のものである。七番目の伝説は、口碑によると、アマメハギはアマメを剝ぐ行事としている。ナマハゲはナマメを剝ぐ行事であるとするが、武帝《ぶてい》説、異邦人説、修験者《しゅげんじゃ》説といった伝説がある。この伝説があるので、その濃密さを誇れるほどの伝承性と継続性を習俗として保つことができたのである。

だが、能登のアマメハギも男鹿のナマハゲも民俗行事の時代性とその対応を迫られている。それは担い手とする行事主体層の確保と継続の問題と、アマメハギもナマハゲもその面の維持保管と面の伝承である。

輪島市輪島崎では、今は子供たちが歌われなくなった「面様ごうざった」というアマメハギに対する囃子唄《はやしうた》が残っていた。それは次のようなものであった。『重要無形民俗文化財　能登のアマメハギ　輪島の面様年頭』（輪島市教育委員会・一九八三）から紹介してみることにする。

「（その一）
面様ごうざった、面様ごうざった
どこまでごうざった
ゴロゴロ山の下までごうざった、
土産は何やった
アマから下がった串柿と
蜜柑を持って
ござった、ござった
（その二）
面様ござった、面様ござった
どこまでござった
クルクル山の腰までござった

お土産は何やった
アマから下った串柿と
まだ何やった
納戸のすまの甘酒や
ユウズリ葉を笠にして
笹の葉を蓑にして
五葉松テボ（杖）にして
さっさとごうざった、ごうざった」

この唄の歌詞は、歳神来臨の童歌《わらべ》「正月様ござった」と同じものを少しアレンジしたものである。今日では、高齢者であれば多くの方が記憶に残っているものである。

輪島市門前町皆月でも、かつて歌った囃子唄は、「アマ面様ござった、餅三つ出しとけや」というものだったと、地元の長岡健区長が語ってくれた。

4　アマメン

福井県

昭和五十九年（一九八四）に福井県立博物館（現福井県立歴史博物館）が建設された。その際に蒲生の左義《さぎ》長《ちょう》の二分の一の模型とともにアマメンの仮面二面が展示された。

アマメンはアッポッチャの行事に登場する鬼のような来訪神である。名前はアマメンのほかに、アマメサン、アマメハゲ、アマミオドシ、アマミツキ、アマミヤサン、アマメ、アモメ、アマミオコシ、アッポッチャなどと多くの名で呼ばれた。行事名のアッポッチャとは、「アッポ（餅）欲しや」といって家々を尋ねるのでこのように呼ばれるようになったという。

来訪神儀礼の行事が伝わる福井県丹生《にゅう》郡旧越廼《こしの》村蒲生《がもう》（現福井市蒲生）は、日本海に面した越前加賀海岸国定公園となっている風光明媚な場所である。この旧越廼村蒲生では古くから、正月六日の夜に来訪神の年中行事が行なわれてきた。しかし、この行事は年々衰退し、昭和四十年（一九六五）頃に一時姿を消してしまった。昭和五十一年（一九七六）十一月三日の越廼村文化祭の折に文化サークル「とうだい」が復元させて継承し、往時の伝説を纏めて仮面を作って行事を再現したが、正月行事としては復活しなかった。それが昭和五十八年（一九八三）に蒲生の年中行事として蘇った。平成二十六年（二〇一四）までは二月六日の午後七時頃に実施していたが、翌年より実施されなくなってしまった。

行事名はアッポッチャ（アッポッシャ）としているが、来訪神はアマメン、アマメサンと呼んでいる。青木捨夫（一九二五―二〇一八）の『越廼村の年中行事あっぽっちゃ資料』（自家版・一九八三）によれば、来訪神が訪問する時期は正月六日とし、「ムイカドシ」と呼んでいた。ムカイドシは正月七日が「ナヌカショウガツ（七日正月）」なので、「ムカイオドシ（六日脅し）」の転訛と思われる。来訪神のアマメン、アマメサンとは、家々に訪れる姿が海岸にいるフナムシ（船虫・油虫）に似ているところから方言でいう船虫の名のアマメ、アモメか

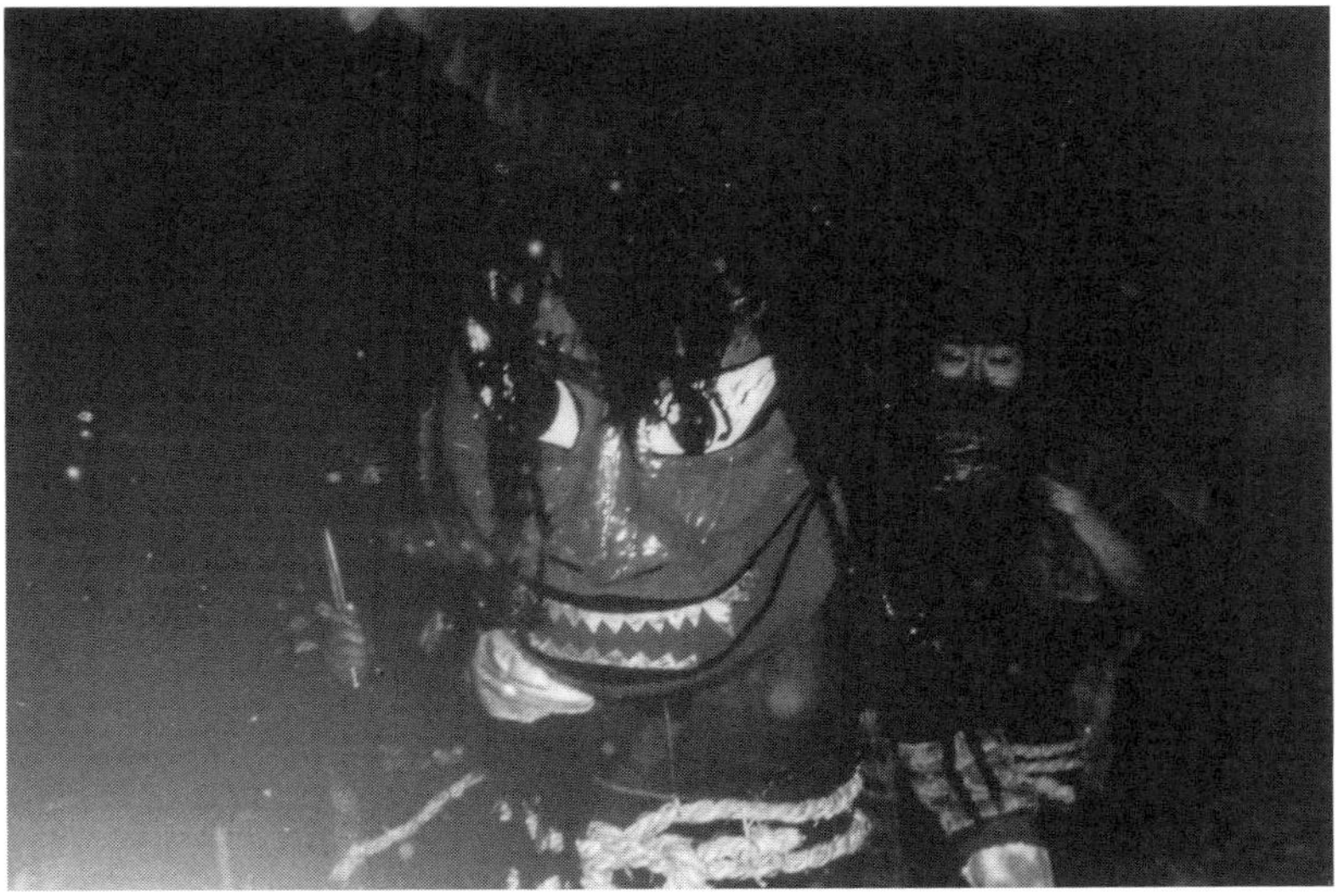

福井市蒲生のアマメン

ら付けたという。

アッポッチャ行事のアマメンの由来は蒙古人か、韃靼《だったん》人《じん》か、高麗人かの漂着人といわれている。アマメンの仮面作りは、「そうけ」という米揚《こめあ》げ笊《ざる》に紙を貼って真赤鬼顔、金色の目はつりあがり、口は耳まで裂けている。それに角を二本生やし、さらに、ホンダワラという海藻の髪の毛を振り乱している。服装は海からあがってきた姿のサックリという紺染めの麻の作業着を着ている。足は素足で藁草履か草鞋を履く。今は長靴かスノーブーツとなっている。

アマメンの巡回は三人ぐらいが一組になる。そして、茶釜の蓋をチーンチーンと叩いて集落内を歩き回る。子供のいる家に到着すると、玄関の戸をガタガタと揺るがせる。続いて、アマメンが無言で玄関からなかへ入り、子供らに普段の行ないを改めるように訓戒の言葉を述べる。子供が改心した頃合を見て、家人はアマメンに餅を与えて許して帰ってもらう。餅を貰ったアマメンは袋に餅を入れて、次の家へ歩いていく。

戦前は盛んだった行事も、戦後、餅を貰いに歩く行事が物乞いのようだとか、幼児に威嚇して恐怖心を持たせるとかの理由で急速に衰えていった。

アッポッチャの行事とは、怠惰を戒めて災厄を祓うための古から伝わるもので、来訪神は越前海岸沖の大岩の下に住む神様のアマメンであるといわれる。アマメンは船虫であると同時に「アマメ」といって怠けて囲炉裏に当たっていると、手足にできる赤斑のことをいっていた。

杉原丈夫の『越前若狭の伝説』（松見文庫・一九七〇）によれば次のようにある。「アッポッチャ（蒲生・茱《ぐみ》崎《さき》）毎年二月六日（昔は正月六日）にはアッポッチャと称して、十二才より十五六才の男女が頭にそうけ（ざる）をかむり、顔に墨、紅などを塗り、さっくりを着け、手に茶わん、なべぶたなどを持ち、石を打ち鳴らしながら、子どものある家を回って、『子どもを連れて行く』とおどし歩く。子どもらはアッポ（草餅）を与えて難を避ける。（中略）これはむかし蒙古人がこの海岸に漂着して、この村を回って子どもをさらって行ったから起ったとも、またこの海岸の大めぐりという岩からあまめやさんが出て来て、子どもをさらって行ったから起ったともいう」と。旧越廼村から三十キロメートル先に北上すると旧三国町《みくに》（現坂井市）がある。その旧三国町南本町《みなみほんまち》の性海寺《しょうかいじ》には渡来した韃靼人《だったん》の墓があるという。アマメンやアマメサンが異邦人に擬せられたことの深いわけがここにあった。

このほかに、福井市白浜で節分の行事としてアマメンが行なわれている。節分の日に町内の中学生が神明社に集まり、ボール紙で作った赤鬼と青鬼の面を被り、棕櫚《しゅろ》の木の枝で作ったミノを着てアマメンに変身する。神社

表－18　アマメンの実情

場　所	名　称	実施日	備　考
福井市白浜町	アマメン アマミヤサン	２月３日	現在実施
福井市荒木新保町	アマミオコシ	正月	昭和初年まで
丹生郡旧越廼村蒲生	アッポッチャ アマメ、アモメ	２月６日	2015年中止
南条郡旧河野村甲楽城	オドシ、アマミオコシ	小正月の前日	昭和初年まで
三方郡旧三方町	アマメハゲ	２月３日	消滅
今立郡旧今立町	アマミツキ	正月	消滅

参拝後に拍子木を叩いて町内を巡回する。家々を回って子供を見つけると訓戒したり、脅したりする。そして厄払いの礼、菓子や蜜柑を貰って次の家へ歩いていく。

また、昭和初期まであった福井市荒木《あらき》新保《しんぼ》町《ちょう》のアマミオコシは正月の仮面仮装の行事であった。

今立《いまだて》郡旧今立町南中（現越前市南中町《みなみなかちょう》）には、「アマミツキ」という言葉が残っている。アマミツキとは、「アマミ」という赤い斑点のことで、何もしないで囲炉裏にあたっている怠け者をいった意味である。

三方郡旧三方《みかた》町向笠《むかさ》（現三方上中郡若狭町向笠）には、アマメハゲという言葉が残っている。「鬼がアマメを取りに来るから、囲炉裏に足を踏み入れてはいけない」といい、子供を戒めるために鬼が来るのは節分の晩といわれている。

南条郡河野村甲楽城《かぶらぎ》（現南条郡南越前町）には、昭和初期までオドシという行事があった。正月の十四日から十六日までの三日間娘宿に泊まって夜明しをした。この娘宿に若者が仮面を被って女装して訪ねる習俗がオドシであった。この行事は子供の行事となり家々を回って餅や金を貰った。アマミオコシの行事がこのような形で残ったと思われた。

行事の実施日はアマメン、アマミヤサン、アマメハゲが二月三日、アマミツキ、アマミオコシが正月、アッポッチャが昔は一月六日で以後は二月六日、オドシが正月十四日で小正月の前の晩であった。実施日が正月六日、正月十四日、二月三日と分かれているが、いずれも年越しといわれる日の夜に現れる。節分は立春の前の日で、この日で冬の季節が終わり、春に変わるのである。立春を正月の元日とする考えもあるので、節分も年越しの一種である。

アマメサンという来訪神が出現するアッポッチャという行事は小正月の来訪神が江戸時代より年中行事化したものであると、旧越廼村ではいわれてきた。海岸から子供のいる家へ訪れ、子供に訓戒をして許してやり、家人から餅を貰って立ち去る形式をとる来訪神である。

これら福井県の来訪神行事は石川県の能登半島のアマメハギ行事と共通するところがある。また、アッポッチャの口碑伝承で大陸からの渡来人を想定しているところは、男鹿のナマハゲ行事の三伝説の一つの異邦人説とも類似している。

5　トシドン

鹿児島県

下甑島《しもこしきじま》におけるトショイ（大晦日）の行事である。トシドンは仮面と藁蓑を着けて、その周囲に棕櫚の皮や蘇鉄《そてつ》の葉の髪を振り乱し、鉦《しょう》や戸板を激しく叩いたり、地を踏み鳴らしたり、獣の啼き声を発したりして騒然とやってくる。そして、子供らにいろいろと説諭してからトシモチ（歳餅）という餅を与えるのである。この餅は歳を一つ取ることができる年玉の餅といった。これがお年玉である。

トシドンは歳神様と伝えられて、天道《てんどう》に住み、大晦日に首の切れた馬に乗ってきたという。鈴を鳴らして、村近くの山に降り、そこからやってくると信ぜられている。この行事は平家の落人が残党狩りの恐怖とそれに備える意味の油断自戒から始まったものという説もある。昭和五十二年（一九七七）に国の無形民俗文化財に指定された。

屋久島《やくしま》の宮之浦においてもトイノカンサマ、トシノカミという大晦日の行事があった。村の若者が子供らを説諭して餅を与えた。若者は仮面を着けて仮装して鉦を鳴らして家々を訪問したという。これは下甑島のトシドンの伝承が伝わったものであった。また、明治十九年（一八八六）の下甑島飢饉の際に種子島の牧《まき》地域に移住した人々もトシドン行事を継承して西之表《にしのおもて》市などにトシトイドンと称して流布させたという。

6　チャセゴ

二代目十返舎一九《じっぺんしゃいっく》の『奥羽一覧道中膝栗毛』の第四篇巻之下「仙台年中行事」のなかにチャセゴという習俗が紹介されている。それは次のようであった。

「チャセンコと里俗唱ふ。疱瘡前の小児、袋を首にかけ、七軒のいへを廻り、餅をもらふなり。そのことばに『明の方からチャセゴがまゐりました』といひて家々をめぐるなり」と。意訳すれば、チャセゴという習俗があった。疱瘡前の子供に首に袋を下げさせて、家七軒を回って餅を貰うのであった。その言葉に「明《あ》きの方からチャセゴが参りました」といって家々を巡ったということ。

藩政時代より仙台領であった岩手県南と宮城県全域と福島県の一部に伝承されていたチャセゴ、サセゴは、小正月の十四日か、十五日に、子供らが家々を訪問して餅を貰う習俗であるといわれたが、その性格が不明とされていた。

しかし、江戸時代の紀行家・菅江真澄《すがえますみ》は、天明六年（一七八六）の日記『はしわのわか葉』に次のように、サセゴを記録して解説をしていた。

「(五月) 廿一日（中略）田の面には、やがてうゐわたらむ料に、こひぢかいならし、長やかの竹綱して馬くり廻しありりく。その竹綱とる女をさせごといふ。また畔どなりには早苗採り、家々にて養蚕にいとまなみ桑こきちらし、けこ、ちゝご、たかご、ふなご、にはごなンど、女ノ童桑とりありく。また田うゝる日は上下なそへなう、いと〳〵長き萱の折箸にて、ものくふためし也。田面に在りては、朴のひろ葉の小豆の飯は、いづこもおなじ」と。

これを意訳すれば、田の面は、まもなく田植えを始める用意の泥を掻くために、長い竹綱で馬を引き回していた。その竹綱を取る女をサセゴという。また、畔《あぜ》どなりでは早苗を植える準備をし、家々では養蚕に忙しく、桑を刈ってきて蚕《かいこ》にやり、蚕の卵からかえったばかりのものをケゴといい、一眠が終わるとチヂゴ、二眠が終わるとタカゴ、三眠が終わるとフナゴ、四眠が終わるとニワゴといった。毎日、女の子が桑を採りに行っている。この辺で田植えの日には地元の人はたいへん長い萱《かや》の折箸で食物を食べる習わしがある。田圃では朴の広い葉に小豆飯《あずきめし》を盛って食べる風習はどこでも同じであると思った。

岩手県

旧湯田《ゆだ》町（現西和賀《にしわが》町）では、正月十五日の晩に子供たちがサセゴといって家々を回った。家では餅を二個ずつ与えたという。

陸前高田《りくぜんたかた》市では、十五日の夜「明きの方からサセゴに参った。こちらの旦那様、お祝いどっさり、お米の団子どっさり、お米の餅どっさり」などといって、家々を回って歩いた。

気仙《けせん》郡住田《すみた》町でもサセゴとカセドリが混交していた。子供らが家々を回って餅を貰った行事のカセドリの際の囃子唄《はやしうた》に次のようにあった。「ご祝いご祝い　ご祝いアキの方からサセゴが参る　こちらの旦那様ご祝いドッサリ　稗団子ヤーンタ　米団子がエー」「アキの方からサセゴが参る　お米の団子ドッサリ　お米の餅ドッサリ ケラッセァー」「カセドリカッコ　ご祝いドッサリ　粟餅ヤーンタ米の餅ドッサリ　ケラッセアー　ケラッセアー」と。

大船渡《おおふなと》市においても「カシオドリこれはサセゴとカセドリとも呼ばれた」としていた。

宮城県

気仙沼《けせんぬま》市においては、正月十四日の晩に女子が小笊《こざる》を持って「チャセンください」と、いいながら家々を回った行事があった。家人は小銭か米を与えた。また、厄年の者が「明きの方からチャセンコ参った」といいながら七軒から餅や米を貰って、それを食べると厄逃れになるといった。この地域では、昔、貧しい人らが茶筌《ちゃせん》を拵えて餅や米を買ったことより起こったという。そして、ここではサセゴを、ちゃせんこ、茶筌子、茶旋子と書いた。

旧牡鹿《おしか》町（現石巻市）新山《にいやま》では、十五日にチャセゴが行なわれた。寄磯《よりいそ》では十四日夜に行なわれた。子供や身体の弱い人がチャセゴをした。他人にわからないようにと頬被りして、着物を被って顔を隠した。門口で合図に算盤を鳴らして物を貰って歩くのであった。

旧雄勝《おがつ》町（現石巻市）では、チャシヤゴと称して三歳と九歳になる子供らは厄年であるといっていた。十四日の夜に自分の年の数だけ他所の家から貰った餅を食べると難を逃れるという俗信から、カツノ木で作った棒で拍子をとりながら家々を回り訪ねて餅を貰うのであった。

旧河北《かほく》町飯野川《いいのがわ》（現石巻市）では、十四日の夕方になると、九歳と十三歳の子供たちが厄年なので、自分の年の数だけ他家の餅を食べると厄払いになるという迷信から隣近所から餅を貰って歩く風習があった。

旧河南《かなん》町（現石巻市）では、昔、餅の搗《つ》けない下級武士が子供の髪を結い、自らは覆面をして、夜に農家の表に立って刀の鞘尻で雨戸を叩いて餅を請い歩いたことから始まったという。

石巻市では、九歳と十三歳は子供の厄年なのでチャセゴの餅を数だけ食べると難を逃れるという。

旧桃生《ものう》町（現石巻市）では、十四日の夜に子供らがチャセゴといって餅を貰いに歩き回った。

旧津山町（現登米《とめ》市）では、茶先児といって子供たちが各戸から餅を貰って歩いた。

旧豊里町（現登米市）では、十四日、茶先児と称して子供が家々から餅を貰い歩く慣習があった。小学校から教育上弊害があると禁じられた。

旧登米《とよま》町（現登米市）では、十四日の晩に、女が数人頬被りして袋を持ち、または子供らが連れ立ってチャセゴ唄を歌いながら家々を訪れて餅を貰って歩いた。

旧米山《よねやま》町（現登米市）でも十四日夜に、「メッタ、メッタ、ナニモッテメッタ、フクロモッテメッタ」とはやしながら餅を貰うチャセゴの慣習があった。

旧金成《かんなり》町（現栗原市）では、正月十四日の夜から十五日の朝まで子供たちが、「明きの方からチャセンゴが参った」と唱えて、家々へ回り餅を貰った。貰った餅を厄年の人の家へ持って行き厄払いといった。

旧若柳町（現栗原市）では、疱瘡《ほうそう》前の子供に晴れ着を着せて、首に飾り袋を掛けて七軒の家を回って、「明きの方からチャセゴが参りました」といって餅を貰って歩いた。その後に子供らが「銭持ち金持ち、こっちの旦那様身上持ち」などといって物や銭を貰って歩いたが消滅した。

旧志波姫《しわひめ》町（現栗原市）では、十四日の晩に子供らが各家を回って餅を貰った。

旧栗駒《くりこま》町（現栗原市）でも十五日に幼年の男女が各戸の門を叩いて米や銭を貰った。

旧　鶯沢《うぐいすざわ》町（現栗原市）では、十五日の夜になると子供らが四、五人組を作って、チャセゴといって家々を訪れて餅を貰った。貰った餅は焼いて食べたという。

旧花山村（現栗原市）では、チャセゴといって、子供らが餅を貰って回る慣習があったが自然に廃れた。

旧一迫《いちはざま》町（現栗原市）では、子供たちが各戸を回って祝福を受けた家から餅を貰った風習は、今はなくなった。

旧築館《つきだて》町（現栗原市）では、子供らが数人組んで「明きの方からチャセゴが参った」と唱えお金や餅を貰った。

旧瀬峰《せみね》町（現栗原市）では、正月十四日に子供たちが「チャセゴといい」家々から餅を貰う行事があったが今はなくなった。

旧高清水《たかしみず》町（現栗原市）では、子供らが「明きの方からチャセゴに参りました」といって銭や餅を与える習わ

旧瀬峰町		チャセゴ
旧高清水町		チャセゴ
旧古川市		チャセゴ
旧小牛田町		チャセゴ
旧三本木町		チャセゴ
旧鳴子町	カセドリ	チャセゴ
旧岩出山町		チャセゴ
旧涌谷町		チャセゴ
旧南郷町		チャセゴ
旧田尻町		張仙児
色麻町		チャセゴ
旧小野田町		チャセゴ
旧宮崎町	カセドリ	チャセゴ
旧中新田町		チャセゴ
七ヶ浜町	カセドリ	チャセゴ
多賀城市		チャセゴ
利府町		チャセゴ
仙台市	カセドリ	チャセゴ
大衡村		チャセゴ
旧秋保町		サセゴ
旧泉市		チャセゴ
旧宮城町		チャセゴ
旧富谷町		チャセゴ
大河原町		チャセンコ
蔵王町		チャセゴ
七ヶ宿町	カセドリ	チャセゴ
岩沼市	カセドリ	チャセゴ
角田市	カセドリ	チャセンコ
丸森町	カセドリ	チャセゴ
山元町	カセドリ	チャセンコ

6　チャセゴ

表－19　宮城県のカセドリとチャセゴ

自治体名	カセドリ	チャセゴ
気仙沼市	カセドリ	チャセン
旧唐桑町	カセドリ	
旧本吉町	カセドリ	
旧石越町	カセドリ	
旧中田町	カセドリ	
旧東和町	カセドリ	チャセゴ
女川町	カセドリ	
旧志津川町	カセドリ	カセゴ
旧牡鹿町		チャセゴ
旧雄勝町		チャシャゴ
旧津山町		茶先児
旧豊里町		茶先児
松島町		チャセゴ
旧河北町		チャセゴ
旧矢本町		チャセゴ
旧北上町	カセドリ	
石巻市		チャセゴ
旧河南町		チャセゴ
旧鳴瀬町		チャセゴ
旧桃生町		チャセゴ
旧登米町	カセドリ	チャセゴ
旧米山町		チャセゴ
旧金成町		チャセゴ
旧若柳町		チャセゴ
旧志波姫町		チャセゴ
旧栗駒町		チャセゴ
旧鶯沢町		チャセゴ
旧花山町		チャセゴ
旧一迫村		チャセゴ
旧築館町		チャセゴ

しがあった。物貰いのように感じられ、大正末期にはほとんど見られなくなった。

松島町においては、正月十四日の夜に子供たちや厄年の者が家々を訪ねて、「明きの方からオジャセゴに来たす」と唱えて家々から餅を貰った。子供だけでなく大人も訪れて、顔を見られないように戸口から柄杓だけを差し出した。また、若者が女装して芝居の真似や踊りをして家々を回った。

旧鳴瀬《なるせ》町（現東松島市）では、チャセゴといって厄年に当たっている男女が家々を訪れて餅を貰って歩いた。

旧矢本《やもと》町（現東松島市）では、十四日に、「明きの方からチャセゴに参った」といって、「銭持ち金持ち宝持ち、こちらの旦那様宝持ち」などと唱えて銭や餅を貰った。チャセゴは茶先児で茶先のような髪を結ぶ児の意味といわれた。

旧小牛田《こごた》町（現美里《みさと》町）では、夜になると子供たちが戸毎に餅や銭を貰う風習があった。これをチャセゴあるいは「ちゃ銭もらい」といった。

旧南郷町（現美里町）においては、男十五歳と女九歳は厄年であったが、近所の子供らと一緒になって、「明きの方からチャセゴが参った」といいながら家々を回って年の数だけ切餅を貰った。

旧小野田町（現加美《かみ》町）では、厄年の人は十五日に七軒から餅を貰って歩くと厄を逃れるといった。

旧宮崎町（現加美町）でも十五日にチャセゴがあった。

旧中新田《なかにいだ》町（現加美町）でも厄年に当たる人は七軒から餅や銭を貰い集めると難を逃れるといった。

色麻《しかま》町では、「恵方からチャセゴにきました」と唱えながら子供たちが家々を回って餅を貰った。

涌谷《わくや》町でも十四日の晩にチャセゴがあった。

旧古川市（現大崎市）の正月十五日の夜から十六日の早朝にかけては、子供たちと厄年の男がチャセゴに出た。笊をもって一軒一軒訪問して「明きの方からチャセゴにきした」といって餅を貰った。これは正月に来臨する神の姿を子供が演じているとされ、呼び寄せた神は「来させ児」の意味であるといった。

旧三本木町（現大崎市）では、十五日の夜にチャセゴといって、小さい男女の子供らが、「明きの方からチャセゴに参った」といって餅や銭を貰った。これは年中の災厄を免れるという迷信からの行事であった。

旧鳴子《なるこ》町（現大崎市）では、厄年の子供が夕刻になると、「明きの方からチャセゴが参った」といって家々から餅を貰って歩いた。七軒から貰うと災厄から逃れられるといった。

旧岩出山《いわでやま》町（現大崎市）では、子供たちが「明きの方からチャセゴに参った」といって、家々を回って歩いた。訪問された家では切餅や飴《あめ》を紙に包んで渡した。

旧田尻町（現大崎市）では、正月十五日の晩に厄年に当たる子供たちはチャセゴに歩いた。ここではチャセゴを特に「張仙児」と書いた。

七ケ浜《しちがはま》町では十四日に子供が袋を担いで、「明きの方からチャセゴにきました」といって、家々を回り歩いた。

多賀城《たがじょう》市でもチャセゴといって、十四日の夜に若者が仮装して一団となって「明きの方からチャセゴに来ました」と家々を訪れて、歌い踊りをして、祝儀を受けた。二、三日後に若者たちはチャセゴビラキといって適当な家に集まって祝儀でもって飲食をした。

利府《りふ》町では、十四日の晩に、子供たちが三々五々「明きの方からチャセゴに来ました」といって家々を回った。家では切餅や小銭を与えた。

仙台市では、疱瘡前の子供に晴衣《はれぎ》を着せて首に袋を掛け、七軒の家を巡り「明きの方からチャセゴが参りました」といって、餅を貰って食べさせると疱瘡が軽く済むといわれた。また、二、三人組の子供が家々を訪れて、「銭持ち金持ち宝持ち、こっちの旦那様お金持ち、お祝いなすてくなえ」といって、金や餅や蜜柑などを貰って歩いた。貰えないと、「銭なし金なし宝なし、こっちの旦那様しゃからなし」などといったという。

旧秋保《あきう》町（現仙台市）では、家々に「明きの方からチャセゴ貰いに来ました」といって餅を貰って歩いた。

旧泉市（現仙台市）では、十四日の晩に集落内の子供ら数人で家々に立って「明きの方からチャセゴに来ました」と呼びかけた。家人が出て来て、餅を与えた。厄年の大人も覆面をして餅を貰ったという。

旧宮城町（現仙台市）十五日の夜に各家を回って「チャセゴ参った」と三度叫ぶと、餅や金を与えられた。

旧中田《なかだ》町（現仙台市）では、十四日はチャセゴと称して、子供らが四、五人で隣近所の家々に餅を貰いに歩き回った。

大衡《おおひら》村では、十四日の晩に厄年に当たった男女が「明きの方からチャセゴにきした」といいながら家々を訪れて餅を貰った。

旧富谷《とみや》町（現富谷市）では、十四日の夜にチャセゴといって子供らが家々を回り歩いて餅を貰う慣習があった。

岩沼市では、子供らが「明きの方からチャセゴに来ました」と唱えながら家々を回って餅を貰って食べたものだったという。

大河原町では、十四日の夜に、「明きの方からチャセンコに来たす」といって、袋を持った子供たちが家々を回り歩き餅や蜜柑を貰った。厄年の大人でも七軒の家から貰った餅を食べると厄落しができるといわれていた。

蔵王町《ざおう》では、夜にチャセゴといって子供らが回ってきて餅などを貰って歩いた。七ヶ宿町《しちかしゅく》でもチャセゴと呼んで広く行なわれていた。

山元町では、子供たちが「明きの方からチャセンコきした」といって鼻をコンコンと鳴らした。

角田市《かくだ》でも子供らが「明きの方からチャセゴに参った」などといって餅を貰い歩いた。

丸森町では、子供たちが「明きの方からチャセゴにきした」といって家々を回って餅や蜜柑を貰った。

福島県

相馬市《そうま》ではカセドリと厄流しがあった。カセドリとチャセゴが混然と一体となっていた行事であった。正月十四日の晩に、「カセドリほいほい、明きの方からチャセンコに来た。こんこん株買っておくれ」といった。

岩手県南と宮城県内の、いわゆる旧仙台領内のチャセゴには、様々な表記の仕方があった。例えば次のようになる。

「ちやせんこ」「茶筌子」「茶施子」（宮城県気仙沼市）
「茶先児」（宮城県旧豊里町、旧矢本町）
「茶筅児」「張仙児」（宮城県旧河南町）
「茶勢子」（宮城県旧築館町）
「ちや銭」（宮城県旧小牛田町）
「来させ児」（宮城県旧古川市）

「サセゴ」（岩手県陸前高田市《りくぜんたかた》、住田町、旧湯田町）

「チャセゴ」（宮城県仙台市、石巻市、登米市）

チャセゴの発音の「チャ」はお茶のことではない。それは「サ」の転訛であり、本来の発音は、「サセゴ」である。これは菅江真澄《すがえますみ》が日記に記したとおりである。そして、サセゴとはサセトリ子のことである。農耕馬の鼻を取る仕事をする人であり、それは女や子供が多かった。もしも豊作でたいへん忙しい農作業の際に、農家に手伝人が入ってきたらうれしい限りである。小正月に農事の模擬実演・サセゴを仮りに行なってくれる人に祝儀をはずむという予祝《よしゅく》行事である。これがたんに物貰い同様の行動になり、廃れていったのである。農家ではサセゴを依頼したいくらい豊作になることを予め祝っておき、そして願った年中行事が、このサセゴという小正月の訪問者という俳優《わざおぎ》である。俳優とは技《わざ》でもって農事表現をした人である。それが藩政時代から続いていたので、下級武士が登場したりして、サセゴという年中行事が厄祓いに効果があるなどと解釈されてきたのである。さらに煩雑にしたのは、チャセゴを「茶筅児」「茶筌児」「茶旋子」「ちゃ銭」「来させ児」「茶勢子」などという表記が生み出されて、理屈が付与されてきたからである。それが自治体史に記載され、ますます意味不明になってしまった。

チャセゴは仮面仮装をしていない。来訪神というよりは小正月の俳優《わざおぎ》行事である。来訪神とするのは担い手が子供だからである。子供は大人より神の姿に近いといわれてきたからである。子供の厄祓いはサセゴで、大人のそれはカセドリとしている地域もあった。

7　カセドリ

青森県

青森県におけるカセドリの事例は、菅江真澄が下北半島の田名部《たなぶ》（現むつ市）で見て、寛政六年（一七九四）の日記『奥の手風俗』に記録していた。

「正月十四日、夕附行ころ、ちいさきおしき（折敷）やうのものに、益等雄の春田うつさまをかたしろにつくりて、すき、くは持たせて、これを童の手にとりもちて門々にむれ入り、『春のはじめにかせぎどりまゐりた』と叫ぶに、どちの方からととふ。あきの方からといらふは、去年見しにふりことならず。近き里にて此かせぎどりは、もゝふ（桃生）、ゐざは（胆沢）、いわゐ（磐井）、とよめ（登米）のこほりぐ〵に在にひとしう、あげまきら、みのうちき、こしに鳴子かけてつえつき、さはにむれありきければ、それらが友にあひて雌なるか雄かととふに、おどりとこたふれば闘鶏のふるまひをなしけるにおぢて、めどりとのいらへすれば、さあらば、たまごをわたすべしとて、ひたにもらひたるもちひなど、みなとられけるとなん」と。

これを意訳すれば、正月十四日の夕方に子供たちが、角盆の上に鋤《すき》や鍬《くわ》にて春田を打つ人形を載せて、家々へ訪ね回った。「春のはじめにカセギドリに来ました」というと、「どちらの方から来ましたか」と問われる。「明きの方から」と答えるのは昨年見たものと同じ行事内容である。近くの里で行なうカセギドリは、仙台領の桃生《ものう》、胆沢《いさわ》、磐井《いわい》、登米《とよめ》の各郡でしていた。子供らが蓑笠《みのかさ》を着て、腰に鳴子《なるこ》を付けて杖をつき、大勢で群れになって歩いていた。それらが仲間と出会うと、雌か雄かと問われ、雄鶏と答えると闘鶏の真似をするので、それに恐れて雌鶏と答えると、卵を渡せといわれ、せっかく貰った餅を全部取られるのだそうだと。

むつ市奥内でも十四日に子供会によってカセドリ行事が続けられていた。

旧川内《かわうち》町（現むつ市）下小倉平では子供らが二、三人組になって「明きの方からカセドリ参った参ったカパカパ」「春の初めにカセドリ参った祝ってください」などといいながら家々を回って餅を貰った。これはカセドリとカパカパが混じり合っている事例であった。カパカパとは、子供らが「図―7」（三〇〇頁）のようなカパカパ人形を持って家々を歩き回った行事からついた名前である。

下北郡東通《ひがしどおり》村でも、カセドリに参ったといいながら、小さな権現様《ごんげんさま》（獅子頭）を持って、家々を回って餅やお金を貰った。

岩手県

岩手県のカセドリは菅江真澄の日記『かすむこまかた』に、次のようにあった。

天明六年（一七八六）正月「十二日つとめて、小雪ふりていと寒し。午うち過るころより若男等あまた、肩と腰とに『けんだい』とて、稲藁もて編る蓑衣の如なるものを着て藁笠をかゞふり、さゝやかなる鳴子いくつも胸と背平とに掛て、手に市籠とて、わらの組籠を提て木螺吹きたて、馬ノ鈴ふり鳴し、また銜ノ鳴リがねといふものをうちふり、人の家に群れ入レば、米くれ餅とらせぬ。うちつゞきかしましければ、『ほうほう』と声を上ゲて追へば、みな去ぬ。また、ものとらせて水うちかくるならはし也。こはみな村々のわかき男ども、身に病な

表－20　岩手県のカセドリとチャセゴ

自治体名	カセドリ	チャセゴ
岩泉町	カセドリコ	
遠野市	カセギドリ	
旧大迫町	カセギドホリ	
旧石鳥谷町	カセドリ	
旧東和町	カセギ鳥	
北上市	カセドリ	
旧三陸町	カシオドリ、カセドリ	
大船渡市	カセオドリ	サセゴ
陸前高田市	カセドリ	サセゴ
旧大東町	カセドリ	
旧藤沢町	かせどり	
佳田町	かせどりかっこ	チャセゴ、サセゴ
旧水沢市	かせどり	
旧江刺市	かせどり	
旧胆沢町	カセドリマツリ	
旧衣川村	かせどり	
一関市	カセドリ	
旧東山町	カセドリ	
金ヶ崎町	加勢踊り	
平泉町	カセドリ	
旧湯田町		サセゴ

きためにする、まじないといへり。追へば、『けゝろ』と鶏の鳴まねして深雪ふみしだき、どよめき、さわぎ、更るまでありく。是を鹿踊、また弄鶏といえり」と。

これを意訳すれば、十二日は朝から粉雪が降っていてひじょうに寒かった。昼頃から、若者らが大勢で肩と腰とにケンダイという稲藁の蓑を着て、笠を被って集まってきた。鳴子を胸と背につけて、藁で作ったイヂコという手籠を提げていた。木貝を吹いて、馬鈴《ばれい》や轡《くつわ》の鳴り鉦《かね》を振り鳴らして、人の家に入ってくると、米や餅を貰った。やかましく騒ぐと鶏を追い払うように「ホウホウ」と声をあげると、皆去ってしまった。餅を与えてから水を掛ける風習があった。これは村々の若者が無病息災のためにする呪いであるという。追い払うと、「ケケロ」と鶏の鳴き真似をして逃げた。深い雪を踏みちらして、どよめき騒ぎながら夜の更けるまで歩き回った。これを稼ぎ踊り、カセドリといったという。

岩泉町のカセドリは子供らが三々五々「カドリコが参った」といって家々を訪問した。

遠野《とおの》市土淵では昔カセギドリという行事があった。

旧大迫《おおはざま》町（現花巻《はなまき》市）一月十五日にカセギドホがあった。

旧石鳥谷《いしどりや》町（現花巻市）では小正月十五日夜に数名の少年が一団を組んで、風呂敷で顔を覆いカセドリとして家々を訪ねて餅を貰った。

旧東和《とうわ》町（現花巻市）十五日の夜にカセドリとして二、三人で組になり変装して家々を歩き回った。柄杓を持って餅や蜜柑の祝儀を貰った。カセドリに歩く人は子供、若者、厄年の男女など誰が歩いてもよかった。たまには水も掛けられた。

北上市では小正月十五日に若者らが集まってカセドリとなった。「カセドリコンコン、カセドリコンコン粟餅やんだ、米餅ええ、酒っこええ」と呼びかけた。若者にとっては稼ぎ取った獲物を広げて、飲み明かした夜遊びだった。

旧三陸町（現大船渡市）では火事を防ぐために火制鳥や火精鳥と書いた。各家では水を用意して置き、無病息災を祈ってカセドリに水を浴びせた。

陸前高田市ではカセドリはサセゴと似た行事であったという。十五日に子供らが網元や船主の家にカセドリと称して祝詞《のりと》を唱えながら訪問して歩いた。訪問先の家では米や餅や銭を与えた。カセドリは若者、サセゴは子供の行事としていた地域もあった。

住田町では正月十五日の夕方から夜遅くまでカセドリ行事を行なった。子供らは全員参加であった。二、三人が一組になって「お祝い、お祝い、お祝い、アキの方からサセゴが参る、こちらの旦那様お祝いドッサリ、稗団子ヤンダ、米団子がエエ」「カセドリカッコ、お祝いドッサリ、粟餅ヤンダ、米餅ドッサリ、ケラッセア、ケラッセア」といって家々を回って歩いた。

一関市《いちのせき》では一月十五日はカセドリといって子供たちが四、五人連れでカタカタと音を鳴らしながら集落内を訪問した。「参った、参った、カセドリ参った」と唱えた。家人が切餅を与えた。

旧東山町《ひがしやま》（現一関市）では十五日より三日間はカセドリなどが門付《かどづ》けして餅を貰った。

旧大東町《だいとう》（現一関市）では小正月十五日は子供らが、「アキの方からカセドリ参った」と唱えて餅などを貰って歩いた。

旧藤沢町（現一関市）では正月十五日にカセドリがあった。

旧水沢市（現奥州市《おうしゅう》）では十五日夜にマントを頭から被って顔を見せないようにして、「カセドリきたじぇ、ケケロ、バサバサ」と唱えて餅を貰って歩いた。

旧江刺市《えさし》（現奥州市）十五日夜に一人で「カセドリでっちゃ」といって近所を歩き、餅を貰って帰った。

旧胆沢町《いさわ》（現奥州市）若柳、南都田《なつた》、小山、笹森では夕方、子供らが「ケエケエロ」といって、家々を回って餅などを貰って歩いた。

旧衣川村《ころもがわ》（現奥州市）ではカセドリは子供たちの行事であり、「カセドリデッテ」といって近所を回って餅を貰った。

平泉町《ひらいずみ》では十五日子供らがカセドリにやってきた。「カセドリガッセ、カセドリガッセ」と唱えて餅を貰って歩いた。金ヶ崎町ではカセドリとは厄年の大人が顔を隠して芸をやりながら各家を回った。子供らは「カセドリコンコン」といいながら餅を貰って歩いた。

宮城県

気仙沼市におけるカセドリは男子たちであり、二、三人で顔を隠して紐を通した貝殻を鳴らして餅を貰って歩いた。厄年に当たる大人がカセドリをして歩けば厄が払われるといい、カセドリを迎える家でも厄を流してもらえるといった。

旧唐桑町《からくわ》（現気仙沼市）ではカセドリといって顔を隠して餅や米や銭を貰って歩いた。

旧本吉町《もとよし》（現気仙沼市）では小正月の十五日にカセドリを行なった。子供らが、「舞い込んだ、舞い込んだ、千両箱が舞い込んだ、旦那様横座《よこざ》でうれし、うれし」と唄って歩いた。囲炉裏の横座は主人の指定席であった。それを基本的に守っている家ということになる。

旧志津川町《しづがわ》（現南三陸町）では十四日の夜をカセドリといった。子供らは、五、六人ずつ一組になり、「アキの方からカセドリ参った、エンメの小槌、オグデに小袋持って参った、呉《くれ》まえか呉《くれ》まえか、おぐらちぇ、おぐらちぇ。

やれやれ北の方からカセゴが参った、お宅の旦那様、身持ち、金持ち、宝持ち、家内繁昌であるように」と唱えごとをして歩き回った。

女川町《おながわ》では十四日に正月行事として子供カセドリを行なった。カセドリは夜になると、「カセドリカカカラカ明日の晩は来《こ》ねから今夜ばかりケテケラエ」と唱えて、家々を歩いて餅を貰った。

旧河北町（現石巻市）ではチャセゴといった。

旧北上町（現石巻市）白浜では小正月の晩に子供らが、「カセドリ、コンコン」といいながら、家々を訪れて餅を貰って歩いていた。

旧中田町《なかだ》（現登米市）では十四日にカセドリといって子供らが家々を回り切餅や蜜柑や菓子を貰いに来た。

旧登米町《とよま》（現登米《とめ》市）では十四日のチャセゴをカセドリと呼ぶところもあった。

旧石越町《いしこし》（現登米市）では一月十四日に子供たちがカセドリといって、「カセドリめいた、めいた、何持ってめえた、袋持ってめえた」などと唱えながら餅を貰って歩いた。

旧東和町（現登米市）ではカセドリは十四日あるいは十五日の晩であった。子供たちが訪れて餅を貰って行った。これをチャセゴともいった。

そのほかに登米市東和町米川五日町の米山のミズカブリがあった。これは現在も続けられ、国の無形民俗文化財に指定され、旧暦正月の行事といい、二〇一九年は二月二日に行なわれた。旧宮崎町（現加美《かみ》町）切込《きりこみ》の裸カセドリはヘソビツケ、スミツケともいい、宮城県重要無形民俗文化財に指定されている。厄年に当たる男子が顔や体全身《からだぜんしん》にヘソビと称する竈《かまど》の墨を塗り、裸で家々を訪れて、家人にヘソビをつけて新年の挨拶をして接待される。同県指定の重要無形民俗文化財の同町柳沢の焼け八幡も類似行事である。詳しくは「■コラム6■水と墨の儀礼」にて紹介をしている。

旧鳴子町（現大崎市）では厄年の子供らがカセドリといって夕方から各家を回った。七軒から餅を貰うと災厄から逃れられるといった。貰った餅はカセドリ餅といった。

七ヶ浜町では小正月に子供が袋を担ぎ、「アキの方からチャセゴに来した」といって回り歩くと餅をくれた。夕方から大人の男女がカセドリと称して、親戚知人宅を回ると餅を貰った。

仙台市においてはカセドリといって、面を被って蓑笠を着けて、「明きの方よりカセドリ参った」と唄い囃しながら歩いた。

岩沼市では一月十四日の夜をカセドリと称して、子供らが「アキの方からチャセゴに来した」と唱えながら家々を回って餅を貰った。

七ケ宿町では小正月十四日の夜に家々を訪ねてくるものをカセドリと呼んでいた。二月朔日の年祝いをする時も祝って訪れるものをカセドリと呼んでいた。

近隣の白石《しろいし》市でも七ヶ宿町と同様であり、正月行事のカセドリの呼称を三月朔日の年祝に借用した。

角田市では一月十四日に子供たちが、「アキの方からチャセンコに参った」「カセドリに参ったコンコン」などといって、餅を貰いに来た。夕方にやってくる行事をチャセンコといい、夜の方をカセドリと区別する人もいた。

丸森町では十四日の夜をカセドリと称し、子供らが「アキの方からチャセゴに来した」と唱えながら家々を回って餅や蜜柑を貰って帰った。

山元町では十四日をカセドリといって、子供らが、「アキの方からチャセンコ来やした」といって、家々を回って餅を貰った。それを翌日のあかつき粥《がゆ》に入れて食べたという。

山形県

最上《もがみ》町では正月十六日の晩にカセドリが行なわれた。大人や子供らが、おかめ、ひょっとこ、恵比寿《えびす》、大黒様《だいこく》の面を被って赤い着物に仮装して、「明きの方から福の神が舞い込んだぞー」などといって家々に上がって来て餅を貰った。

新庄《しんじょう》市では正月十四日か十五日がカセドリ、加勢取などと称して藁人形を持って家々を回った。

寒河江《さがえ》市では小正月の十四日にカセドリといって、子供たちが集落を回って歩いた。「明きの方からカセドリ参った、カッカー」と叫ぶと、家々から団子や餅や駄菓子を貰った。

村山市では正月十三日か十四日はカセ鳥の行事が行なわれた。朝早くから子供らが、「明きの方からカッココッコ」といって、餅や団子を貰いに各家を回り歩いた。

旧大井沢村（現西川町）では小正月の夜にカシェドリといって子供らが顔を隠して歩き回った。「クックッ…」「カッカッ…」と唱えて家々を訪れた。厄年の人が年祝い、厄落しに歩いた。三軒からカシェドリ団子を貰って食べると厄が落ちるといった。

東根《ひがしね》市では十五日に年祝いの子供らが、「かせまいった、こっこ、かせまいった、こっこ」と叫びながら近所を訪れた。家々では団子や餅や小銭を祝儀としてくれてやった。厄年払いの加勢取と称して色々と滑稽な芸を演

山形県上山市のカセドリ（写真提供：鹿野正男氏）

じて、町内を回って祝儀を貰う遺風があったという。

山形市柏倉では正月十五日の朝に、子供らが「明きの方からカセドリ参った」と唱えて集落を回って歩くと、餅や銭を貰った。同市志戸田《しとだ》ではカッカドリといって、正月十三日の夜に子供らが集落を回って家の戸を叩いたり、音を出したりした。各家では枡に用意した米を与えた。

上山《かみのやま》市のカセドリは、菅沼定昭（一八四六―一九一二）の『上山見聞随筆』によれば、寛永年間（一六二四―一六四四）より、旧暦正月十三日に上山城内に招かれて御前加勢鳥を行なっていた。御殿ではカセドリが正月を言祝《ことほ》ぎ、それに水を掛けられて御神酒と青指という銭一貫文を拝領した。明治維新後、新政府より旧藩時代の行事は廃止と命ぜられた。しかし、さらに続けられたので、明治二十九年（一八九六）に再度廃止とされた。戦後になって、復活したのは昭和三十四年（一九五九）であった。そして、昭和六十一年（一九八六）に地元の旅館において、上山市民俗行事カセ鳥保存会を組織して上山市観光行事として有名になっている。上山のカセドリは現在も毎年二月十一日に実施されている。

かつては、米沢市水窪でも一月二日に豊年万作を祈願して男子らが朝から集まり、半紙に笠、馬犂《ばすき》、鋤、鎌、鍬などを描き、夕方になると幾組かに分かれ家々を歩き回った。その一枚を渡し、代わりに餅やお金を貰った。子供らは、「カセドリ、カセドリ、カセドリ、カセドリ参りました。明きの方から参りました。ころっ、ころっ、ころっ」と唱えたという。

南陽市《なんようし》では小正月にカセドリと称して若者が扮装して家々を訪れた。

高畠町《たかはたまち》では小正月の夜に子供らが蓑笠を着けて、「大判小判上々吉万作田」と書いた紙を持って各家を歩いた。「コロコロ」というので、家人はカセドリが来たといって紙を受け取り、餅を与えた。

飯豊町《いいでまち》では小正月に子供らがカセドリを行なった。カセドリが、「餅くれろ、コロコロ」といったので餅をあげた。

白鷹町《しらたかまち》では小正月に子供たちが顔を隠してカセドリ行事を行なった。カセドリは「正月おめでとうございます」と、挨拶をしながら家々を回り歩いた。訪問された家では餅や銭を与えた。

小国町《おぐにまち》ではカセドリが、「明きの方からカセドリ参り申した、コロコロ」と唱えていたという。

福島県

新地町ではカセドリをして厄払いを行なった。小正月の夜に子供らが家々を回って鼻をクンクンと鳴らして餅や菓子を貰った。年男が顔を隠して仮装して、「もちのとりホイホイ」と叫んで、厄年の人の家を回って歩いた。同町駒ヶ峯菅谷では正月十四日に厄よけ行事のカセドリを行なった。子供らが家々を回って、餅や金を貰ったが、いつの頃からか主役が大人に交代した。厄年の人の家を訪ね歩く厄払い行事に進化しても行事名はカセドリといった。男二十五、四十二、六十一歳、女三十三歳の家々を一軒一軒回って厄払いに歩く大人は、ひょっとこやお多福の面を被ったり、大黒様、恵比寿様、毘沙門天、弁財天、寿老人、福禄寿、布袋様、猿回し、花嫁花婿などの仮面仮装をして変身した。厄年者のいる家では、盛り沢山の馳走や酒を準備して待っていた。仮装したカセドリ連中は滑稽な踊りやおもしろい替え歌などを披露して厄払いとした。ここのカセドリとは、「稼ぎとる」がなまった言葉とされ、一家繁栄を祈願する意味という。

相馬市にはカセドリと厄流しの行事があった。正月十四日の晩に、「カセドリほいほい、アキの方からチャセンゴ来た。こんこん株かっておくれ」といった。厄年の人は厄流しのために回った。顔を隠して鼻を鳴らしながら自分の年の数だけ餅を貰って歩いた。カセドリで厄流しをした人は手伝ってくれた人に御馳走をしたという。

国見町では正月十四日の晩にカセドリといって、子供らが手拭、風呂敷、前掛けなどで顔を隠して家々を回って歩いた。厄払いや年直しのためだったが、歩けば餅や団子を貰えた。カセドリは、「こんこん」と鼻を鳴らすように音を発してもよいが、言葉を発することは禁じられ、破れば水を掛けられた。また、国見町では正月十四日はカセドリと厄年払いの行事をした。子供らは厄年の人の家へ行って、「団子くんちぇ、こんこん」と鼻を鳴らして歩いた。この団子を小豆粥《あずきがゆ》に入れて食べると体が丈夫になるとか、風邪をひかないとかいわれた。また、七軒の家から団子を貰って食べるとよいといわれたともいう。

旧月舘《つきだて》町（現伊達《だて》市）では十四日の夜にカセドリを行なった。子供らが家々を歩いて回り、「団子くんちぇ、コンコン」と鼻を鳴らした。家人は子供らに餅や団子を与えた。厄年の家では凧や風船をくれたという。

旧霊山町《りょうぜん》（現伊達市）では十四日の夜にカセトリ、セセトリを行なった。子供らが「団子くんちぇコンコン」といって鼻を鳴らして歩き回った。厄年の家では風船や凧を配った。

旧伊達町（現伊達市）では十四日にカセ鳥といって、子供らが厄年の人の家へ行って厄払いの風船や凧を貰った。また、家々から「団子くんちぇ、こんこん」といって団子を貰って歩いた。大人が仮装して厄年の人の家へ無言で入り、芸事を披露して厄を払う所作を演じて、その後で御馳走になった。

旧保原町《ほばら》（現伊達市）では正月十四日の夜にカセドリ行事があった。頭巾や襟巻で顔を隠した若者や子供らが家々を回って、団子を貰って歩いた。七軒から貰って食べるとよいとされた。一人で十軒も二十軒も歩いた人があった。小学校から蛮風といわれてこの風習は止んだ。大人の行事として厄落し、厄払いの年直しにカセドリを行なった者もいた。男女数人で趣向を凝らした祝い品を作り、各々が扮装して仮面を被って厄年の人の家を訪れた。家に入り、厄年の人に祝い品を献上した。紙に墨書した宝船、千両箱、米倉、蚕大当たりなどであり、その場にて歌と踊りで芸を披露した。家内繁昌を祝って女陰や男根まで登場した。その後に、お開きに酒肴の御馳走になった。厄年の家では一組だけでなく、二組も三組も四組も仮面仮装の人々が来て、大宴会になり、年直しカセドリを辞退する家が続出するようになり、しだいに、この風習も消えてしまった。本来は厄年の人の背負いきれない厄を大勢で分担して払ってやろうという善意だったが、度を越した行動になり、弊風と決めつけられた結果であった。

旧梁川町《やながわ》（現伊達市）では十四日に若者が顔を隠して、厄年の人の家へ行って凧と餅を貰って歩いた。同日に、子供たちが「団子くんちゃえ、コンコン」といって団子や餅を貰った。

桑折《こおり》町では十四日の夜にカセドリを行なった。カサドリともいった。子供たちが五、六人の一団となって、「だんごくいで、こんこん」「だんごくんちぇ、こんこん」と叫んで、近所の家々を回り、餅や蜜柑を貰って歩いた。厄落としの縁起物といわれ、厄年の人の家では餅を食べて貰うことで厄を逃れるものといった。

福島市瀬上《せのうえ》・鎌田・余目《あまるめ》では一月十四日の夜に子供たちがカセドリにきた。「団子くいたい、こんこん」といって近所を団子や餅を貰って歩いた。厄年の家では厄落としに紅白の餅を与えた。同市土湯《つちゆ》では子供らが被り物で顔を隠して「コッコッコッコッ」といいながら、家々を回って餅を貰った。昭和四十二年（一九六七）から小学校では止めるように指導した。同市茂庭では十四日の夕方に小学校低学年の子供らが組を作り「ココ、ココ」といって団子や菓子を見つけて貰って歩いた。これを貰って食べると病気をしないといわれた。同市平野では十四日の晩にカセドリといって、子供らが厄年の人の家を回って団子か餅を貰って歩いた。戦後は全く廃れた。

旧船引《ふねひき》町（現田村市）では十四日に子供たちがカサトリ棒というものに笊《ざる》をつけて家々の縁側に置いた。戸を叩いて音を立てると笊に餅を入れてよこした。家々を次々に回って歩いた。厄年の人の家では厄落としのために多く入れてよこしたという。中通り地方では「カセドリ」「カッカドリ」といったが、田村地方では「カサドリ」といっていた。厄年の人が歩いたという。回る際には姿を見せてはいけない。見せると水を掛けられた。カサドリで貰った餅を食べると厄除けになったといわれた。

旧大越《おおごえ》町（現田村市）では正月十四日をカセドリとかカサドリと呼んでいた。厄年の二十五歳、四十二歳の男と十九歳、三十三歳の女が手拭とマッチを笊に入れて、それを持って家々を歩いて回り、返礼として餅を貰った。

旧常葉《ときわ》町（現田村市）では現在はなくなったが、カサドリといって厄年の二十五歳と四十二歳の男と十九歳と三十三歳の女が厄払いに歩いた。

旧都路村（現田村市）では十四日に子供たちが、「クァッツ、クァッツ」といって、家々を回って餅や蜜柑や菓子などを貰い歩いた。カサドリといって厄払いをした。昭和三十年代に廃れた。

旧滝根町（現田村市）では十四日の晩はカサドリといって、厄年の男女が厄落としに笊を持って家々を歩いた。付け木を持って家々を歩いた。

笊のなかには餅、手拭、布、付け木、半紙などを持って行った。返礼に餅や酒が返されたという。

小野町では正月十四日の夜に厄年の男女がカサドリを行なった。蓑笠を着けて顔を隠して歩いた。付け木を持ってカサドリ餅を貰った。カサドリは顔を見られると水を掛けられたという。

旧本宮町（現本宮市）では小正月の夜に子供らが「カッカッカッカ」といいながら、家々を回って笊を持って来た。子供らは餅や金を貰った。言葉を話すと鶏ではない、といわれ水を掛けられた。

旧白沢村（現本宮市）では小正月の夜に子供たちが風呂敷で顔を隠して各家を歩き回り、餅や祝儀を貰った。

二本松市では正月十四日の夜に、カサドリと称して男女各々化粧をしてカッカッといって家々を回って戸を打って歩いた。家々ではカサドリに水浴びせをする行事であった。歌践踊を略してカセトリといったという。

猪苗代町では一月十四日の夜にカサドリといって、男女の子供たちが顔を隠して見られないようにして、家々の戸をドンドンと叩き、藁で作ったイジコと称したうつわを黙って差し出した。家々ではそれに米、餅、南京豆、小銭などを入れてくれた。藁製のうつわであるイジコのなかの「オメデトウ」「千両株」などと書いたものを置いていった。

磐梯町では一月十四日の晩に、子供たちが藁で作ったイジコを棒に刺して集まった。各家を歩き、「コッコッコッ、コッコ」と鶏の鳴き真似をして物を乞うと、どこの家でも餅や蜜柑をイジコに入れてくれた。子供らはこれを食べると呪力が付くといわれ、その一年を幸せに暮らせたという。

旧山都《やまと》町（現喜多方《きたかた》市）では正月十四日の夜にカセドリを行なった。子供たちが稲藁で作った菰《こも》や蓑を着て各戸を回ってカセドリ餅を貰った。

旧熱塩加納《あつしおかのう》村（現喜多方市）では正月十五日の晩にカセドリと称して顔を隠した子供らが家々を回った。各家では餅や金を与えた。

旧河東《かわひがし》町（現会津若松《あいづわかまつ》市）では子供たちが棒の先に藁製のイジコを付けて、「コ、コ、コ」と鶏の真似をして家々を訪れた。家人が出て来てうつわに餅を入れてくれた。

旧北会津村（現会津若松市）では小正月にカセドリを行なっていた。十五日に大家に行き声を出さないで戸を叩き餅や銭を貰った。隙を見て水を掛けられたという。

喜多方市では正月十四日に子供や若者たちが頭巾を被って顔を隠し、蓑笠を着けて家々を訪れて、唱えごとや物音を立てて家人から餅や金銭を貰った。

旧伊南《いな》村（現南会津町）白沢ではカセンドリといって小正月に行なわれたという。

旧舘岩《たていわ》村（現南会津町）ではカセンドリを十四日に行なった。子供らが農具を画に描き、それを持って家々を回り、「カセンドリに来ました」といい、祝儀を貰っていた。

旧田島町（現南会津町）ではカセドリ、またはカサドリといって、子供や若者らが組を作って家々を訪れた。「アキの方からカセドリに参った」「カサドリに来ました」といって団子を貰い歩いた。三軒以上を貰い歩くと年中無事息災に過ごすことができたといわれた。

旧南郷村（現南会津町）では正月十四日に、子供や大人が顔を隠して木の枝でもってバタバタと四、五回戸を叩くと、カセドリが来たといって餅や団子が差し出された。それを袋に入れて貰って帰った。家々を回ることによって願い事がかなえられるということだった。

只見《ただみ》町では正月十四日の晩にカセドリを行なった。顔を隠して蓑笠を着て、藁俵を棒に付けて団子や餅を貰って歩いた。

昭和村では一月十四日にカセドリが行なわれたという。

湯川村では十五日にカセドリといって、子供らが家々を「コ、コ、コ」と鶏の真似をして歩き、棒の先に藁で編んだ藁製うつわのイジコを差し出した。家人が餅や銭や菓子を入れてくれた。その際に水を掛けたという。古い慣習とされ戦後は廃れた。

飯舘《いいだて》村ではカセドリといって小正月の夕方に子供たちが集まって、鼻を鳴らしながら「コンコン、餅くっちぇ、くんちょ」といって各家を回って歩き、餅や金を貰った。厄年の家では餅もくれたが、水祝儀といって水を掛けられた。鼻はうんとならせといわれ、顔は見られないようにしろといわれた。カセドリは稼いで取るからカセドリだなどといった。厄年の人は子供らとは別に回った。酒をもって注いで飲ませて歩いたという。

浪江《なみえ》町ではカセドリとは稼ぎ取る意味、あるいは嫁取る意味とされたほかに、厄払いの意味などがあった。

富岡町では正月十四日の夜にカセドリを行なった。厄年の人が隣近所の家々を、「カッカ、カッカ」と叫んで歩いて餅を貰い、それを川へ流した。

神奈川県

神奈川県にもカセドリ行事があった。川崎市川崎区大師河原《だいしがわら》では明治四十年頃まで一月十四日夜に子供が柳の枝を一本箸のように切って盆に載せて叩きながら、家々を回って金を貰っていた。

横浜市鶴見区鶴見、同区江ケ崎では明治頃までカセドリをした。横浜市神奈川区子安《こやす》では大正時代まで十四日にカセドリがきた。子供や若者が各家を回って経木《きょうぎ》に魚の絵を描いて差し出した。家人が絵を取って金を渡した。横浜市緑区川向《かわむこう》町でも大正期までカセドリをしていた。一月十四日に子供らが集まって竹や紙で農具を作り、夕方になるとそれを盆に載せて家々を回った。家に着くとトントンと叩いて作った農具を盆に載せて置くと、家人が農具と交換に金や蜜柑を載せてくれた。同市緑区寺山町でも一月十四日に子供らはカセドリと称して俳句の短冊を盆に載せて家々を回り歩いた。同市旭区善部《ぜんぶ》町でも正月十四日は子供や若者がカセドリを行なった。同市瀬谷区瀬谷でも正月十四日夜十時頃に各家をカセドリに歩いたという。ここでは笠取（カサドリ）といった。

大和市宮久保でも子供が行なう行事をカサドリといった。

藤沢市川名では正月十四日に子供らがカセドリをした。藤沢市村岡宮ノ前でも正月十四日の夜に子供らがカセドリだといって家を回った。

鎌倉市扇《おうぎ》ガ谷《がやつ》では正月十四日子供らが竹細工を盆に載せてカセドリをして回った。

佐賀県

九州地方にもカセドリ行事が各地に色濃く残っていたという。平成十五年（二〇〇三）二月に国の重要無形民俗文化財に指定された佐賀県佐賀市蓮池見島《はすいけみじま》のカセドリが代表的なものである。

毎年二月の第二土曜日に行なわれる。平成五年（一九九三）までは二月十四日。戦前は旧暦正月十五日の小正月の前夜の十四日だった。この日は見島鎮守の熊野神社の春祭の前夜に当たる。カセドリは午後六時頃から準備を始め、行事は午後七時から執り行なわれる。熊野権現社《ごんげん》の長老が羽織袴で集まる。神社神殿には筵《むしろ》が敷きつめられている。オスとメスのカセドリに扮した若者二名は、藁で編まれたミノと腰ミノを着け、白手甲《てっこう》、白脚絆《きゃはん》、白足袋《たび》を着けてからかつては草鞋《わらじ》を履くものだったが、現在では白地下足袋になった。顔と頭には白布を巻いて隠し、目鼻口だけを出して、頭に鉢巻を締めて甚八笠《じんぱちがさ》を被る。手には直径八センチメートル前後、長さ一・八メートル余りの青竹を持つ。これは真竹を二つ切りにし、竹の一方の端のところを二か所縄で縛り、竹の全長の六割までのところは八つに割っている。

最初はカセドリの神殿参りから始まる。カセドリは拝殿の外で待機する。提灯持ちの合図で、カセドリはオスの方から、竹の先を地に擦りながら神前目掛けて小走りに走って、敷居に足をかけないで飛びこむ。オスが入るのを目掛けてメスのカセドリも同様に走り込む。しばらく竹を打ち鳴らす。その間に、オス、メスの順に、御神酒、押《お》さえ（昆布・スルメ・塩・かまぼこ・竹輪）を提灯持ちの酌にていただく。謡一番を唄った後、カセドリが竹を打ち鳴らして停止、謡二番を唄った後、カセドリが竹を打ち鳴らして停止、謡三番を唄った後、カセドリはしばらくの間、竹を打ち鳴らす状態が続く。提灯持ちのリーダーの合図で社殿より外に出て、社殿を三回小走りに回る。そして、再び社殿に入ってきて竹を打ち鳴らす。始めの儀は終了する。

提灯持ちの合図で社殿より出て、鳥居前の広場で行列をつくる。提灯持ち二名は羽織姿、赤青の天狗面二名、

佐賀市見島のカセドリ

7　カセドリ

御幣持ち一人、オス・メスのカセドリ二名、籠担いの少年二名の順で戸別訪問の儀を行なう。戸別訪問の儀は一番最初が神社・見島公民館隣家の寺であり、それから右回りか、左回りかその年によって異なる。各家への配り物などは数日前に神社隣の見島公民館に寄り合って全戸に配る大福帳を作成した。大福帳は半紙を縦横に二つ折にして、表紙に「大福帳」と、裏表紙に「七福神」と墨書した。五枚綴りと五枚綴りの二種類があり、七枚綴りを配られた家にはカセドリ二羽が訪れた。五枚綴りを配られた家にはカセドリ一羽が訪れたという。今はすべてカセドリ二羽が訪れている。この大福帳を配るということはカセドリが訪れる意味を予告した。すなわち今年も福が来るということであった。大福帳の配布を受けた家では、これを神棚にあげたり、大黒柱に貼付したりして大切に保存しておくという。

戸別訪問の儀はカセドリ一行のリーダーである提灯持ちを筆頭として、行列をなして家々の門口まで行く。まず、先頭の提灯持ちのみ玄関より入って挨拶と準備のほどを聞く。昔は提灯持ちが「ヨカカンタ」と聞くと、家人は「ヨカバンタ」と答えたという。この意味は、「入ってもいいですか」「入ってもいいですよ」という内容であった。現在はこのような聞き方はしていない。家人の準備ができたら提灯持ちは、もう一人の提灯持ちに合図を送る。もう一人の提灯持ちはカセドリに合図をし、オスより家のなかへ小走りにタタキを蹴って中腰のまま顔を伏せて飛び込むように入っていく。そして、すぐさま竹を打ち鳴らす。次にカセドリのメスが入ってきて竹を打ち鳴らす。竹を打ち鳴らすことは厄除けである。割目の入った竹で畳を打ち、その音で悪魔を叩き出す仕組みという。メスが入ってから天狗と御幣持ちはすみやかに玄関より入って位置を構える。カセドリは竹を打ち鳴らしながら交互に接待を受ける。この接待とは茶である。茶托の上の湯呑茶椀は大きく深いものがよいとされる。カセドリが茶を飲む際に顔を伏せたままでは飲めない。カセドリは茶を飲まねば縁起が悪い。飲まねばならない仕来りのなかでカセドリが顔をあげようとする。その隙に家人が顔を見ようとする。カセドリの顔を見た者は幸運を授かると古くから伝えられている。

家人から御布施《おふせ》と切餅がでたら提灯持ちが盆ごと貰って籠担いの少年に渡す。しばらくして提灯持ちの合図によりカセドリのメスが退出していく。メスに続いてオスが出たら提灯持ちは礼の言葉を述べて家を退出する。

全戸を回り終わると熊野権現社に戻ってくる。そして、最後は納めの儀となる。提灯持ち二人とカセドリ二人は、社殿の外で待っており、それ以外は先に社殿に入っておく。準備ができしだい、提灯持ちはもう一人の提灯持ちに合図を送り、カセドリがオスより、竹の先を地に擦りながら神前目掛けて小走りに走って飛び込む。オスが入ったらメスが飛び込んでしばらくの間、神前で竹を打ち鳴らす。そして、提灯持ちの合図で停止し、カセドリはすみやかに蓑笠を脱ぎ、赤青天狗、御幣、籠、竹を元の場所に供える。それから全員で神前に並んで拝礼をして、引き続いて熊野神社隣の見島公民館にて慰労会となる。

もともとこの蓮池見島という土地は水が乏しい所だった。そこで蓮池藩侯鍋島直澄《なべしまなおすみ》（一六一五―一六六九）が、紀州の熊野三所《さんしょ》権現から御分霊を受けて熊野神社を建立した。熊野神社とは、熊野本宮《ほんぐう》大社、熊野速玉《はやたま》大社、熊野那智《なち》大社の熊野三山の祭神を勧請《かんじょう》された神社である。そのことに歓喜した農民らが、「ご加勢を」との願いを込めて加勢鳥居《かせいとりい》を寄進して奉納した。この加勢鳥居からこのカセドリ行事が起こったと推測される。また、熊野権現の神使いが佐賀平野に繁殖しているカチガラスともいわれている。カチガラスはすなわちカササギのことであり、この地方では縁起のよい烏《からす》とする俗信がある。

熊本県

菊池市においてはカセドリといって、正月十四日の晩に集落の青年が藁と竹で馬を作り、家々を訪問して盆に載せて差し出した。すると家人はそれと引き換えに餅を盆にのせてやった。

山鹿《やまが》市では一月十四日にカセドリを行なった。藁製の粟穂《あわほ》や馬の曳緒《ひきお》を作って各家を訪ねて、「豊年でございます」といってそれを差し出した。家人はそれと引き換えに餅を与えた。その際に隙を見て水を掛けた。

旧菊鹿《きくか》町（山鹿市）矢谷《やたに》では一月六日にカセドリを行なった。子供らが笹の先に粟の穂をかたどった注連縄《しめなわ》をつけてカセドリを作った。そして、頬被りをして顔を隠して家々を訪ね回った。家の戸口を開けてカセドリを打ちつけて、用意してあった餅を貰った。また、同町阿佐古《あさご》では十四日夜にカセイドリ打ちを行なった。子供らが顔に墨を塗って誰か判別できないようにして、注連縄に粟の穂を差したカセイドリを作った。それを一軒一軒へ届けた。大声で、「カセイドリ、どっさりお祝いな」と叫ぶと、家人はカセイドリを戴いて神棚に供え、子供たちには餅を与えた。

旧波野《なみの》村（現阿蘇《あそ》市）では一月十四日の夜にカセドリを行なった。子供たちが竹箸、火吹竹、草箒《くさぼうき》などを作り、集落の家々へ投げ込んだ。家人がそれを受け取って餅や金を与えた。カセドリウチともいった。

高森町では一月十四日にカセドリを行なった。カセドリウチともいった。子供や若者らが鍋墨を顔に塗ったり頬被りして顔を隠して、蓑笠を着て家々を訪れた。火吹竹、草箒、小俵、腹帯などの祝い品を家の雨戸の隙間から投げ入れた。家人は受け取ったものは神棚に供え、その返礼に餅や銭を与えた。

旧吉松《よしまつ》村（現熊本市北区）では小正月に若者らが大黒様を作って雨戸の隙間から差し出すと、家人は正月餅を入れてやった。

旧蘇陽《そよう》町（現山都《やまと》町）では一月十四日にカセドリを行なった。カセドリウチともいった。子供らが頰被りをして、集落の各家へ火吹竹、草履、竹箸、柄杓《ひしゃく》などを投げ込んだ。家人が見つけて、いくらかの金を包んでやった。

旧牛深《うしぶか》市（現天草市）久玉《くたま》町大之浦ではカセドリといって、若者が家々を回り、鶴、牛、船などの藁細工を持って来た。家人は無言の若者に交換に餅を与えた。家人は若者が餅を貰うと返礼にパンパンと手を打ったので、その隙を見て水を掛けたという。

旧魚貫《おにき》村（現天草市魚貫町）では一月十四日はカセドリ打ちを行なった。若者らが家々を訪れて、戸を開けて「歳徳神《としとくじん》」の札や藁製農具を差し出した。家人はそれを受け取って拍手をして、同時に水を掛けてやったという。

旧栖本《すもと》町（現天草市）では一月十四日にカセトリを行なった。子供らが山から榊《さかき》を数本採ってきた。家々を訪ねて、手を叩いては家人を呼び出して、「カセトリでござす」といって榊のみを差し出した。家人はこれを受け取って、餅か金を与えた。

大分県
大分県国東《くにさき》市、宇佐《うさ》市、豊後《ぶんご》高田市などでは小正月の十四日の夜にカセドリといって、子供らが祝いを貰いに回ってきた。若者らも福俵、銭差《ぜにさ》し、箒、馬沓《ばぐつ》、大福帳などの手作りの祝儀物を家の中へ投げ込んでカセドリウチをしたという。
旧本耶馬渓《ほんやばけい》町（現中津市）西谷では二月十四日の夜に若者や子供たちが火起こし竹、マッチ、箒などを持って集落内を回って、「カセドリ、祝うちよくれ」といって家の玄関からそれらを投げ込んだ。家人は餅や銭や酒などを出してやった。これらは昭和初期頃まで続いた。

旧中津江村（現日田《ひた》市）市ノ瀬ではかつてのカセドリは甚八笠《じんばちがさ》を被って蓑を着ていたという。蓑笠を着るのは神の姿といった。

杵築《きつき》市では一月十四日、子供たちが麦殻の舟や木製の杵を作って集落を歩き回った。「祝うちよくれ」といって訪ねてきた子供らに家人は餅を与えた。十五日は若者が一文銭をつけた銭花や竹に折り鶴を持って餅を貰って回ったという。

旧緒方町（現豊後大野市）原尻では一月十五日に子供たちがカセドリを行なった。藁製の牛馬具《ぎゅうばぐ》を持って集落を回って餅を貰った。餅の代わりに金を渡した家もあった。その際に隙を見て水を掛けたという。

竹田市ではカセドリウチといって正月十四日の夜に若者が集落内を祝って回った。手作りの姫だるまを投げ込んだといった。

宮崎県

宮崎市や日南《にちなん》市や串間《くしま》市ではカセドリウチ、またはカセダウチといい、都城《みやこのじょう》市や小林市ではカセダウリ、カセダウイといった。

旧木花《きばな》村（現宮崎市）では正月十五日にカセ取りといって柳箸や銭差しを持って家々を回り、餅を貰って行く風習があった。

日南市宮浦《みやうら》、下方《しもかた》、大堂津《おおどうつ》においてもカセドリウチといって家々を訪れて、銭差し、犂《すき》や馬の絵、船や恵比寿《えびす》様の絵と交換に餅を貰って回った。その時に隙を見て水を掛けた。

串間市本城《ほんじょう》、遍保ヶ野《へぼがの》、北方《きたかた》ではカセダリといって、子供や若者が手拭か風呂敷で顔を隠し、蓑《みの》か合羽《かっぱ》を着て家々に餅を貰いに訪れた。隙を見て水を掛けたので素早く逃げなければならなかった。

旧北郷《きたごう》町（現日南市）ではカセドリウチといって、子供や若者が粟の穂の作り物や柳箸に絵札を持って家々を訪れた。黙って祝いの品を家人に渡すと餅をくれた。

旧南郷町（現日南市）では一月十四日に、カセダルを行なった。カセダウチともいった。子供や若者らが変装して木版の恵比寿様や大黒様を持って家々を回った。家人が餅を与えると同時に、カセダウチが帰るので瞬間的にバケツの水を掛けた。この行為は、その年の田の水が乾かぬように祈る水祝儀でもあった。

都城市岩満《いわみつ》町や九谷《くたに》町のカセダウリは、正月十四日に帽子を被って変装した青年が家々を訪れて、そして上がり込んできて持参した実用品の草履、柄杓、手杵《てきね》、鎌、籠、バケツ、銭縄《ぜになわ》（銭差し）、箸などを売りつけた。これらはしだいに実物の代わりに簡単な絵で済ますようになり、牛馬の絵、犂や馬鍬《まぐわ》の絵、大黒様の絵、宝船の絵、七福神の絵などを売りつけた。また、同市金田《かなだ》町・野々美谷《ののみたに》町では、正月十四日の夜十時頃に顔に墨を塗って手拭や風呂敷で顔を隠し、蓑笠を着た者が数人訪ねてきた。戸を叩いて無言で入って来て、持参した杓子《しゃくし》、鍋敷、鎌、馬鍬などの生活生産用具を売りつけた。各家では餅や銭を与えるか、または客間にて馳走をした。帰る際に隙を見て水を掛けた。これはカセダウリとかカセダウイといった歳神《としがみ》、または福の神であったという。

この地域においてのカセドリとは、生産行為の「稼ぐこと」であり、それを強調して「稼ぎ取り」になり、それを打ち捨てる行為を「稼ぎ打ち」と変化し、さらに物品を持参して売りつけることから「稼ぎ売り」となった。変遷を簡単に書くと次のようになる。

カセドリ↓↓稼ぎ取り↓↓稼ぎ打ち↓↓稼ぎ売り

小野重朗《おのじゅうろう》（一九一一―一九九五）の『宮崎県史叢書宮崎県年中行事集』（宮崎県・一九九六）によれば、「昭和三十年代にはカセダウチと呼んでいた」が、売りつける行為によりカセダウリとなったという。思うに、カセダウチは「稼ぎ打ち、稼ぎ取り」、カセダウリは「稼ぐ売り」の転訛であろう。

鹿児島県

旧薩摩町《さつま》（現さつま町）ではカセダウチとか人形打ちが行なわれていた。若者が風呂敷を被って人形を作って各家を訪問した。その人形は生木の丸太を切って顔を書いたものであり、餅と交換した。貰った人形は子供の玩具とした。

旧吹上町（現日置市《ひおき》）田尻ではカセダウチといって、大人や子供が覆面をして大黒様を作って集落の新婚の家を訪れた。大黒様と引き換えに餅を貰った。

旧市来町《いちき》（現日置市）ではカセダウチを行なっていた。若者や子供らが新婚や新築の家を訪れた。手拭で頰《ほお》被《かぶ》って蓑笠を着て子供は塩一握り、若者は新しい鍋や釜を持って来た。子供には餅を、若者には祝儀を持たせて返した。帰る時に水を掛けたという。

旧知覧町《ちらん》（現南九州市知覧町）のカセダウチは、正月十四日の夜に、新築した家へ、墨を塗った顔に笠や頭巾《ずきん》を被って誰だかわからないようにした男装の女性と女装した男性がお祝いにやってきた。次々にやって来たのは四組で十五人であった。持参した木製の大黒様と、高額の禄高「三万三千三百三十三町歩、牛馬三万三千三百三十三頭、下男下女三万三千三百三十三人」と書いた目録を無言で差し出した。家人は丁重に座敷に招き入れて、唐辛子をまぶした輪切りの生大根・生き魚や生き海老・松笠などを入れた茶碗蒸などの御馳走を振る舞った。家人は意地の悪い質問をしたりしてカセダウチを困らせたが、帰る際には金を包んでやった。『知覧町郷土誌』（知覧町・一九八二）によれば、これは「一種の新築祝いで」あり、「前年に新築した家」を「毎年一月十四日」に「神様の使いが訪れて祝うという行事」であった。そして、このカセダウチとは、「よく稼いだ家」、「稼ぎ出した家」という意味であるという。

旧入来町《いりき》（現薩摩川内市《せんだい》）辻原では小正月十四日の晩にカセダウチが行なわれた。青年たちが手拭や風呂敷などで変装して、女装、座頭《ざとう》、乞食《こじき》、性神《せいしん》、田の神様などの格好をして、前年中に新築や婚礼があった家を訪れた。家に入り無言で、金子三千万両、米三千俵、酒三千石、魚三千匹、田畑三千町歩、山林三千町歩の目録と大黒様、酒樽・米俵の模型を贈る。祝儀を受けた家人は訪問者一同に歓待の膳を出してもてなした。最後に水祝儀で終わらせた。

指宿市《いぶすき》十二町《じゅうにちょう》では小正月に青壮年が蓑笠を着けて顔を隠し、商家や大家の家へ行ってカセダウチを行なった。棒で叩いて来訪を告げて、無言で座敷に上がり込んで酒食でもてなされた。紙に描いたタバコの葉や牛の絵などを家人に渡して金を貰った。また、同市片野田ではカセダフクといっていたが、同市中小路では七福神といった。それでも帰る際には水を掛けられたという。

旧志布志町《しぶし》（現志布志市）ではカセダンウチといって、若者が覆面をして奇抜な格好をして家々を訪ねた。若者が持って来たのは竹で作った粟の穂であった。「明きの方からお指図でござって、祝おてたもれ」といって、家人に粟の穂を差し出した。粟の穂は床の間に飾り、若者を座敷に上げて膳を出した。若者は祝い唄などを歌ったりした。カセダンウチは帰り際に水を掛けられた。

旧谷山市（現鹿児島市）では十四日の夜にカセダウチが行なわれた。青壮年男女が手拭で頬被りをして長着物を着て、大黒様を土産にして、「カセダウチに来た」といって家々を回って餅や米を貰った。

旧郡山町《こおりやま》（現鹿児島市）柿木平では一月十四日から十五日にかけて、新築した家にてカセダウチが行なわれた。老若男女が墨を塗ったうえに面を被って七福神になり、手にタラの木を持って祝いに来た。祝いの品として大黒様と目録を持って来た。家人は祝儀を弾んだ。七福神の嘘八百の財産目録と、家人の用意した食べられない奇抜な料理の膳と、とんちんかんな問答の遣り取りが続いて大爆笑で終局を迎える行事であった。七福神たちは一度宿元へ引き揚げて、着替えてから再び訪れて、祝いの酒宴が催された。

旧吾平町《あいら》（現鹿屋市《かのや》）では一月十四日の夜にカセダウチといって、子供らが風呂敷を頭から被り、大黒様を持って家々を回って賽銭を貰った。

旧吾平町（現鹿屋市）大牟礼ではカセダウチを行なっていた。ゼンナワクバイ（銭縄配り）ともいった。集落の青年男女が風呂敷で顔を隠し大黒様と銭差し（銭縄）を持って家々を回った。無言で家へ上がり大黒様は自分が座った隣に置き、銭縄だけを家人に渡して、祝儀か餅を貰った。

旧大隅《おおすみ》町（現曽於《そお》市）では青年たちがカセダウッと称して、新築や婚礼や出産のあった家を訪問した。家人は食べられない料理を出して困らせたが、焼酎や餅を持たせて帰してやったという。

垂水《たるみず》市ではカセダウチといって、青年男女が婚礼や出産のあった家を訪ねて、ハナツクリと称する大きなケズリカケを作り持って行った。三味線を弾いて唄い踊ったりして、餅や金を貰ってきた。

旧福山町（現霧島《きりしま》市）福地ではカセダフクといって若い男女が顔を隠して竹と大根で作った小槌を持って来た。家人は小槌を床の間に飾り、カセダフクには餅を持たせて帰してやった。

旧国分《こくぶ》市（現霧島市）ではカセドリと称して、青年の男が女装し、若い女が男装して夫婦の真似をして、竹製の打出の小槌を作って大家を訪ねてきた。家人が餅を持たせて帰してやった。

旧横川町（現霧島市）ではカセダウチといって手拭や風呂敷で覆面をして家々を回った。塩一升を持って来てカセダウチの餅を貰って行った。

以上見てきたように、カセドリは様々な言葉で表現されていた。次のようにある。

「カドリコ」（岩手県岩泉町）

「カセギドリ」（岩手県遠野市）

「稼ぎ鳥」（岩手県旧水沢市）

「稼ぎ取り」（岩手県旧水沢市）

「加勢踊」（岩手県旧胆沢町）
「加勢踊り」（岩手県金ヶ崎町）
「カシオドリ」（岩手県大船渡市、旧三陸町）
「加勢取」（山形県新庄市）
「カシェドリ」（山形県西川町）
「加勢鳥」（山形県上山市、佐賀県佐賀市）
「火勢鳥」（山形県上山市）
「カセ鳥」（福島県伊達市）
「カセトリ」（福島県旧霊山町）
「カサドリ」（福島県本宮市、桑折町、田村市、神奈川県大和市）
「カッカドリ」（福島県田村市）
「カセンドリ」（福島県南会津町）
「稼いで取る」（福島県飯舘村）
「カセイドリ打ち」（熊本県山鹿市）
「カセドリウチ」（熊本県阿蘇市、大分県豊後高田市）
「カセダウチ」（宮崎県日南市）
「カセダ打ち」（宮崎県日南市）

「カセダル」（宮崎県日南市）
「カセダリ」（宮崎県串間市）
「カセダウイ」（宮崎県都城市）
「カセダウリ」（宮崎県都城市）
「カセダフク」（鹿児島県指宿市）
「カセダフキ」（鹿児島県指宿市）
「カセダンウチ」（鹿児島県志布志市）
「カセダウッ」（鹿児島県曽於市）

これをもう少し大きく纏めてみると次のようになる。

一番目の意味は、カセドリを動物の「鳥」とするもの。

二番目の意味は、カセドリを付踊りや厄年払いの「加勢踊り」とするもの。

三番目の意味は、カセドリを生産生業の祝いとする「稼いだ家」「稼ぎ家」「稼ぎ売り」とするものである。

思うに、なぜ、このように多くの意味を持つものとなったのかである。これに関して、『胆沢町史Ⅶ民俗編1』（胆沢町・一九八五）によれば、「『カセドリ』は、当地では、正統の伝統芸能ではない。俄か仕立ての雑芸能者が、金銭や物を乞うて家々を訪れるものすべてを指す」とある。祝いに付随した余興であるとしていた。さらに、カセドリとは、「稼ぎ取り（中略）加勢踊り」である。「稼ぐ踊りは手踊りで、ほとんど秋田オバコが多かった」としていた。カセドリとは「手踊」である。大部分が秋田民謡のおばこ節であったという。換言すれば、その当時で容易に踊れるもの、即興で簡単にできるものとしては手踊であり、どんな踊りでもよかったのである。そこで、多く採用されたのが、秋田のおばこ節だったのである。

続いて、二代目十返舎一九《じっぺんしゃいっく》の『奥羽一覧道中膝栗毛』によれば次のように説明していた。「△田植踊。田植いろいろあり。（中略）かせとり。これはさまざまのをどりなり。いづれもふえ、たいこ、かねのみにて、さみせんつづみはきんず」とあった。これは田植踊りの説明を二代目十返舎一九がしており、それに踊りとして付いたカセドリのあらましには条件があった。第一に、色々な踊りであること。第二に、笛と太鼓と鉦は使用しても良いこと。第三に、三味線や鼓は使用禁止であること。第四に、正統な伝統芸能でもなければ、雑芸能者が行なったこと。第五に、金銭対価を求めるものや物乞いの類いの訪問者も含まれること。これから理解できることはカセドリとは芸能や余興に付いたさまざまな踊りのことである。本踊りに付加としてついた加勢する意味から加勢踊りといわれ、それが転訛してカセドリとなったものである。

次のように説明できる。

加勢踊り→付踊り→カセイオドリ→カセイドリ→カセドリ

ゆえに、カセドリとは、加勢踊りから発展した付踊りなのである。それが加勢するので加勢踊りになり、加勢踊りが加勢する踊りの部分が加勢取りや加勢鳥に派生したのであろう。そして加勢する踊りから動きのある鳥・鶏にもなったのである。さらに稼ぐ意味から稼いだことを意味する稼ぎ取りにもなったのが妥当な考えである。鳥とするもの、加勢踊りとするものとは別に、一所懸命に働いた結果は大きな家を立てることができたという新築祝いを祝う側から行動する、稼いだ家をカセドリとする行為が新築祝うから出産祝いや結婚祝いも含めてしまうカセダウチ、カセダウリもカセドリの一種であろう。このように三種類の意味を担って、拡大解釈されるようになったのがカセドリという行事である。ゆえに、鳥でもよければ、加勢踊りでもよい。また、稼いた家でもよかったのである。

8　ホトホト・トヘイ・トノヘイ・コトコト・トビトビ

青森県

旧川内《かわうち》町(現むつ市)仲崎では小正月の晩に子供らが木に貝をつけて鳴らしながら、「明きの方からカパカパ参った」と唱えながら家々を回って歩いた。

旧川内町（現むつ市）銀杏木《ぎんなんぼく》では十四日の夜、子供たちが「明きの方からカパカパ来たよ」と唱えながら家々を歩いて餅を貰っていた。

旧川内町（現むつ市）田野沢では一月十五日に子供たちが餅を貰って歩いた。

旧脇野沢町（現むつ市）では大正月の年取りの晩に子供らが人形を作り、各家を回った。家々では人形の代わりに餅や金を置いた。

佐井《さい》村福浦では子供らがカパカパを行なって、餅を貰っていた。

旧平舘村（現外ヶ浜町）根岸では一月十六日に男の子七、八人でヤドフネという舟を担いで集落を回った。旧

図—7　カパカパ人形
（左から女、男）

蟹田《かにた》町（現外ヶ浜町）では男の子が大根を魚形にして墨を塗ったものを持って、「春の初めにカパカパ来た、餅なら三つ、銭なら三文」と唱えて家々を回った。家人が餅や金を与えると、「家内安全、大漁満足」といって礼を述べて帰って行った。

カパカパは、和歌森太郎（一九一五—一九七七）の『津軽の民俗』（吉川弘文館・一九七〇）によれば、野菜と色紙と箸によって作られた人形だった。

田舎館《いなかだて》村大根子《おおねっこ》では割り箸を十文字に組み大根か人参を頭部に準えて墨で目鼻口を書き、色紙の着物を着せた人形を持って「アジ（恵方《えほう》）の方からカパカパ来した」と唱えて歩いた。家々では餅や蜜柑を与えた。

鳥取県

旧郡家町《こおげ》（現八頭町《やず》）では正月十四日にホトホトといって、集落の男女が仮装して家々を回り、酒や餅やなどを貰い飲食した。

旧八東町《はっとう》（現八頭町）では十四日の晩に若者らがホトホトを行なった。蓑笠を着けて家々を訪れて藁細工を上り座敷に投げ入れながら豊作と安泰を祈った。また、若嫁の尻を叩いて回ったともいう。それに対して、家々では祝儀を包んだという。

旧船岡町（現八頭町）では十四日夜に蓑笠で変装した若者が集落の主な家を訪ね「ホトホト、ホトホト」といった。家人が出て来て餅を与えながら水を掛けたという。

智頭町《ちず》大内では十四日晩に合羽を被った子供らが銭差しを持って家々を訪れた。ホトホトというと家人が餅をくれたが水を掛けられた。

智頭町上板井原では十四日夕に蓑笠を着けた子供が家々を訪れた。玄関口で「ホトホト、ホトホト」というと家人が餅をくれた。大正時代に入り、ホトホトは乞食の真似と問題になり廃止された。

旧用瀬町《もちがせ》（現鳥取市）では十四日の夜にホトホトといって顔を隠して蓑笠を着た者が藁製のオモガイ（馬具の一種、組紐）や銭差しを持って集落内の大きな家を訪れた。オモガイや銭差しなどを贈られた家では返礼の金を与えた。

旧鹿野町《しかの》（現鳥取市）でも十四日夜に頬被りして蓑を頭から被った者が家々を訪れ、無言で手を出した。餅をやると静かに帰って行った。

旧河原町（現鳥取市）でも十四日に若者らは蓑笠を着けてホトホトに出た。家々を訪れて、「ホートホト、ホートホト」と小声でつぶやいた。家人は餅を与えて隙を見て水を掛けた。

旧西伯《さいはく》町（現南部町）では一月十四日夜に子供らがホトホトといって家々を訪れた。家人は餅を与えるが、水を掛けたという。

米子市でも十四日はホトホト行事が見られたが、昭和八年頃まで続いていたという。ホトホトとはホトホトと戸を叩く音からきた呼び名であった。古くは春に訪れる祝福を伝える神であった。

旧淀江《よどえ》町（現米子市）では十五日のとんど焼きの際に、「ホトホト、餅ごしない」といって家々を回って餅を貰ったという。

日南《にちなん》町では一月十四日に若者らが、厄年に当たる人の家に厄落しの藁で作った馬、藁製の銭繋ぎ、松竹梅の飾り物を持って行き、「ホトホト」と大声で唱えた。家人は水を掛けて祝い、用意しておいた酒肴や餅で御馳走をした。トロヘンともいった。

江府《こうふ》町では十四日の夜はホトホトといって若者らが藁馬や銭差しを作り、厄年の家の戸口に置いて三度雨戸を叩いた。家人はこれを受けて神棚へ供えて、返礼として酒肴や餅を与えたが隙を見て水を掛けた。

日野《ひの》町菅福《すげふく》では、平成三十一年（二〇一九）二月九日に、ホトホト行事が行なわれた。ホトホトは六十一歳と四十二歳の厄年を迎える人がいる家に、お祝いの縁起物を持参して、家人から祝儀を貰った。帰る際に水を掛けられると厄が落ちるという習わしである。昭和三十年代に途絶えたが、平成十四年（二〇〇二）に地元保存会が復活させたものである。

島根県

松江市では小正月の夜にホトホトが行なわれた。青年たちが頬被りをして家々を回り、板戸や障子を「ホトホト」と唱えながらガタガタさせて、家人から餅などを貰った。

旧島根町（現松江市）では小正月にホトホトといいながら、子供らが家々を回って餅を貰った。若者たちが頬被りをして銭差しを持って大家の家に行き、「ホトホト、祝ってごっさいの」といって雨戸を叩いた。家人が銭や餅を与えたという。コトコトともいった。

旧美保関《みほのせき》町（現松江市）では正月十一日から十五日にかけての行事だった。小正月の夜にホトホトと音をたてながら訪れてくる仮装神人の祝福であるといった。子供らが「ホトホトに来ました、粟餅はいらぬ、米餅をごじゃれ」といって藁馬を差し出して米や餅をねだったという。

旧玉湯《たまゆ》町（現松江市）では一月十四日の晩にホトホトと唱えて、若者や子供らが顔を隠して藁馬を持って餅を貰いに来た。

出雲《いずも》市では十五日の晩はホトホトといって、若者と子供らが顔を隠して藁馬を持って家々から餅貰いに歩いた。

旧平田市（現出雲市）では小正月の晩に若者や子供たちが頬被りして顔を隠し蓑やマントを着けて、藁馬や銭差しを持って各家を訪れた。家人は餅や銭を祝いとして与えた。その時に隙を見計らって水を浴びせた。この行事は若者や子供らは無言でかすかに「ホトホト」とか「トロトロ」といった訪れの声を発するだけだった。

旧佐田《さだ》町（現出雲市）では十四日の夜に若者が手拭で顔を隠して蓑笠を着けて、藁馬に入れ物を背負わせて家々を訪れた。家人が藁馬の入れ物に物を入れて置き、それを取りに着た若者に対して水を掛けた。

旧湖陵《こりょう》町（現出雲市）では小正月にホトホトが来たといって、家に来た子供らに餅を与えた。

旧大社《たいしゃ》町（現出雲市）では正月十四日の晩に子供らが四、五人連れ立って家々を訪問した。「ホトホト」と掛声を発すると、家人は「ホトホトさんか」といって、金や餅をくれた。ホトホトとは、「ホギゴト」（言祝《ことほ》ぐ）という意味に解釈して、正月神が子供に姿を変えて家を訪れたという。

旧温泉津《ゆのつ》町（現大田《おおだ》市）井田では一月十四日に子供らが藁馬を作り、「トラヘイ、トラヘイ」と叫びながら藁馬を家へ投げ込んだ。投げ込まれた家では藁馬に米や餅を入れて返した。子供らが藁馬を引き取る際に、隙を見て水を掛けた。水を掛けるのは祝いの意味といわれたという。

大田市久利《くり》町では十五日にトロヘイを行なった。集落の青年が顔を隠して蓑笠を着て、家々へ藁馬を投げ込んだ。「トロヘイ、トロヘイ」と小声で呼びかけた。家人は藁馬へ餅を入れて返した。青年が餅を取り出そうとする際に水を掛けられた。トロヘイの青年が蓑笠を着ているのはこのためであったという。

江津《ごうつ》市では小正月にトロヘイといって、子供たちが藁馬を作り、「トロイトロイ祝うてやんさい」と唱えながら家へ投げ込んだ。投げ込まれた家では餅を与えて返してやった。

旧桜江《さくらえ》町（現江津市）清見では小正月の十四日の夜に、ホトホトと称して若者が蓑を着て物を貰って歩いた。

浜田市では十四日の夕方にトイトイ、トイトイを祝うと称して、若者や子供らが藁馬を作り、「トイトイ」「トヘトヘ」などといって、集落を回って歩いて餅を貰いにやって来た。その際に隙を見計らって水を掛けられたという。家では水をうまく掛ければ、「マンがよい」といい、水を掛けられた方は、「マンが悪い」といった。

旧金城《かなぎ》町（現浜田市）では小正月の晩はトラヘイ、トロトロと称して、若者や子供たちが藁馬を作って、集落内の家々を訪問して餅や銭を貰っていた。その際には水を掛けられたという。

旧弥栄《やさか》村（現浜田市）では一月十四日にトノヘイといった厄払いの行事があった。青年たちが藁馬を作り、各家を「トノヘイ」といって回り、餅や金を貰った。

旧日原《にちはら》町（現津和野《つわの》町）では小正月の十四日の夕方に、若者や子供らが銭縄を持って家々を訪れて餅を貰って帰った。この晩は遠くから「トイトイ、トイトイ」の声が聞こえたという。

旧柿木《かきのき》村（現吉賀《よしか》町）では十四日の夕方に、青年や子供たちが藁馬を作り、「トイトイ」といって家々を回り、餅を貰って歩いた。トイトイに対して水を掛けることもあった。トイトイから貰った藁馬は「初午《はつうま》が来た」と喜ばれたが、一方では、トイトイは「百姓の乞食《こじき》はじめ」ともいわれた。

旧六日市町（現吉賀町）抜月《ぬくつき》では正月十四日の夜に子供らが藁馬を作って家々を訪ねて「トイトイ、トイトイ」と叫んで、餅や銭を貰った。隙があれば水を掛けたという。

旧西郷町（現隠岐《おき》の島町）では正月十四日の夜は子供らが各家を回って、「ホトホト餅ござしゃい」といって袋を投げ込んだ。家の中からは餅を入れた袋を投げ返された。このホトホトとは、戸を叩く音の意味であったという。

旧都万《つま》村（現隠岐の島町）では正月十日の夜にホトホトと称する行事を行なった。子供らは大根や甘藷で鋤や鍬の農具を作った。それを持って家々を回って交換に餅を貰った。その際に水を浴びせられたという。

旧海士《あま》町（現隠岐の島町）でも十四日をホトホトといい、餅を供える晩は年取りの夜の終わりであったという。

旧西ノ島町（現隠岐の島町）では十四日の夜はホトホトという行事があった。子供らが、「ホトホト、餅をござっしゃい」といって家々を回って餅を貰った。

川本町田窪では十四日に、「トロヘイ、トノヘイ」といって、若者たちが藁馬を作って顔を隠して家のなかに投げ込むと餅や銭を持たせてくれた。帰る時には水を掛けられた。祝ってくれない家からも水を掛けられたという。

旧邑智《おおち》町（現美郷《みさと》町）では正月十四日はトラヘイの日として祝った。

旧石見《いわみ》町（現邑南《おおなん》町）正月十四日はトノヘイの日として仕事は休んだという。

旧赤来《あかぎ》町（現飯南《いいなん》町）ではトロヘイに仮装した者が小正月の晩に、袋を付けた藁馬と銭差しを持って家々を回り、「トロヘイ、トロヘイ」と唱えてこれらを投げ込んだ。家人は投げ込まれた袋に餅や米を入れた。トロヘイが袋を取りに来た時に水を掛けた。

旧頓原《とんばら》町（現飯南町）では十四日の夜のトロヘイ行事で、若者や子供たちが藁馬に福の神を託して、「トロヘ、トロヘ」といって家々を訪れた。家人は米や餅を振る舞って、トロヘイに水を掛けて祝った。

旧掛合《かけや》町（現雲南《うんなん》市）では一月十四日にホトホト、トロヘイ、トロヘンと呼ばれた行事があった。少年たちが数人ずつ組になって顔を隠して蓑笠を被って、藁馬を作り「トロヘー」と叫びながら家々を回って餅、米、銭などを貰った。子供らも昼間のうちに「トロヘイだ」「ホトホト貰いに来ました」といって門付《かどづ》けをした。この行事は明治時代中頃に、「蛮風野俗」とみなされ、『島根縣町村治績』（島根縣内務部・一九一〇）によれば、村中の約束により、「トロヘント称スルコトヲ廃スルコト」とされた。

旧吉田村（現雲南市）ではトンド焼きの前夜に行なう習俗としてトロヘン、ホトホト、トロヘイがあった。若者が蓑笠を着て藁馬や銭差しを持って家々を回った。家人はそれを受け取り、代わりに餅などを与えた。その際に隙を見計らって水を掛けたという。

旧三刀屋町《みとや》（現雲南市）では十四日の夜に若者らが藁馬や銭差しを持って家々を回り、「ホトホト」といって正月餅を貰った。同町根波別所《ねばべっしょ》では若者が馬を連れてホトホト回りをして馬の餌《えさ》を貰ったところもあった。

旧木次町《きすき》（現雲南市）では旧正月十四日に若者が頬被りして蓑笠を着て藁馬を持って「ホトホト」と唱えて各家を回った。家では「今夜はホトホトが来るぞ」といって楽しみにしていた。用意しておいた餅や祝儀をはずんだ。隙があれば水を掛けたという。ホトホト、コトコトと称するのは、人が神に変装して、戸を叩く行為を意味する音から名付けられた。

旧大東町（現雲南市）では十四日の夜に、藁細工を作って他家に投げ入れた。返礼の餅を貰って、その餅を牛に食べさせたという。

旧横田町（現奥出雲町）では十四日の昼間はホトホトといい、夜はトロヘンといった。

旧仁多町《にた》（現奥出雲町）では十四日の晩に若者や子供らが藁馬や銭差しを持って「トロヘン、トロヘン」叫んで家々を回り、餅や酒を貰った。その際に隙があれば若者に水を掛けたという。うまく掛かれば豊作になるといった。掛けられた若者も病気をしないといわれた。

旧伯太町《はくた》（現安来市《やすぎ》）では一月七日の夜に若者や子供らが頬被りして獅子面を着けて「ホトホト」といいながら家々を訪ねて餅を貰った。同町上小竹《かみおだけ》と下小竹《しもおだけ》ではトロヘイといった。

旧広瀬町（現安来市）では一月十四日の晩をホトホトといった。若者が藁馬や銭差しを作って、厄年の人の家へ行き、「トロヘン、トロヘン、トロヘン」と唱えた。厄年の家では返礼としての酒肴や餅を用意して置いた。

隙を見て水を掛けられたという。

岡山県

旧阿波村（現津山市）では小正月に縁側に餅や大豆を供えて置いた。「ホトホト、ホトホト」といって子供たちがやってきた。

旧上齋原《かみさいばら》村（現鏡野《かがみの》町）では明治四十年頃まで若者らがホトホトを行なっていた。家々から餅を貰って歩いたという。

旧邑久《おく》郡（現瀬戸内市）では十四日にホトホト、ゴリゴリと唱えて厄年の者が銭差しを持って家の戸を叩くので家人は餅や金を与えた。

旧旭町（現美咲《みさき》町）では正月十四日に集落の子供や若者らが銭差しを持って手拭で顔を隠してコトコトといって家々を回った。家人は交換に餅や菓子や金を与えた。

旧北房町（現真庭《まにわ》市）では小正月の夜の行事として子供たちが藁馬を載せて家々を回った。藁馬を置いてコトコト合図するので、家人は餅と交換にそれを祝儀としていただいた。

旧美甘村（現真庭市）では十四日に子供らが銭差し（銭つなぎ）を持って家々を訪れた。ホトホトと戸を叩くので、家人は餅と交換にそれをいただいた。隙を見て水を子供らに掛けることがあった。

旧落合町（現真庭市）では、正月十四日に子供や仮装した男女が家々を訪れて、ホトホトと雨戸を叩きながら銭つなぎを渡して餅を貰った。同町鹿田では十日がコトコト、同町下原田《しもはらだ》では十日がホトホト、同町吉《よし》では十一日がコトコトで、同町大庭では十一日がホトホトであった。

新見市では正月十四日夜に子供らが藁馬や銭差しを持って家々を回り、縁側でコトコトと音を立てると、家人は餅や大豆で祝ってくれた。

総社市《そうじゃ》新本《しんぼん》、水内、下倉では正月十五日の晩に少年たちが藁馬を作って、顔を隠してゴリゴリをした。家人はゴリゴリが来るといって縁側の戸を少し開いて、餅や蜜柑を盆に載せて置いていた。少年たちは、「ゴリゴリを祝うてつかあせえ」といって、藁馬とそれらを交換した。ゴリゴリが持ってきた藁馬は年神様へ供えたという。

旧昭和町（現総社市）では正月十三日にコトコトといって、子供らが藁馬を作って大家などを回った。「祝うたぞな」と唱えて、餅や金を貰った。

旧加茂川町（現吉備中央町）では小正月の十一日の夜に子供たちが近所の家を訪れて戸をコトコトと叩いた。叩かれた家人は、「コトコトが来たぞ」といって餅や蜜柑や柿などを与えた。コトコトは歳神様の使いで福をもたらすといわれた。

広島県

旧比波《ひば》郡西城《さいじょう》町（現庄原《しょうばら》市）では正月十四日に、若い男女や厄年の子供が藁馬、藁龍、銭差しなどを作り、家々を回った。「トロヘイ、トロヘイ」というと、家人が餅や蜜柑や雑穀などを祝ってくれた。農村部ではトロヘイ、トリヘイ、トラヘイといい、町内ではトラヘイといった。

旧口和《くちわ》町（現庄原市）では、十四日夜に子供らがトラヘイといって餅や蜜柑を貰って歩いた。行事で水を掛けられたが、予告しておくと馳走を出してくれたという。トラヘイに歩くとマメ（元気）になるといわれた。

旧高野《たかの》町（現庄原市）では正月十四日はトロヘイであった。戦前は厄年か歳男がしていたが、戦後は若者や子供の行事となった。藁馬を作り笊に入れて家々を訪れた。各家では藁馬を取り出して餅や蜜柑などを入れて返した。隙を見てトロヘイに水を掛けた。藁馬は床の間に飾り牛馬安全を祈願したという。

旧作木《さくぎ》村（現三次《みよし》市）では正月十四日に夜にトノヘイ、トロヘイといって若者が藁馬や藁牛などを作って家々を訪れた。家人は餅やお金と交換した。その時に隙を見て水を掛けた。

旧布野《ふの》村（現三次市）では、この行事は一月十四日をトノヘイと称し、戦いに負けた戦国武士が食を乞うための遺風と伝えられていた。若者が藁馬を作って家々を門付《かどづ》けして歩いた。家人は藁馬の返礼に餅を出すが若者が餅を取ろうとすると水を掛けた。水掛けと餅取りのやりとりがおもしろく珍妙な行事であったという。

旧君田《きみた》村（現三次市）ではトノヘイ、トラヘイを「殿平《とのへい》」ともいった。

旧油木《ゆき》町（現神石高原《じんせきこうげん》町）では正月十四日の夜に厄年の者は厄払いと称して、「トロヘイ、トロヘイ」と奇声をあげて豆を貰った。そして、今度は豆を四辻へ落として回った。これが若者や子供の娯楽行事となり、戦後しばらく続いたが廃れてしまった。

豊田郡旧豊浜町（現呉《くれ》市）大浜ではトリヘイといって、十四日の晩に子供らが「トリヘイ、トリヘイ」といって各家を回った。家々では餅を与えた。

旧浦崎村（現尾道市浦崎町）では十四日の行事をトロヘンといった。

旧賀茂郡川上村（現東広島市）八本松町では旧正月十四日に、若者たちが藁製の入れ物を家に投げ込んで「トノヘイ、トノヘイ」と唱えた。家人が出て来て餅を入れてくれた。餅を持ち去る隙を見て水を掛けられたという。

旧高田郡高宮町（現安芸高田《あきたかた》市）では、一月十三日か十四日に、子供らが甚八笠《じんぱちがさ》を被って蓑を着て、藁スボという入れ物を家の戸口から差し入れて餅を貰ったという。

同郡旧八千代町（現安芸高田市）ではトロヘイと称して一月十三日に行なっていた。若者が三々五々集まって藁馬を作り、金持ちの家へ行き、「トロヘイ」といって土間へ投げ込んだ。藁馬に餅を入れて吊るしておいて若者が取りに来た時に水を掛けたという。

旧甲田《こうだ》町（現安芸高田市）では正月十四日に行なわれる。トラヘイ、トノヘイの意味は、戦国時代の落武者が身を寄せるために食物を乞う遺風であった。「殿への意」から起こったと語られてきた。

山県郡旧芸北町（現北広島町）美和のトノヘイは新築する家へ模型を持って行った。戸口に立って、「トノヘイ、トノヘイ」といった。家では祝餅を天井に吊るし、トノヘイに祝い水を掛けたという。

旧戸河内《とごうち》町（現安芸太田町）では正月十四日の夜にトロヘイ、トノヘイ、トロトロといいながら、顔を隠して蓑笠を着けて大きな袋を提げて、家々を訪れて餅を貰って帰った。子供らは連れ立って家々を訪ねて藁人形を投げ込んで餅を貰って来た。その際に子供らの顔に筆で墨をつけたという。

旧大朝《おおあさ》町（現北広島町）新庄ではトノヘイといって藁細工を持って大家を訪れる者がいた。藁細工と交換に餅や米を貰った。その際に家人より水を浴びせたという。明治以後は子供らの行事になり、戦後は廃れていった。

佐伯郡佐伯町（現廿日市《はつかいち》市）津田では子供たちが、「トロヘイが参りました」といって餅を貰って歩いた。「トロヘー、トロヘー」といって家々を歩くのであり、貰った餅は、トロヘー餅といった。昔のおもしろ半分にたわむれた遊びのようであった。

旧佐伯郡吉和《よしわ》村（現廿日市市）では正月十四日の晩に子供らがトノヘエ、トロトロと称して藁細工を持って各家を訪れた。家人が餅や金を与えた。

山口県

柳井《やない》市では正月十四日の夜に、若者や子供らが藁で作った馬や銭差《ぜにさ》しを持って家々を訪ねて餅を貰った。行事名としてはトロトロ、トロヘイ、トイトイ、トヘ、トヘイなどといった。

旧大畠《おおばたけ》町（現柳井市）では十四日の餅の粥《かゆ》の日に、子供らがちょろちょろ動いて藁馬と交換に餅を貰って歩いた。この行為の動作を見てトロトロというようになったという。

田布施《たぶせ》町では十四日の晩に子供らが恵比寿《えびす》様、大黒《だいこく》様、松竹梅などの縁起物を持って家々を訪ねた。「トロトロ」と叫んで隠れた。家人が、「トロトロさんが祝って来てくれた」といって餅や金を与えた。トロトロの後を追いかけたり、顔を見てはいけないとされていたという。平生《ひらお》町では一月十五日にトロトロといって子供らが各家を訪ねて餅や金を貰い歩いた。

旧鹿野町（現周南《しゅうなん》市）では一月十一日に、子供らが家々を訪ねて、「トロヘイ、トロヘイ」と叫んだ。そして小銭や餅を貰った。この行事はトビともいった。

防府《ほうふ》市では一月十五日に、トロヘイ、トロトロといって青年や子供らが家々を訪ねて餅を貰う行事があった。青年ならば顔に墨をつけられたり、水を掛けられた。

旧秋穂《あいお》町（現山口市）では正月十四日か十五日はトビを行なった。集落によっては十一日の場合もあった。青年たちが藁馬を作り、新婚家庭や新築した家のお祝いと称して「トビ、トビ」といって藁馬を差し出した。家人は餅や蜜柑や菓子を祝儀盆に載せて返した。その際に隙を見て水を浴びせたという。貰った餅は若者宿で汁粉にして食べて、水浴びせのある行事を楽しんだという。

旧阿東《あとう》町（現山口市）では一月十四日はトヘと称した。「盗餅《とへ》」の字を充てた。若者らが集まってトヘ馬やトヘ俵を作った。夜になってから、「トヘ、トヘ、トヘの晩じゃ、祝うちょくれ、トヘを祝うちょくれ」といって、集落の大家や祝い事のあった家を回った。各家では餅や銭を与えた。隙を見て水を浴びせられるとその一年は運が悪いといった。

旧徳地《とくぢ》町（現山口市）では一月十四日をトロヘイと称した。トロトロ、トヒトヒといって、大家や婚礼か新築の家を藁細工品を持って訪ねて物を乞うた行事であった。しだいに遊戯化して廃れていった。

旧秋穂二島《あいおふたじま》村（現山口市）においても十四日の晩は、前年に婚礼をした家や新築した家にトヒが来るといっていた。若者が藁馬を作って「トヒ、トヒ」といってやって来た。家人は、餅一重と金一封を盆に載せてトヒが持って来た藁馬と交換しながら隙を見て水を浴びせた。

美祢《みや》市では一月十四日の夜に、子供らが大根に松竹梅で作った馬、あるいは藁馬かを持って家々を回った。「トへ、トへ」といって隠れると家人は餅などと交換した。子供が餅を取りに来た際に水を掛けた。水ではなく墨を塗られるところもあった。

長門《ながと》市では一月十四日の晩に青年や子供らが手拭で顔を隠して前年に結婚や誕生や新築した家々を訪れた。「トヘイ、トヘイ」といって囃し立て餅や祝儀を貰った。『長門市史民俗編』（長門市・一九七九）によれば、トヘはトーヘイ、トヘイといって餅を盗《ぬす》み取《と》ることの「盗餅《とへい》」に由来すると伝えている。家々を訪問して餅を貰って歩くのが基本形としている。

旧むつみ村（現萩《はぎ》市）では正月十四日はトイトイの日であった。子供たちが藁馬を作って家々を訪れ、藁馬と交換に餅や金を貰った。家人は隙を見て水を掛けた。水を掛けられずに上手に取ることができるか、子供たちの運勢を占った。水を掛けることができた家ではその年は運が良いと喜んだ。

旧福栄《ふくえ》村（現萩市）では十四日はトヘといい、盗餅の字を充てた。若者らが藁馬や藁俵を作って、夜になると集落の大家や祝事があった家を訪問した。「トヘ、トヘ、トヘの晩じゃ祝うちょくれ、トヘを祝うちょくれ」といって、藁馬や藁俵を差し出した。家人は餅や金とそれを交換した。そして、隙を見て水を掛けたという。この水掛けは、若者と家人との運試しの占いでもあった。

旧田万川《たまがわ》町（現萩市）では一月十四日にトイトイといって家々を訪ねて、餅を貰って歩く行事があった。萩市では二月十四日をトヘといって子供らが藁馬や藁人形を作って家々を回った。各家では餅と交換した。その際に次のような唄を歌ったという。「今夜はいのこ、いのこ餅をついて祝わんものは鬼を生め、蛇を生め、角のはえた子を生め」と。

旧由宇《ゆう》町（現岩国市）では十四日晩にトロトロの行事を行なった。前年に祝い事があった家に子供らが宝船や松竹梅などの縁起物を持ち込み、訪問された家では餅や銭を祝儀として持たせた。その際に隙を見られて水を掛けられたという。

岩国市では旧正月十三日に、子供らが他家を訪れて、「トロトロ」といった。声を掛けられた家では餅を与えた。旧大和《やまと》町(現光市)では一月十四日をトロトロといった。子供らの行事であり、一種のレクリエーションであった。旧錦町（現岩国市）一月十五日をトロトロやトロヘイといって、若者らが藁馬を作って家々を訪れて餅を貰っていた。

旧菊川町（現下関市）では正月十四日にトヘという行事を行なった。新築、新婚、嫡男出生などの祝い事があった家を若者たちが藁馬を持って「トヘ、トヘ」と叫びながら訪れた。トヘを迎えた家では餅一重と祝儀を手渡した。そして、家人が隙を見てトヘに水を掛ける時があった。

旧豊浦町（現下関市）では一月十四日に盗餅《とへ》の行事を行なった。子供らが藁馬を作って、お祝いのあった家や知名士や親類家などを訪問して、「トヘ、トヘ、トヘの晩じゃ祝うておくれ、トヘ、トヘ」といいながら盆に乗せて差し出した。家人は藁馬を貰い、礼に餅や菓子や金を盆に乗せて返した。隙を見て水を掛けた。家では藁で作ったトヘ馬を貰い、「春から若駒が舞い込んだ」といって縁起がいいと喜んで床の間に飾った。

旧豊北《ほうほく》町（現下関市）では十四日に若者や子供たちが連れ立って、銭差しを持って年祝い、新婚、新築の家々を回って、「トヘ、トヘ、トヘの晩じゃけ、祝うちよくれ」「トヘ、トヘ、トヘの餅はねじれても太いがええ」と叫んで家々を訪れた。家人は餅や祝儀を与えたが水を掛けることも忘れなかったという。ここでもトヘとは盗餅《とへい》と書き、「餅を盗み取る」ことの所作・しわざを語ったものであったとされていた。

下関市では子供らが藁馬を作り、「トヘ、トヘ」と叫びながら、各家を訪ねて餅を貰う行事があった。餅を貰う時に、水を掛けられないように避けるのが楽しみであったという。トヘから貰った藁馬は家の神棚や床の間に飾ったという。

徳島県

旧土成《どなり》町（現阿波《あわ》市）では正月十四日に子供たちが連れ立って家々を訪れた。「おいわいそ、おいわいそうにコトコト」といって、首に吊した袋に入れた銭差しと交換に餅や米や菓子を貰った。おいわいそうは子供にとって楽しい正月行事であった。米は粥にして翌日食べたという。

旧阿波町（阿波市）では正月十四日に子供たちが組になって家々を訪れた。「お祝いそでコトコト」と唱えると家人が出て来て米や菓子や蜜柑をくれた。翌十五日に米を入れた粥を炊いて食べた。夏病みしないといわれた。

旧山川町（現吉野川市）では十四日に子供らが銭差しを持って家々を回り、「お祝いそうにコートコト」と唱えて、餅や米を貰った。

松茂《まつしげ》町では十四日に子供らが家々を回って、「お祝いください、おいわいそう、コトコト」といって餅や米を貰った。

旧相生《あいおい》町（現那賀《なか》町）では十四日の晩に若者たちが各家を回り、「お祝いコトコト」といって鏡餅を貰った。餅はぜんざいに入れて食べたという。

福岡県

田川市一円には正月十四日の晩にトーヘーと呼ばれる行事があった。子供と若者組が担い手であった。子供は宵の口に、若者は夜十時頃に、火をおこす火吹竹、注連縄《しめなわ》、藁たわし、草履《ぞうり》、茶筅《ちゃせん》などを作って盆に載せた。これを持って家々を回る。「トーヘー、トーヘー祝うちおくれ」というと、家人は盆のなかのものを受け取り、代わりに餅を入れてやった。そして、この盆返しの際に子供らは水を掛けられたという。

香春《かわら》町では小正月の十四日の夜に、若者たちが顔を隠して家々を回り藁細工や竹細工を投げ込んで餅などを貰って回った。これはトーヘー、トヘトヘと呼ぶ行事であった。

福岡市近辺も同様の行事が多かった。かつては南区多賀、西区宮浦、西区田尻でもトビトビ行事が行なわれていた。早良《さわら》区石釜《いしかま》のトビトビは正月十四日に行なわれた。現在は十四日に近い土曜日に行なうようになった。かつては蓑笠を着たが、今はトビといって上をひとまとめにくくった藁束である。子供らはトビを着て家々を「トービ、トービ」と唱えながら訪れた。各家には輪注連縄を、前日までの一年間に男の子が生まれた家には藁馬、女の子が生まれた家には藁海老をそれぞれ贈った。家々では餅を交換に渡した。その際に隙を見てトビに水を掛けた。トビから貰った藁細工は家の神棚か床の間に飾った。石釜はトビトビといって石釜子供会育成会が復活させ、現在も行なわれている。平成十六年（二〇〇四）に福岡市無形民俗文化財に指定されている。

このホトホト、トヘイ、トノヘイ、コトコト、トビトビという行事には多くの名称がある。最初は戸を叩く音だったのが、コトコトをホトホトと発音したりすると、それが行事名となり、定着したこともあったという。そして、その擬声語が色々な言葉に展開したと考えられる。それをあげてみると次のようになる。

「カパカパ」（青森県むつ市）

「ホトホト」(鳥取県鳥取市、島根県松江市、岡山県津山市)
「トラヘイ」(島根県大田市)
「トロヘイ」(島根県大田市)
「トイトイ」(島根県浜田市)
「トロヘン」(島根県雲南市)
「トノヘイ」(広島県三次市)
「トロヘー」(広島県廿日市市)
「トリヘイ」(広島県庄原市)
「ゴリゴリ」(岡山県瀬戸内市)
「コトコト」(島根県雲南市、岡山県真庭市、徳島県阿波市)
「トロトロ」(山口県柳井市)
「トヘイ」(山口県柳井市)
「トヘ」(山口県山口市)
「トヒ」(山口県下関市)
「トーヘー」(福岡県田川市)
「トヘトヘ」(福岡県田川市)
「トビトビ」(福岡県福岡市)

「トービ」（福岡県福岡市）

「トビ」（福岡県福岡市）

青森県においてカパカパというのは、子供たちがカパカパ人形を作って、それを手に持って家々を歩き回っていたからである。パカパカともいっていた。「図―7」を参照してほしい。その人形を振り回す際に着物の袖がカパカパと鳴ったのである。

ホトホト、コトコト、ゴリゴリ、トロトロという擬声音は物を打つ、物を叩く、物を擦る音であり、その音を行事の名前にしたものである。トビ、トービ、トビトビとは藁製の上を結び付けただけの簡単な被り物のことである。それが転訛してトヘ、トヘイ、トヘトヘ、トーヘー、トロヘー、トノヘイとなったと考えられる。

9　カイツリ・カユツリ

高知県

「土佐の粥釣《かいつり》」といわれたように、高知県において、正月十五日は粥正月《かゆしょうがつ》、粥祭《かゆまつり》と称された。高知市においては正月十四日の晩はカイツリといって若者連中が娘のいる家へ押しかけて歌と踊りとにわか（即興芝居）などの演芸をした。土佐から創められたカイツリは四国全域に広まり、この風習は海を渡って岡山県まで届いていた。

旧土佐山村（現高知市）では紅白粉《べにおしろい》や道化面にて変装した若者たちが家々を訪れて若餅を貰って歩いた。家では「オカイツリが来た」といって喜んだ。そして水を掛けたという。カイツリで七軒の家の餅を集めて正月様に供えた餅を食べると夏病みしないという。

平成二十九年（二〇一七）二月四日に、高知市大橋通り商店街において土佐の年中行事カイツリを再現した。その際に廃れていたカイツリ復活かと思われたが第一回のみで、翌年は中止となった。

安芸《あき》市においては十四日の晩はカイツリが盛んに行なわれた。粥釣は子供たちと若者たちによるものとが並行して行なわれた。子供らは竹の箸や植物の茎で作った箸を膳か紙に載せて、「かゆつり、かゆつり」と唱えながら家々を訪れて贈り、代わりに若餅を貰った。若者らは組を組んで女装した男や男装した女が家々を訪れて、歌ったり踊ったりして、その家の家運と厄年の者がいれば幸運を寿いだ。

南国市においては十四日の夜は若者たちが変装したり、芸をしたりして、「かいつり、かいつり」といって家々を回って餅などを貰って歩く習わしであった。

旧国府《こくふ》村（現南国市）ではカイツリの材料は他の家より手に入れると福が来るといわれた。カイツリが流行してくると、若い娘の家へ遊びに行く風潮になり、明治末まで行なわれた。

土佐市では十四日にカイツリが行なわれた。子供が頬被りをして隣家を回り「粥釣っとうせ」といって門付《かどづ》けすると家々では餅や蜜柑などを与えた。若者たちは色々と変装して男が女に、女が男に化けて無礼講に振る舞った。

旧戸波《へわ》村（現土佐市）では十四日粥釣といって子供や若者が「粥を祝いましょう」とやってくるので若餅を与えたという。

須崎市では旧正月十四日の晩に子供や若者が女装したり、面を被ったりして、「かいを釣っとうぜ」といって回った。家々では餅、菓子、果物などを与えた。七軒の家からそれらを戴くと、その年は夏病みをしないといった。

旧赤岡町（現香南市《こうなん》）ではカイツリが一月十四日に行なわれた。仮装をして面を被り、化粧をして素顔を隠した若者たちが家々を訪れ「かいつっとうせ」といって歌い踊って餅を貰って歩いた。特に年頃の娘のいる家では訪ねてくる若者が多いほど自慢になったという。

旧夜須《やす》町（現香南市）では一月十四日は子供や若者が面を被り化粧をして変装し、「かいつっとうせ、かいつっとうせ」といって家々を回り、若餅や菓子を貰った。特に新婚の家庭へは大人の男女も変装して歌や踊りをして祝ったという。

旧野市《のいち》町（現香南市）では一月十四日の夕方からカイツリ行事が始まった。子供や若者らが面を被り、化粧して変装をし、銭差し、粥箸、付け木などを持って「かいつっとうせ、かいつっとうせ」とはやし立てながら家々を回り、持参した贈り物を渡して金や餅や菓子を貰った。若者らは色々に変装して種々の芸をして楽しんだという。貰い集めた餅や米を食べると夏病みしないという伝承があった。

旧土佐山田町（現香美市《かみ》）では十四日はカイツリといって若者が変装して夜遊びに行く風習があった。

旧物部《ものべ》村（現香美市）では十四日晩に、若者が面を被ってボロの着物を着て木の枝を担いだり、あるいは美しく着飾ったりして、それぞれ趣向を凝らして変装をし、家々を回って「かいつりを祝うとうせ」というと家人が餅をくれた。家にもよるが酒肴を用意して馳走をして歌ったり踊ったりした楽しい一夜を過ごした。カイツリに水を掛ける風習もあり、作物の出来不出来を占った。

奈半利《なはり》町においては、カイツリは古くから御国風といわれて一月十四日であった。子供らが宝物を作って盆に載せて家々を回り、餅を貰って歩く風習としていた。年長の者も異形な格好でカイツリに紛れ込んで無作法なことをして、品行が良くないといわれた。

田野《たの》町ではカイツリは古くから一月十四日に子供らが宝物を作って盆に載せて家々を回って餅を貰ったとしていた。子供らに交じって大人も回るので行儀作法が良くないとしていた。

安田町ではカイツリといって、十四日に子供らが餅を貰いに回っていたが、大人が徘徊するのは品行が甚だ良くないとしていた。

北川村においては正月十四日にカイツリといって子供や若者が家々を訪ねて若餅を貰い歩く行事が全域であった。

特に平鍋《ひらなべ》集落では回ってきた子供に餅を与える際に、顔へ墨をつけて一年間の無病息災を願った。

馬路《うまじ》村では正月十四日夕方はカイツリと称した。子供らが家々を回って、「富串《とみくし》」という長さ四十センチメートルぐらいの棒二本を「お祝いをくれ」といって家人に渡した。家人は富串を受け取って、交換に餅を子供へ与えた。富串は神棚へ祀っておき、畑芋《はたいも》（里芋）・初稲《はついね》として植えつけた。

芸西《げいせい》村では正月十四日を「お十四日」といい、カイツリと称して子供らが面を被って顔を隠して「かいつっとうせ」といって家々を訪れた。特に、新築した家、新しく嫁を貰った家へは必ず訪れたという。若者たちも変装して太鼓を叩きながら家々を回って若餅を貰った。

本山町では一月十四日にカイツリを行なった。若者たちの男女が仮装して、婚礼や出産のあった縁起の良い家を訪れた。「粥を釣ってくれ」といって若餅を杓子《しゃくし》で受けて貰って食べるというのが本来の姿といい、一年の厄祓いをして福を招くといった。子供らも粥箸を盆に載せて交換に餅をもらったが、家人に見つかると水を掛けられたという。

大豊《おおとよ》町では正月十五日を奥正月といい、十四日に「合杖」と称する杖を作ってカイツリを行なった。子供や若者らが「かいつり、かいつり」といって杖と交換に菱餅を貰った。家によっては交換の際に子供や若者に水を掛けたという。旧仁淀川《によどがわ》村（現仁淀川町）では正月十四日にカイツリを行なった。子供らが銭差しを作って近所の家々を訪れ一握りの米を受け取った。これを七軒から貰い、その米で粥を炊いて食べると、その年は夏病みしないといわれた。旧吾川《あがわ》村（現仁淀川町）では一月十四日に子供たちは昼間、大人の男女は夜にカイツリを行なった。大人は年齢を問わず、銭差しを持ち、各戸を回って若餅を貰い歩いた。この際の男女は年頭に当たっての家々の繁栄を言祝ぐ来訪神に由来した。七軒の家から若餅を貰って粥を炊いて食べると夏病みしないといわれた。

中土佐町では十四日にカイツリをした。変装をした若者と子供らが粥箸、銭差し、付け木などを持って家々を回った。家々では交換に餅や干し柿などを与えた。カイツリで貰った餅を食べると夏病みしないといわれた。旧大野見村（現中土佐町）では十四日にカイツリをした。若者が家々を訪れて、熨斗《のし》に榊の葉を添えた「幸運の縁起」をもたらすと、縁起を祝われた家は餅を返した。この餅を粥に入れて食するとその年は悪疫を免れると信じられていた。

佐川町では十四日をカイツリといって若者が変装して芸をしながら家々を訪れて餅を貰った。後に子供の行事となったが蛮的行為として禁止させられた。

越知《おち》町では十四日に変装した若者が芸をしながら家々を回って餅を貰う行事だった。その後に子供のたわむれた遊びとして残っていたがしだいに廃れてしまった。

日高村では十四日の夜にカイツリと称して変装した若者が芸をして家々を回って餅を貰った。昭和初期に絶えてしまった。

旧葉山村（現津野町）では十四日の晩の行事であった。子供や青年が家々を回り、付け木や箸を盆に入れて差し出すと交換に金や餅を入れてくれた。青年は若い娘の家を訪問して歌い踊って楽しんだ。貰った米や餅を食べると夏病みしないといわれた。

旧東津野村（現津野町）では十四日の夕方より子供らがカイツリ行事を行なった。銭差しを作って家々を回って「かいつりにきました」といって家の戸を開けて投げ込んだ。代わりに家人から餅を貰った。明治中期まで続いたが、あまり良いことではないといわれ、とぎれてしまった。

旧十和《とおわ》村（現四万十《しまんと》町）でも男の子が粥釣と称して銭差しを置いて家々を回り、餅を貰って歩いた。

旧窪川町（現四万十町）では十四日の夕方化粧して変装した若者が家々を回って、「ぴーつり、かいつり、きいまいた、お餅ひいとつくださんせ」といって寸劇をしながら回った。家々では濁酒を振る舞い、菓子や餅を土産に持たせたという。

三原村では正月十四日の晩に若い男女や子供らが家々を回り、踊りをして餅を貰って次の家へ回って歩く風習があった。その晩は踊り子が次々と来るのでなかなか楽しいものであったという。

旧大方《おおがた》町（現黒潮町）の「かいつりさん」行事は正月十四日の夕方から三段階に分かれていた。最初は子供たちであり、暗くなると女子《おなご》衆が来て、遅くなると若衆が来た。それぞれ仮装して声を変えたり、手足を動かしたり、面白い所作をして、「びーつり、かいつり、きーやひた、餅ひとーつくれんか」といって家々を回った。カイツリは、本来は来訪神行事であるが、ここのカイツリは面白い娯楽として行なわれてきたようだ。

旧佐賀町（現黒潮町）では一月十四日がカイツリであった。元々は粥を炊いて祭ったものだった。夜になると、仮装した若者と子供らが奇声を発したり、唄を歌ったり、物真似をしたりして家々を回り、餅を貰った。宿毛《すくも》市山奈《やまな》町では十四日の夕方に子供や若者が変装して銭差し、箸、付け木などを持って家々を回り、交換に金や餅を貰った。

愛媛県

旧一本松町（現愛南《あいなん》町）正木《まさき》や中川においてはカイツリと称して若者が二人一組になって、変装して夜着を着て家々を門付《かどづ》けして回った。家では用意していた餅や金を渡した。

旧津島町（現宇和島《うわじま》市）御槇《みまき》では七軒の家から餅を貰ってくることになっており、それをフクワカシ（小豆粥）にして食べると夏病みしないといっていた。

旧津島町（現宇和島市）岩淵では銭差しを作って家々を訪問した。家では交換にホービキセンといって金を与えた。旧津島町下灘《しもなだ》では子供らが家の窓や門口から竹棹を差し入れて餅を釣り上げて帰る風習があった。

旧瀬戸町（現伊方町）では節分に粥釣を作り親類宅に持って行って金や菓子を貰った。

松野町目黒ではカイツリといってオヘンド（乞食）をして歩く行事が十四日にあった。子供らが「粥釣に来た」といって銭差し二本を持って各家を回って歩いた。家では交換に餅を与えたという。松野町上家地《かみいえじ》では正月十四日に若者が女装などの変装をして回った。そして集めた米や餅を泊まり宿で炊いて食べた。また、若者らは新婚の家の前に麦藁や俵で舟を作った。舳を家に向ける縁起の良い入船や反対の出船を作ったりしたという。

旧肱川町《ひじかわ》（現大洲市）予子林《よこはやし》では若者が、「外祝儀にしますか、内祝儀にしますか」と聞きに来た。外祝儀とは祝儀を出さない時の仕打ちで悪戯をする意味であった。

内子町のカイツリでは一月十四日に子供らが家々を回って少しの品物を貰っていた。

旧中山町（現伊予《いよ》市）では正月十四日に子供らが幼児を背負って、「粥釣に参りました」といって銭差しを持参し、家々を回って歩く風習があった。白い半紙を持って回った子供らもいたという。

旧川内町《かわうち》（現東温《とうおん》市）では小正月にカイツリといって子供らが家々を訪問して物を貰って回ることがあった。それをフクワカシ（小豆粥）にして食べると夏病みしないといわれた。

旧久万《くま》町（現久万高原町）直瀬《なおせ》においては十四日に若者がカイツリをした。家々を回って餅を貰った。

徳島県

旧宍喰町《ししくい》（現海陽町）では正月十五日の左義長《さぎちょう》のために、子供らは火吹竹、タワシなどを作って各戸に「粥釣てくれ」といって金や餅などを集めて回った。

旧日和佐町《ひわさ》（現美波《みなみ》町）では正月十四日に子供や若者が銭差しを持って家々を回って歩いた。ここではお祝いのコトコトといったそうであった。

旧三名村《さんみょう》（現三好市）では十四日の夜に子供らが蓑笠を着て、重箱に銭差しを入れて近所の家の戸口から差し出すと、受けた家では重箱の中の銭差しを取って、そのなかに餅や米を入れて返した。

旧山城町《やましろ》（現三好市）では子供らがカイツリと称して、蓑笠を着て銭差しを持って玄関で差し出すと、交換に餅を貰った。

旧東祖谷山村《ひがしいややま》（現三好市）では正月十四日は若餅を搗《つ》いて供えた。子供らは、小型の牛鍬《うしぐわ》を作って、「カイツリサン、おくれ」といって家々を回って歩いた。

西祖谷山村（現三好市）では十四日に子供らがカイツリを行なった。銭差しを作って各家へ贈りその返礼に餅や金を貰った。昭和初年の頃の話であるが、この十四日に貧しい人が裕福な家に枡を置いておいた。置かれた家では餅や銭を入れて返したという。

香川県

高松市では正月十四日の夜は粥釣の日といわれ女の人は外出しなかったという。それはこの日だけは女の人の尻を叩いてもよかった。

旧香川町（現高松市）では一月十四日の夜に子供や若者が仲間と共に連れ立って、化粧をして変装をしたり、頰被りをして銭差しを配って家々を回って歩いた。翌十五日に粥やぜんざいを作りそのなかに餅を入れて食べたという。

旧寒川町《さんがわ》（現さぬき市）では一月十四日に子供らが輪切り大根に枝を指したものを重箱に詰めて、粥釣の唄「かいつりかいつりゴートゴトなんどの奥の白ねずみキーキーキー」と唱えて家々を回った。「かいつりに祝うていた」と餅や米や蜜柑などを重箱に貰った。夜になると若者が回った。

旧内海町《うちのみ》（現小豆島町）安田では若者が大きな家を選んで「カイツリカイルチ」といって隠れた。するとそこ

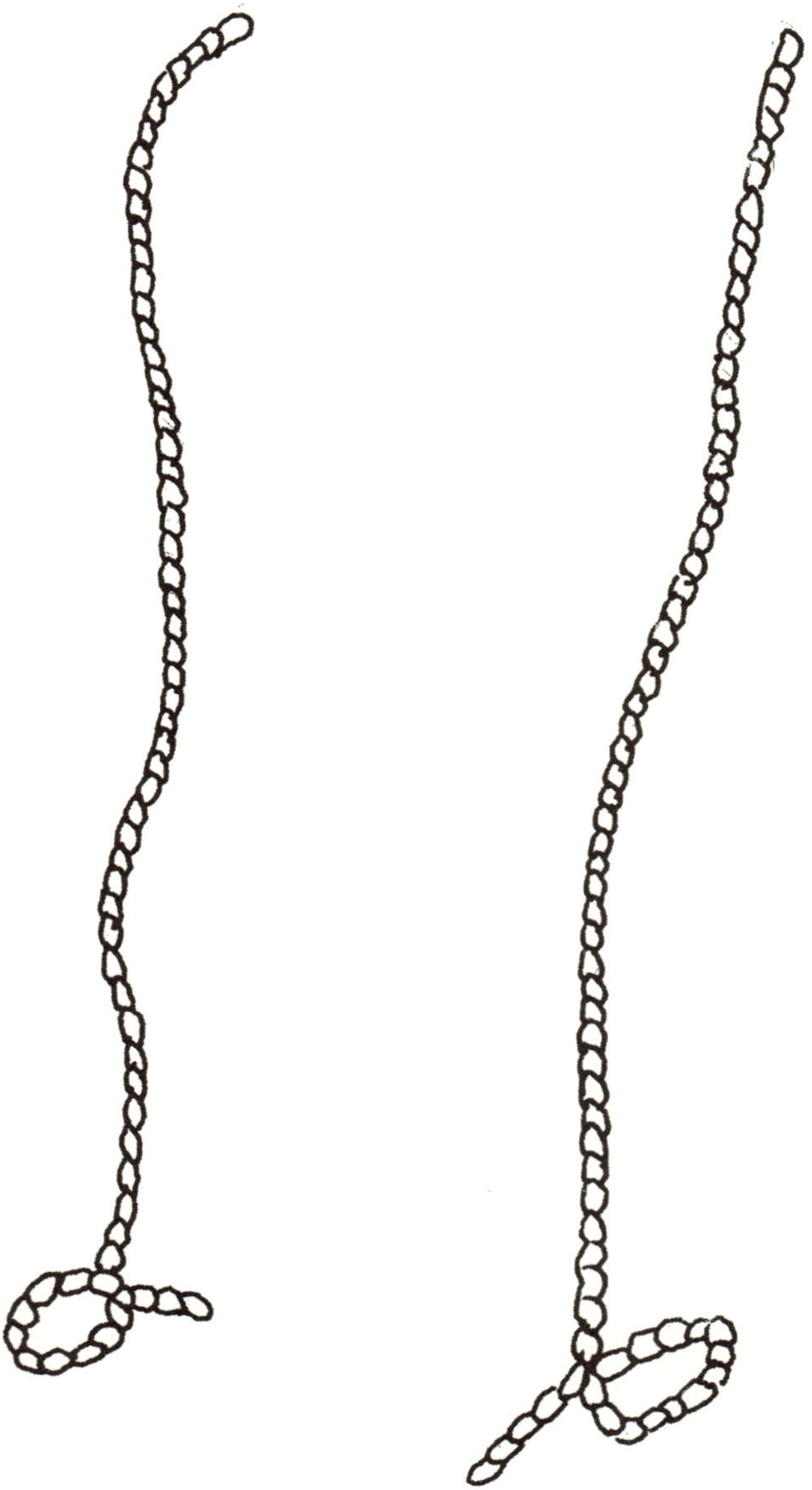

図－８　銭差し（ぜにさし）

の家人が出てきて、餅や金を与えてくれた。

旧飯山町（現丸亀《まるがめ》市）では正月十四に日子供たちが近所の家々を訪ねて「かいつりさん、かいつりさん、祝うてっか」と唱えて餅や米を貰って歩いた。これを疫病から免れるといって翌日の十五日に粥にして食べた。

旧琴南町《ことなみ》（現まんのう町）では正月十四日の晩にカイツリをした。子供たちが藁の銭差しやモノゴ（容器）を持って来て黙って家へ放り込んだ。家人は交換に器に餅や米や金を与えた。貰った銭差しは家の荒神様《こうじんさま》に祀って置いた。子供らは貰った餅は雑煮に入れて食べた。

旧三野町《みの》（現三豊市《みとよ》）では十四日の夜に若者が手拭で頬被りして竹を鳴らしながら、「カイツリ祝うてつか」と唱えて回った。これには餅や米を与えた。その後は子供の行事になり、子供たちは銭差しを持って回った。カイツリ、カユツブリとは「粥移り」といい、粥を炊くための「移り（おかえし）」に貰う米の意味といった。

旧豊中町（現三豊市）のカイツリは宮中にて行なわれていた望粥《もちかゆ》の節供《せっく》、粥だめし、粥占いが伝播したものが粥釣、粥移りとなったという。十四日に子供たちが銭差しを持ち、「粥つり祝いに来ました」といって家々を訪れると、「移り」という返礼として米や餅や金などを貰った。翌十五日の朝に粥を炊いて食べると夏病みしないといわれた。若者たちは旦那衆の家に行き歌や踊りを見せて金を貰ったという。

旧高瀬町（現三豊市）では正月十四日に子供らが大勢で銭差しを作り、それを持って、「粥つぶり祝うてつか」と唱えて家々を訪れた。家では移りという返礼に米や餅や金などを与えた。翌十五日に米で粥を炊いて食べると病気にならないといわれた。

岡山県

旧旭町（現美咲町）では正月十四日がカイツリ（粥釣）であった。厄年の男が女装して、厄年の女が男装して家々を回った。檜《ひのき》の枝をかつぎ唄って踊りながら歩いた。各家では小豆粥を進上して厄払いを手伝ったという。

蓑笠を着て梅の花を挿して来る者もいた。

旧落合町(現真庭市)吉では正月十四日の夜はカイツリといって小豆粥を作った。子供らが厄除けになるといって粥を貰いに歩いた。同町鹿田《かつた》では四十二歳と六十一歳の厄年の人は粥を貰いに行った。

旧北房町（現真庭市）では正月十四日の夜は蓑笠を着た人が小豆粥を貰いに来た。七軒から貰って食べると夏病みしないといわれた。子供らも青年男女も粥貰いに歩いた。

旧加茂川町（現吉備中央町）では正月十四日の夜はカイツリのために粥を貰いに子供らが来た。家人は小豆粥を与えた。夏病みしないといわれた。

総社《そうじゃ》市池田では正月十四日の晩に粥を貰いに大人たちが近所を行き来していた。粥を貰って食べると風邪をひかぬとか夏病みしないといわれた。

10　アカマタ・クロマタ

沖縄県

男鹿のナマハゲは全国的に有名な民俗行事であるが、ナマハゲとよく比較されるのが、八重山《やえやま》諸島のアカマタ・クロマタである。

民族学者岡正雄（一八九八―一九八二）は、両者を仮面仮装の「秘密結社」と結論づけた。また、民俗芸能学者・本田安次（一九〇六―二〇〇一）は、アカマタ・クロマタを見て、「面といい、身のこなしといい、男鹿の生剣に大変よく似ていた」と、感想を述べている。柳田国男（一八七五―一九六二）は、「赤又黒又の二神」「赤と黒との二色の人」といっていた。ナマハゲも、アカマタ・クロマタも果たして「秘密結社」なのかどうか。

アカマタ・クロマタは豊年祭（プーリィ）に現われる。祭典は旧暦六月の「みずのえ」または「みずのと」の水に因《ちな》んだ日程に組み入れる。その祭の第二日目に登場するアカマタ・クロマタへの信仰は、西表《いりおもて》島古見《こみ》集落で発祥した。柳田国男は、古見は日本へ稲が伝来して定着発展した古来からの集落という。西表島の「西表」とは、古見が「表」や「東表」であり、その反対側を指している。この古見では、親神のクロマタと子神夫婦（兄妹ともいう）のシロマタ・アカマタの三神であった。しかし、古見から分村して神行事を勧請した小浜《こはま》島小浜、新城《あらぐすく》島上地《かみじ》、石垣《いしがき》島宮良《みやら》では、すべてアカマタ・クロマタの二神としている。以後、この行事の通称名はアカマタ・クロマタとなったのである。宮良賢貞「小濱島のニロー神」（八重山文化研究所『南島』第一輯・一九七六）によれば、発祥を西表島古見としてあった。次のように伝播している。

- 西表島古見
  - 小浜島
    - 石垣島宮良
    - 西表島高那（明治三十九年廃村）
    - 新城島下地（昭和三十八年無人島）
    - 西表島野原（明治三十五年廃村）
  - 新城島上地

これがアカマタ・クロマタの伝播図である。古見、小浜、上地、宮良では「秘祭」として現在も続けられている。

図－9　先島諸島

八重山地方の人々から聞けば、アカマタ・クロマタに関しては、調査はもちろん取材することは困難なこととされている。第一に、写真撮影は禁止である。第二に、録音することも禁止である。第三に、携帯電話の使用も禁止である。もし見つかれば取り上げられてしまうのである。これらは持ち込むことができないのである。さらに、スケッチさえも禁じられていた。しかし、現場に行ってみると、なるほど真っ暗な照明のない世界においては、見ることがやっとで描写は不可能であった。さらに、アカマタ・クロマタの集落内は治外法権の世界であった。まさに、集落内だけの部分社会の論理である。筆者は単身で柳田国男が見たところの石垣島宮良のアカマタ・クロマタを観察することにした。

平成十六年（二〇〇四）の宮良集落のアカマタ・クロマタの神事は八月二日午後七時から三日未明にかけて行なわれた。豊年祭の第一日目は、オンプール（御嶽豊年祭）といわれる豊作感謝祭であるのに対して、第二日目はムラプール（村豊年祭）といわれる翌年夏への豊年祈願の予祝祭である。集落後方の宮良小学校のサンシキと呼ばれる場所が会場だった。照明がないところにアカマタとクロマタが先導役の赤旗と黒旗（黒では見えないの

表－21　アカマタ・クロマタ

集　落	神　名	持ち物	伝　説	写真・絵
西表島古見	クロマタ（親） アカマタ（妹）３神 シロマタ（兄）	矢《や》、矛《ほこ》	自然発生説 南方渡来説	宮良高弘氏写真
小浜島小浜	アカマタ（男） クロマタ（女）２神	木刀	南方渡来説	なし
新城島上地	アカマタ（親・子） クロマタ（親・子）４神	棒、ムチ	なし	住谷一彦氏写真 牧野清氏の絵
石垣島宮良	アカマタ（男） クロマタ（女）２神	杖	なし	筆者の絵

で実際は青旗）とともに、草木の葉を全身に纏って杖を携えて登場した。身長約二・五メートルもある草荘神《そうそうしん》は、顔は奇抜で大きく、目鼻口は意表をつく銀色に輝く貝殻で作られていた。頭髪はサトウキビと稲穂のザンバラのタテガミを鋭くなびかせていた。集落の人々と供人の太鼓の囃子にのせて踊りまくる。叫び声があがった。「ヘイヤー、オマター、イエ、イエ、イエー」との掛け声で二神は乱舞をする。ザンバラのタテガミを一挙一動で上と下に、左と右に、悠然と揺らしながらアカマタとクロマタの二神は、熱狂して飛び上がる。「ヘイヤー、オマター、イエ、イエ、イエー」。まさに、二神と民衆は神人共演を展開するのである。これは午後八時頃に終わりとなる。そして、それから家々へアカマタ・クロマタ二神が来訪して回ることになる。各家に無言で入ってきて、踊ってから帰っていく。その間僅かに三分ぐらいである。

　アカマタ・クロマタの行事主体は一定の資格と入団式を通過した若者である。その資格とは、①十八歳以上の年齢制限があり、昔は十五歳以上であった。②集落生まれで集落に居住していること。③品行方正であること。④推薦人がいること。神行事すべてを執行し、厳重な警戒体制を敷いて催しを実施する。物々しいなかで行なわれるアカマタ・クロマ

図－10　石垣島宮良のアカマタ・クロマタ、筆者による画

タの行事は、屈強な供人に各々棍棒を持たせて路地と路地にて警護をする。特に、筆者のような外部の人の出入りを入念にチェックして、その行動を見張るのである。アカマタ・クロマタの跡をつけたり、会場内を歩き回ったり、待ち伏せをしたりすると、本当に太い棍棒が飛んできて、足腰が立たなくなるまで叩かれるという。これがアカマタ・クロマタは神聖不可侵である。集落外の人にとってはまったく閉鎖的、排他的な行事である。アカマタ・クロマタの社会であり、八重山の現実なのである。思うに、アカマタ・クロマタとは、ナマハゲとは比較にならないほど秘密的、一元的、原理的な行事である。祭祀的な「秘密結社」といわれても過言ではあるまい。しかし、これには理由がある。アカマタ・クロマタの神行事の専決事項は、神体の秘匿にあり、行事の神秘性の真髄は隠すことに神意と神徳が宿るものと信じられているのである。

男鹿のナマハゲは、十二月三十一日の大晦日の晩に、集落の若者らが仮面仮装のスタイルで、手に木製出刃包丁を持ってやってくる。正月という年の折目に来臨して人々に祝福を与える形式をとる。正体は歳神《としがみ》とされる。語源のナマハゲというのは火形剝からきている。ナマハゲ伝説があり、武帝説、異邦人説、修験者説の三つとされる。ナマハゲ行事の本質は村落社会の団結心を育むことと、共同社会の儀礼的なものとされる。それによって共同社会の秩序維持を図ったものである。

この男鹿のナマハゲと八重山のアカマタ・クロマタとを比較検討してみると、類似している点と異なる点がある。類似している点は一年の最も大切な日に登場し、前祝いの予祝をしてくれること、性格は神であること、どちらも祝福してくれることがあげられる。その他に目的や人数の点でも類似している。

一方、異なる点は、行事の担い手・主体層であるが、ナマハゲは青年会・青年団・町内会・子供育成会などで

表－22　ナマハゲとアカマタ・クロマタ

	ナマハゲ	アカマタ・クロマタ
実施日	12月31日	旧暦6月豊年祭2日目
行事主体	青年有志、町内会	祭祀組織
来訪神	2人以上	2人～4人
面	木彫、木の皮、ザル製	木製で目鼻口は貝殻
装着具	ケデ、ケンデ、ケダシ	草・葉・蔦
持物	出刃包丁	杖・棒
伝説	武帝説、異邦人説、修験者説	自然発生説、南方渡来説
性格	歳神	世持神
供人	世話役、荷物背負い	案内、警護
余興	なし	唄と踊り
実施地域	男鹿半島全域の各町内会	西表島古見、小浜島 新城島上地、石垣島宮良

あるのに対して、アカマタ・クロマタは講組織の集団があり、そこですべてを運営している。そして、その頭《かしら》は長老である。ナマハゲよりも宮良全体を背景としている。アカマタ・クロマタの組織は集落社会と同等である。ナマハゲは集落として一部分の者が行なっている感じもしないでもない。組織の結束力からすればほとんど比較にならないくらいである。また、ナマハゲは対外的には受容力があるのに対して、アカマタ・クロマタにはそれがない。むしろ治外法権を楯にとってくる。ゆえに、供人はナマハゲの世話役や荷物を背負う役割であるのに対して、アカマタ・クロマタの供人は警護が主たる任務であり、神のガードマン、シークレットサービスである。先導すると同時に、集落内の路地に供人を配置する仕方は警護が重要な務めとする。アカマタ・クロマタの前後左右になって身辺に不心得者がいないかどうか入念にチェックするのである。

さらにナマハゲとアカマタ・クロマタの相違点は唄や踊りがあることである。ナマハゲは唄や踊りの伝承は皆無であるが、アカマタ・クロマタには多くの方々がひそかに採集した唄がかなりある。秘密性や閉鎖的な性格をしているアカマタ・クロマタには、その内部だけに通用する共同体意識を強くするための唄や踊りがあった。アカマタ・クロマタは神聖な信仰行事でもあった。そして、その集落でのみ通用する行事は外からの評価や参加を一切排除するものであった。

11　南西諸島

(1) アンガマ

沖縄県の八重山諸島各地、特に石垣島石垣・登野城《とのしろ》・新川《しんかわ》・大川《おおかわ》の四ヶ字《しかあざ》、白保《しらほ》、西表島祖納《そのう》・干立《ほしたて》、黒島、波照間島《はてるま》において、旧盆（ソーロン・旧暦七月十三日〜十五日）、節祭（シチィ）、三十三回忌、家の新築祝いなどに出現する先祖神である。元来は士族階級の行事だったが、明治以後は青年会によって受け継がれた。木製の爺面（ウシュウマイ）と媼面（ンミー）が、笠とタオルの覆面で顔を隠した「花子（ファーマー）」と呼ばれる子や孫の一団を引き連れて後生（あの世）からやってくる。各家々やホテルを訪ねて家内安全を祈り、踊り唄う。アンガマの意味は姉様から転訛したといわれている。

(2) パーントゥ

沖縄県宮古島《みやこじま》市で、旧暦九月吉日に出現した親（ウヤ）・中（ナカ）・子（フファ）の三匹の来訪者である。パー

ファーマーに囲まれたアンガマ

石垣市石垣のアンガマ

ントゥとはお化けや鬼神を意味した。キャーンの葉を身体に巻き付けて、その上に井戸から採取した臭い泥を塗った。この泥を新築の家や子供に塗って悪魔を祓った。宮古島島尻が旧暦九月戊《いぬ》の日、野原が旧暦十二月最後の丑《うし》の日に行なっている。昭和五十七年（一九八二）に国の無形民俗文化財に指定されている。

（3）フサマラー

沖縄県の最南、波照間島の旧盆と豊年祭を合わせた祭典ムシャーマにおいて、旧盆（ソーロン）の中日に各集落の仮装行列の後に現れる。草を身にまとい、瓢箪《ひょうたん》の面を着けた。雨乞いの神ともいう。

（4）ボゼ

鹿児島県の吐噶喇《とから》列島の悪石島《あくせきじま》に旧盆の最終日（旧暦七月十六日）に出現する。男たちが籠の仮面とビロウの葉を全身に付けた草荘神《そうそうしん》である。右手に男性のシンボルを模したボゼマラという赤い杖を振りかざす。盆に戻って帰らない死者の霊を追い払って村を清める神という。以前は中之島《なかのしま》、平島《たいらじま》、小宝島《こだからじま》にも旧暦一月に出現していた。

（5）マユンガナシ

沖縄県石垣島の川平《かびら》で豊作や家内安全をもたらす来訪神とされている。旧暦八月、九月の戊戌節祭《つちのえいぬ》の初日、ヤシ科のビロウで編んだクバ笠クバ蓑に六尺棒を持った姿で出現する。上組五組の十人、下組五組の十人で各家を回り、神詞を述べてもてなしを受けて帰る。以前は仲筋《なかすじ》、野底《のそこ》、桴海《ふかい》、伊原間《いばるま》、平久保《ひらくぼ》でも行なっていたが、廃止された。その面だけは石垣市立八重山博物館に保管されている。

(6) ミルク

ニライカナイ（常世《とこよ》の国）から来訪して、五穀豊穣と子孫繁栄をもたらす来訪神の未来仏・ミルク。このミルクという意味は漢字では弥勒《みろく》であり、弥勒菩薩の信仰とニライカナイ信仰が融合したものという。特に、鹿児島県の黒島の豊年祭（プーリィ）と結願祭（キツガンサイ）、沖縄県の古浜島の結願祭、波照間島《はてるまじま》のムシャーマ、西表島祖納《そのう》・干立《ほしたて》の節祭、石垣島白保と大浜の旧暦六月豊年祭、竹富島《たけとみ》の種子取祭（タナドゥイ）などに出現する。

(7) メンドン

鹿児島県硫黄島《いおう》、黒島、竹島の旧暦八月一日と二日に登場した。メンドンはメンとも呼ばれて八朔《はっさく》踊りに出現する。竹と紙とで作った仮面と藁蓑を付けて、スツベン木と称する柴や笹で人々を叩いたり、脅したりする。竹島ではタカメン（高面）といった。

■コラム5■泉松陵のチャセゴ

チャセゴとは、現在の宮城県と岩手県南に跨がる江戸時代の仙台領内で行なわれていた、小正月の農事の模擬実演、または俳優《わざおぎ》行為であった。正月の縁起物であったチャセゴが、素封家の家へ来れば、主人は手を叩いて大喜びをしたという。神仏の加護を大切にする当時とすれば、豊年万作、商売繁盛、家内安全、無病息災はもとより、家の福利厚生や安心安全が何よりの願いであった。チャセゴの訪問は願ってもない縁起物だったのである。しかし、宮城県や岩手県南に伝承されていたチャセゴには他の小正月行事のカセドリと混在して伝承され、チャセゴの担い手を若者や厄年の人としてしまったところもあった。さらに、著しいのは厄払いの行事と混同され、大人も参加していたことであった。実は、チャセゴとは、農耕馬の鼻を取るサセトリ子のことである。決して若い人や厄年の男ではなかった。ここにおいては、現代的な民俗行事として、泉松陵《いずみしょうりょう》地区のチャセゴ行事を巡回行程に沿って、実際の小正月行事を地方活性化の事例として紹介する。

民俗行事のチャセゴとは、江戸時代の仙台藩領内で行なわれていた小正月の農事の模擬実演・俳優《わざおぎ》である。現代的にいえば、正月を祝うパフォーマンスといったところである。一年の計は元旦にありというように、とにかく正月はめでたいことであったことは間違いのない事実である。江戸後期の紀行家であった菅江真澄は、岩手県平泉の中尊寺付近において、チャセゴの行事を見たことを日記『はしわのわか葉』に記していた。天明六年（一七八六）五月「廿一日（中略）長やかの竹綱して馬くり廻しありく。その竹綱とるを、させごといふ」と。これを意訳すれば、長い竹綱で馬を引き回している。その竹綱を取る女をサセゴという、とあった。馬の竹綱取りをしている女をサセゴといっていた。当時の仙台領であった岩手県南の自治体史『陸前高田市史　第五巻民俗編』（陸前高田市・一九九一）によると、次のように記載されている。少し長くなるが引用してみることにする。

「宮城県北部では『チャセゴ』『サセゴ』という。チャセゴというのは、サセゴの『サガシャ』に、また『チャ』となることから、当地方の『サセゴ』が原型のように思う。サセゴの意味は、耕馬の鼻を取る仕事は、子供や女が多かったので、これからくる『サセトリ子』のことであろう。菅江真澄が天明八年の春、平泉の中尊寺付近で、サセゴの話を聞いている。（中略）すなわち馬の竹綱をとる子をサセゴと称したのである。猫の手も借りたいほど忙しいときに、サセゴという手伝い人が農家に舞い込んだとしたら、こんなありがたいことはない。そのサセゴに祝儀をはずむのは当然のことで、この行事も農事の模擬的な表現であったのである」と、描いていた。文中の「天明八年」という箇所は自治体史の執筆者の誤りである。菅江真澄が平泉を紀行して記録したのは天明六年夏五月の日記にしたためたのである江戸時代の五月は夏である。

繰り返しの説明になるが、チャセゴとは、サセゴともいい、サセトリ子のことである。そして、この役目は主として子供や女性であったということである。正月に獅子舞、萬歳《まんざい》、季節候《せきぞろ》、猿回し、鳥追い、大黒舞、春駒《はるこま》などの門付《かどづ》けと共にチャセゴが来れば丁重にもてなしてやることが当時の風潮であった。正月はめでたいので楽しいものであった。さらに、チャセゴに扮するのは子供であったことである。小さい子供が年の初めの正月に訪ねてくることは、その家には将来性が宿っていることでもあった。チャセゴに扮した子供が来れば餅や祝儀を持たせてやることが正月の風習だった。江戸時代であっても、子供に対しては次世代を担う将来的な先行投資をするという意味でもあった。

ＪＲ仙台駅から北に五キロメートル離れたところに藩政時代には松森城（鶴ヶ城）があったという。その山城の西側に熊野神社があり、その北に松陵ニュータウンとして、昭和六十年（一九八五）九月から分譲が開始された団地があった。ここは一帯が山林であったものを開発して、今は住宅地として整備されている。そして、現在は仙台市泉区の一部になっている。そのすぐ北隣には、平成二十八年（二〇一六）十月に、富谷町《とみや》から昇格した富谷市がある。

泉松陵のチャセゴの起こりは、子育て支援事業「松陵っ子土っと来い」の一環として、平成十四年（二〇〇二）四月に事業内容を決めて、翌年の平成十五年一月十一日から第一回のチャセゴが始められたものである。仕掛け人は松陵ＹＯＳＡＫＯＩ隊代表のＳさんである。三歳から十二歳までの子供たちを松陵ＹＯＳＡＫＯＩ隊から子供組有志を募ってチャセゴ行事を企画した。仙台市松陵市民センター近くの松陵五丁目集会所をチャセゴの宿として、そこが行事のベースキャンプとなっている。泉松陵のチャセゴの特徴は、主役が七福神に扮する子供たちである。その他に、案内人、太鼓、鈴、ＣＤ係などのお囃子隊が加わる。それに祝儀担当が賽銭箱を持つ。チャセゴ一行は、平成二十九年は、案内人一名、子供七福神七名、囃子方六名の総勢十四人であった。

泉松陵のチャセゴの巡回は、松陵五丁目から松陵一丁目までのほぼ全域を回ることにしている。一行は当日、午前十時四十分に、五丁目集会所を出発してから集会所側の五丁目町内においてお披露目をする。これが一番目の訪問となる。

二番目の訪問先として仙台松陵市民センターに立ち寄る。同センターのロビーにおいて、チャセゴ行事が展開される。チャセゴに扮した子供七福神が口上を述べることになる。まず、最初に、案内人が「明きの方からチャ

仙台市泉区泉松陵のチャセゴ

セゴに来《き》した。本日はお招きいただき誠にありがとうございます」。続いて、「子供七福神でございます。皆様に福が来ますように、そして熊本震災、東日本大震災の復興が早く進みますように」。と述べる。

次に、子供七福神の面々が口上を順番に述べることになる。

「大黒天《だいこくてん》でございます」といって、自ら紹介をしながら、その他に五穀豊穣、子孫繁栄、家内安全などを祈る言葉を述べる。

「恵比寿天《えびすてん》でございます」といって、自己紹介をしながら、その他に商売繁盛、大漁豊作などを祈る言葉を述べる。

「毘沙門天《びしゃもんてん》でございます」といって、自己紹介をしながら、その他に大願成就、厄除けなどを祈る言葉を述べる。

「寿老人《じゅろうじん》でございます」といって、自己紹介をしながら、その他に病気平癒、健康長寿などを祈る言葉を述べる。

「福禄寿《ふくろくじゅ》でございます」といって、自己紹介をしながら、その他に立身出世、長寿健康などを祈る言葉を述べる。

「弁財天《べんざいてん》でございます」といって、自己紹介をしながら、良縁到来、芸能上達、学問成就などを祈る言葉をのべる。

「布袋尊《ほていそん》でございます」といって、自己紹介をしながら、笑門来福、夫婦円満、子宝祈願などを祈る言葉を述べる。

最後に、案内人が、「皆様に七つの徳がまいりますように」といって、全員で大黒舞を披露する。大黒舞のバックミュージックはお囃子隊の役目である。CD担当係がスイッチをオンにする。太鼓係と鈴係もいっしょに奏でることとなる。大黒舞が終わると全員で「ありがとうございました。皆様に福がまいりますように」「明きの方からチャセゴに来《き》した」と唱えごとを余韻として残し、次の訪問先に移動していく。

三番目が、床屋である。チャセゴ一行は言祝《ことほ》いでいく。

四番目が、新聞屋である。チャセゴ一行は言祝いでいく。

続いて五番目が、ヘアサロンである。チャセゴ一行が言祝いでいく。

五番目終了後、チャセゴ一行は松陵五丁目から松陵中学校向いの松陵四丁目にあるディサービスセンターに到着する。ここが六番目の訪問先である。チャセゴ一行の口上を言祝いでいく。大黒舞を踊って終了後にチャセゴ一行は小休止となる。

小休止が終わると、再びチャセゴの一行が動き出す。七番目の訪問先として北食堂を目指す。

そこからさらに大移動して松陵一丁目の八番目が手打蕎麦屋である。

大きく移動をしての九番目がスーパーマーケットであった。ここは施設が大きいので大勢の客と従業員から大歓迎の拍手を受ける。店内を一周する。「明きの方からチャセゴに来《き》した」と唱えながら歩き回って大団円を迎える。そこが終了すると松陵五丁目集会所に戻って待っている父母らとともに温かい汁粉を戴くのである。

泉松陵のチャセゴは子供祭りと小正月版のハロウィーンである。そもそも、子供祭りの意義は子供の居場所の確保と居場所所づくりである。子供たちが有志で参加するチャセゴは参加することにより松陵団地の町内会に初登場する社会性を持たせる。さらに企画性を発揮させて発信性を強化するものである。

この泉松陵のチャセゴを子供らが扮する七福神としたのは、Sさんのアイデアである。これは夢を持たせるための仕掛けである。そもそも七福神は、室町時代の頃に考え出された神々といわれている。中国の魏末期の竹林の七賢人からヒントを得て捻り出されたものといわれている。大黒天、恵比寿天の二神が中心であり、それに毘沙門天、弁財天、福禄寿、寿老人、布袋尊が続くのである。神々が多く集まればすごい力になるし、おめでたいものと考えられたのである。物見遊山の文化が成立した江戸時代の文化文政期（一八〇四―一八三〇）には七福神が確立したものといわれている。それがエスカレートして七福神巡りが生み出されたという。七福神のほかに八福神もあり、最近のアイドルグループ乃木坂46に八福神や十福神もある。埼玉県久喜市のくりはし八福神や八千代八福神では毘沙門天の妃の吉祥天を加えている。横浜市瀬谷区の瀬谷八福神では達磨大師を加えている。清水寺八福神ではお多福を加えている。これは民俗学を大きく拡大させて、これこそ正真正銘の地方創生の実践であり、地方活性化に寄与するものである。また、子供たちと近隣集落には夢を与えてくれ、将来性のあるものである。

■コラム6■水と墨の儀礼——ミズカブリ、ハダカカセドリ、ヤケハチマン

宮城県の米川《よねかわ》のミズカブリ（水かぶり）は世界的に有名な行事になった。平成三十年（二〇一八）十一月二十九日に、ユネスコ無形文化遺産へ登録されたことにより来訪神十行事の一つとされた。この登米《とめ》市東和町《とうわちょう》米川五日町《よねかわいつかまち》のミズカブリは、二月の初午の日に行なわれる。平成三十一年は二月二日だった。行事の主体は、かつては二十五歳と四十二歳の厄年の男と年男だったが、現在は米川五日町内の男ならこだわらないということである。

祭りは当日の午前八時頃に、宿元の菅原家に男たちが集まるところから始まる。集まった男たちは藁で腰蓑や藁冠を自分で作る。これは打たない藁の荒藁で注連縄三本を作り、頭からすっぽり被って顔を見えないようにする。昔は褌《ふんどし》一つになり注連縄を纏い、顔には鍋墨を塗りつけた。足には草鞋を履いて用意万端ととのうことになる。午前十時頃に同家を出てから奥州三十三観音の十四番目の札所である法輪山大慈寺《だいひじ》の境内にある秋葉権現社を参拝して、住職より冷酒を注いでもらい神の使いに変身する。旧西郡街道両側にある家々では手桶の水を用意して待っている。先触れとし黒衣の僧衣のひょっとこが鉦《かね》を叩きながら先に立つ、同行する女装のおかめが手桶を天秤棒で担いでいく。その後を、全身に注連縄を纏った神の使いたちが町中に繰り出してくる。町の南から町の中央を通り抜けて行きながら、家々で用意しておいた手桶の水を、奇声を発しながら次々と屋根に掛けていく。町中に集まっていた人々は、神の使いが身に着けている注連縄の藁を争って引き抜くのである。この抜いた藁は自分の家の屋根に上げておくと、火伏《ひぶせ》祈願、火除《ひよ》けになるといわれた。神の使いは町場を通り抜け、八幡神社、若草神社を参拝して、町裏を通って菅原家に戻る。この後にカサコシという酒宴となる。手桶を天秤で担

表－23　水と墨の儀礼

実施地	行事名	水	墨	藁
登米市東和町米川五日町	ミズカブリ	水	墨	藁
加美町切込	スミツケ 裸カセドリ	水	墨	藁
加美町柳沢	ヤケハチマン	水	墨	無

いだおかめと鉦を叩いたひょっとこの二人が町内の家々を回って祝儀を貰い集める役割である。この米川の水かぶりは平成二年（一九九〇）に国の「記録選択」になり、平成十二年（二〇〇〇）に国の重要無形民俗文化財に指定された。

　このミズカブリとよく似ているのが宮城県加美《かみ》郡加美町切込《きりこみ》集落の裸カセドリである。別名切込のヘソビツケである。平成三十一年（二〇一九）は二月十六日の夜に行なわれた。行事の主体は集落の家々から十五歳以上の男子が一名ずつ参加するのが建前となっている。参加者は厄年の男、初婿、初出《はつで》き（初心者）から成るが、成人の通過儀礼も兼ねており、近隣の集落からも希望者は任意に参加できる。この行事は集落の相互組織の若者頭の采配によって行なわれる。神の使いとなるには、二束の藁を穂先で結束したワラボッチと呼ばれる藁と、七五三の垂れを下げて編まれた注連縄とでもって装束を着た。昔は全員が褌一本の裸になり、ヘソビ（竈墨）を酒で溶かして顔を真っ黒に塗り、胸や背中、手足にも塗った。準備ができると水を掛けられた。ここで藁装束は脱ぎ捨てられ、その後に取り片づけられた。藁装束は水を掛けられる際に避けるために付けるものと語られてきた。水掛けが終わると一団となって、ヘソビを付けて、駆け足で奇声をあげて集落の家々を訪ねて回る。家の中に入り、「祝ってやる」といって家人の顔へヘソビを付ける。家人はそれでも「新年おめでとう」といって返す。これは御祝儀と称して、夜更けの一時、二時まで続けられる。餅貰い役が布袋を提げて神の使いが訪れた後の家々を回って行く。

柳沢の焼き八幡（写真提供：加美町教育委員会）

切込の裸カセドリ（写真提供：加美町教育委員会）

家では餅貰い役が来ると、カセドリ餅といって丸めの餅を五、六個差し出す。餅にこの行事の名残が残っていたのである。カセドリという。切込集落を全部回り終えたら引きあげとなる。宿に帰ってから湯で身体を洗って祝宴となる。平成十四年（二〇〇二）に宮城県無形民俗文化財に指定されている。

これとよく似ているのが、加美町柳沢集落の小正月行事のヤケハチマン（焼け八幡）である。平成三十一年は小正月の十三日から十四日までの行事であった。最初に十三日にタイコガ森の八幡社の境内に竹と藁とで御小屋《おごや》と六把の稲藁を束ねて十二個を一本縄で吊るした藁灯籠を作る。夜になり、藁灯籠を燃やして月々の吉凶と作柄の良否を占う。一方で、餅を搗いて酒と漬物と煮付を宿前へ届けて、八幡社に供える。宿となったのは、かつては八幡社別当宅だったが、今はその西隣の家という。十四日の午前一時、集合した若者らは祝いの酒をくみ合う。機が熟した午前四時頃に若者らは酒を満たした手桶と盃を持って裸で八幡社に裸参りをし、火災除けと豊作を祈る。ここで若者らは神の使いに変身する。そして、「ヨイサ、ヨイサ」の掛け声とともに集落の家々を回る。迎え入れた家の主人は、「神様が御出でになりました。ありがとうございます」という。神の使いは手桶の酒を家人の盃に注ぎ、初嫁には墨をつけた。巡回後に八幡社に戻り、御小屋に火をつける。思うに、これは小正月の火を焚く行事であり、他の地域のどんど焼き、左義長と同じ意義である。平成八年（一九九六）に宮城県無形民俗文化財に指定されている。

これら宮城県の行事はミズカブリ、ヘソビツケ、ヤケハチマンといわれるが、カセドリ系の行事である。ミズカブリは防火、火除けのようになっている。厄払いから派生したものである。ヘソビツケは裸カセドリといっているようにカセドリ行事の一種である。ヤケハチマンも八幡社の存在が影響しているが、小正月の厄払いである。三つの行事は、水を掛けることと、墨をつけることが共通している。水と墨の儀礼である。

おわりに——来訪神儀礼の原像——

正月行事は大きく別けて二つに分かれる。それは元旦を中心とする大正月と、一月十五日を中心とする小正月である。古くは太陰暦であったので満月に当たる十五日が一年の始まりであった。そして、この満月の日の一月十五日の小正月に多くの予祝行事が行なわれた。農耕儀礼に関するものも多くあり、作試しや作占いも行なわれる生産生業祈願でもあった。一連の小正月の訪問者は歳神としての農耕神と先祖神という性格を備えていた。小正月の訪問者は来訪して祝福を与えてくれる来訪神であった。来訪神のやって来る日は一年の最も大切な日であり、一年の境目、節目である。

来訪神儀礼の本質は予祝である。この予祝は日本列島においては北と南とで明確に分かれるものである。北の予祝は春に向けてのものであり、南の予祝は来年の夏への期待であった。ゆえに、北の予祝は一年の最も大切な日としての小正月の満月の日とした。南の予祝は夏として来たる夏を予め祝う一年前としたのである。しかも、作物を育む大切な恵みの雨を期待して水に因んだ日を設定した。そして、この予祝の祭典に来訪神が出現するのである。

沖縄県の八重山諸島には豊年祭の二日目の豊年予祝祭に来訪神のアカマタ・クロマタを迎えて祭をするところがある。それが西表島の古見、小浜島、新城島上地、石垣島宮良である。旧暦六月の壬・癸（みずのえ・みずのと）の水に因んだ日が毎年選ばれる。アカマタ・クロマタはニライカナイ（他界観念・理想郷）から来る来訪神と信じられている。「まれびと（客人）」とされ、ニイルビト、ニロウ神というところもある。来訪神は二・五メートルを越す巨大な草荘神《そうそう》で、集落の民に迎えられ、家々を順次訪問して崇敬される。この祭は男性祭祀集団が秘密結社的に祭儀を実施するのが特徴であり、十五歳から祭祀集団に入団資格があり、長老組・中老組・青年組の組織がある。入団者は厳しい査問を受けて入団が許可される。この厳しい掟はすべての祭儀の秘儀性を守らせるための村内法を順守させるためのものといっても過言ではない。多分に内部の統合や団結を意識したものである。

ナマハゲ行事においても、かつては女人禁制を敷き、ナマハゲ餅などは男性が祭事の準備をしていた。しかしナマハゲ行事の作法などで、官憲より厳重な注意を受け、神社参拝などを条件に行事の継続を許可された歴史がある。それ以来、ナマハゲの秘儀的なことも少なくなり、社会通念に従った行動様式を余儀なくされるようになった。ナマハゲは超自然的な存在から一般的、大衆的、常識的な存在になった。ナマハゲ面も市販用にも彫られ、仮面崇拝的なこともなくなり、むしろ一年中出現することも可能となってしまった。日本人の神観念は、神は村や町に常在せず、時を定めて、他界から子孫である人々を訪れるとする信仰である。ナマハゲが一年中登場していると、常在の状態となり、信仰心が薄れてくるというものである。ここに神観念の本来の意義を転換してしまったことにもなる。

一方のアカマタ・クロマタは、いまだにその秘密性は健在であり、神聖不可侵で、その全貌も定かでない。明らかになったことも多くあるが、不明なことがまだあり、八重山諸島のなかでの仮面崇拝では圧倒的な存在である。今もまだ、そのカリスマ性は衰えていない。

ナマハゲとアカマタ・クロマタとを比較してみると「表―22」のようになる。この表を見れば、実施日は北と南の違いによって月日の違いはあるが、年の節目として予祝日であることが明白である。性格の違いはナマハゲが歳神であるのに対して、アカマタ・クロマタは世持神《よもちがみ》である。大きく異なるところは行事主体層と実施地域である。ナマハゲの行事主体層は町内会有志であり、組織的なものは薄い。それに対して、アカマタ・クロマタの方は長老・中老・青年各組の祭祀組織がある。実施地域ではナマハゲが男鹿市全域なのに対して、アカマタ・クロマタは八重山諸島の僅か四か所の実施である。

ナマハゲは男鹿半島一帯で実施され、古い形態を保ち、その伝統を守っている。アカマタ・クロマタは来訪神としての精神性、カリスマ性が存在意義となっている。北の開放的なナマハゲと、南の閉鎖的なアカマタ・クロマタは、来訪神としての性格は異なっていても、その本質や原像は同じである。北のナマハゲは島ではなく、陸続きの全国への影響が大きく、南のアカマタ・クロマタは島社会、村社会そのものである。これは置かれている環境が著しく異なり、ナマハゲは公開することによってその活路を見出したのである。ナマハゲは存続や継続は図られたが本来の意義は転換してしまった。それは村落共同体の団結心や統合を育むことである。思うに、祭事儀礼の原型は、ナマハゲよりもアカマタ・クロマタの方が原型に近いものである。湧上元雄『沖縄民俗文化論』（榕樹書林・二〇〇〇）によれば、アカマタ・クロマタは、「男性の年齢階梯的な秘儀団体により営まれ、厳重な加入式を伴い、村落共同体を規制する村内法的な機能を持っていて、古代祭祀の特徴を失っていない」という。民俗芸能史学者・本田安次が一見して、いみじくも語ったように、ナマハゲと類似している行事はアカマタ・クロマタである。そこには来訪神儀礼の原像に近いものがある。その現像について整理しておくと次のようになる。

（1）異常なまでの仮面崇拝がある。

（2）祭典そのものが現実なのか、常世なのかと、現実社会から超越させる。
（3）来訪神そのものを神聖不可侵とし、神聖さを強調する。
（4）秘儀性を徹底させる。
（5）祭典の保守主義——祭典日の日取り選びが、満月日とか水に因む日とかにこだわる。

以上が来訪神儀礼の原像である。ナマハゲも、アカマタ・クロマタも、これが原像に近いものであろう。人の社会を訪れ、迎えられ、そして帰って行くという神人信仰の原型があり、遠来神、来訪神の信仰であるのが、その本来の姿である。日本人の神観念が、まれびとであれ、先祖神であれ、来訪して祝福して、それから帰って行くという形式は今後も繰り返されるであろう。これが来訪神であり、日本人の神観念に対する不安や期待や祈願の表出でもある。

来訪神の儀礼の行事が残存しているところは、確認してみると、北から次のようになる。

岩手県の岩泉町のナモミ
大船渡市のスネカ
宮城県登米市のミズカブリ
宮城県加美町のハダカカセドリ
宮城県宮崎町のヤケハチマン
秋田県男鹿市のナマハゲ

能代市のナゴメハギ
秋田市雄和町のヤマハゲ
由利本荘市岩城のナマハゲ
山形県遊佐町のアマハゲ
上山市のカセドリ
石川県輪島市と能登町のアマメハギ
福井県福井市白浜のアマメン
島根県飯南町頓原町のトロヘイ
鳥取県日野町のホトホト
山口県山口市阿東町福地のトイトイ
福岡県福岡市のトビトビ
佐賀県佐賀市見島のカセドリ
鹿児島県薩摩川内市のトシドン
鹿児島県のボゼ、メンドン

沖縄県のアカマタ・クロマタをはじめとして、パーントゥ、フサマラー、アンガマ、ミルク、マユンガナシ青森県、岩手県、宮城県、山形県、福島県、神奈川県、岡山県、熊本県、大分県、宮崎県、鹿児島県で行なわれていたカセドリ系、チャセゴ、カイツリ、ホトホト系などの一連の行事は一部を残して、跡形もなくなってしまった。それには理由があった。日本人の一生の成長過程で様々な儀礼があった。特に成人と子孫を残す結婚までの折り目が重要であった。年齢に関わる運命の予知が着想と工夫となっていた。これを厄年というアイデアによって災厄を避け、無事安泰を祈願祈禱する種々の方法が講じられていた。全国的に厄年年齢は、男性は二十五歳、四十二歳、女性は十九歳、三十三歳が共通している。地方や地域においてはかなりのズレもあった。例えば、七五三の七歳を厄年とする、十三歳、十五歳、六十一歳も厄年とする所もある。この厄年は災いや障りのあるものとして神仏の加護を得るためにと、その厄から逃れるために厄祓い、厄除け、厄落としをしなければならないとわれた。この厄祓いが正月を中心にして熱心に行なわれたのである。方法は門付《かどづ》けをして家々から餅や粥を貰って歩く、多くの人とともに共食をしたり、多くの人に特定のものを贈答をしたりする行為であった。

カセドリ、チャセゴ、カイツリ、ホトホトなどは厄祓いの役目を果たしていた。この迷信が多かったのは不安からのものである。この不安とは病からのものが少なくなかった。病気や死に対する不安からはじまるのである。そして、病気から解放されると不安も薄れて迷信に頼ることもなくなってくる。例えば、カセドリとは本踊りや本祭に付いた加勢踊りである。思うに、加勢踊りは何でもよいということから発展して厄年祓いの行事に結び付き、加勢する踊りが行事になってしまったといえよう。

この加勢踊りする行事が、厄祓いや厄除けからさらに発展して、防火祓いや火伏祈願に結び付き、それがミズカブリ、ヘソビツケ、ヤケハチマンとなって残ったものである。

続いて、加勢踊りが、カセドリという疑似の鶏や架空の鳥と結びつき、鳥を神の使いとして崇敬して、特異な島の真似をする来訪神行事になったのが、山形県上山市のカセドリや見島のカセドリとして残っている。重ねて、新築祝いを、「稼いだ家」、「稼ぎ取った家」という意味に用いて、生産生業に力を注いで働いた家をどれだけ価値があるかを見定めて、評価すると同時に祝福する行事であった。そして、新築祝いや生産生業に関する行為を褒めたたえてお祝いする「稼いだ家」がカセイダウチとなったのである。

これを纏めてみると、カセドリは三通りがあるということである。

（1）加勢踊りから厄年祓いや防火願いとするもの

（2）疑似の鶏や架空の鳥とするもの

（3）稼いだ家とするもの

以上の三種類がカセドリの正体である。

日本全国の来訪神の行事を実施している場所と、過去にあった所の全体表は、「表―24　全国来訪神行事」のようになる。この表から見れば理解できるように、日本の東京都、大阪府、京都府、名古屋市などの大都市には来訪神は現れない。来訪神行事の痕跡すらもない。この来訪神行事を実施している所を広域自治体であげると、青森県、岩手県、宮城県、秋田県、山形県、新潟県、神奈川県、石川県、鳥取県、島根県、岡山県、広島県、山口県、徳島県、香川県、愛媛県、高知県、福岡県、佐賀県、熊本県、大分県、宮崎県、鹿児島県、沖縄県とすべて地方である。二十四県である。日本人の神観念は如実に地方にあるということになる。ヨーロッパの来訪神であるオーストリアやドイツのクランプス、スイスのクロイゼ・麦藁熊、ブルガリアのクッケリなども地方にあるものである。日本人の神観念は、地方の方が住みやすく、さらに豊かなのであろう。そして、地方の方が行事の

表－24　全国来訪神行事

県　名	来　訪　神　名
青森県	ナガメヘズリ　カセドリ　カパカパ
岩手県	ナモミ　カセドリ　チャセゴ スネカ
宮城県	カセドリ　チャセゴ　ミズカブリ
秋田県	ナマハゲ ナゴメハギ
山形県	アマハゲ　カセドリ
福島県	カセドリ　チャセゴ
神奈川県	カセドリ
新潟県	アマメハギ
石川県	アマメハギ
福井県	アマメン アッポッチャ
鳥取県	ホトホト
島根県	ホトホト トイトイ
岡山県	ホトホト　カイツリ コトコト
広島県	トロヘイ トノヘイ
山口県	トロヘイ トヘイ
徳島県	オイワイリコトコト　カイツリ
香川県	カイツリ
愛媛県	カイツリ
高知県	カイツリ
福岡県	トビトビ
佐賀県	カセドリ
熊本県	カセドリ
大分県	カセダウチ
宮崎県	カセダウリ
鹿児島県	トシドン　カセダウチ　メンドン　ボゼ
沖縄県	アカマタ・クロマタ　ミルク　マユンガナシ　アンガマ フサマラー　パーントウ

存在意義があるのである。

最後に、ナマハゲに代表される来訪神の行事が今まで続けられてきた訳は、ナマハゲ行事が年頭に実施されることにある。それは再生の作用が働くからである。人間の活性力とともに社会の活性化である。そのことが行事を実施することで、再認識と再確認されるのである。ここにナマハゲを実現する力が感じられる。

地方の活性化の源泉は、ひとえにその豊かさにあるのである。その豊かさとは何かと問われれば、それは取りも直さず余裕であり、すなわち「ゆとり」である。その余裕とは、具体的には何なのかを探し求めると、自然に包み込まれるような空間の大きさと、時、すなわち時間が長く感じられることと、ナマハゲに代表される来訪神に化身《けしん》する人と来訪神を受け入れる人々の心の広さである。これが来訪神の行事には必要不可欠なものである。江戸時代の俳人・松尾芭蕉《まつおばしょう》や紀行家・菅江真澄が旅に出たのは地方であった。あまつさえ、菅江真澄はそのまま地方で一生を終えたのである。（完）

参考文献

『記録　男鹿のナマハゲ（全3集）』男鹿のナマハゲ保存会ほか・一九八〇〜一九八二
『重要無形民俗文化財　男鹿のナマハゲ』秋田県男鹿市教育委員会・男鹿市菅江真澄研究会・二〇一七
『改定綜合日本民俗語彙』柳田国男・民俗学研究所・平凡社・一九五五―一九五六
『雪国の春』柳田国男・角川書店・一九五六
『歳時習俗語彙』柳田国男・国書刊行会・一九七五
『年中行事図説』柳田国男・民俗学研究所・岩崎美術社・一九八〇
『日本民俗地図Ⅱ』文化庁・国土地理協会・一九七一
『雪国の民俗』柳田国男・三木茂・養徳社・一九四四
『菅江真澄全集』菅江真澄・宮本常一・内田武志・未來社・一九七一―九八一
『日本の民俗』第一法規・一九七一―一九七五
『日本民俗学体系』4巻・7巻・平凡社・一九六二
『漢帝国』渡邉義浩・中央公論新社・二〇一九

『神と祭りと日本人』牧田茂・講談社・一九七二
『民俗の事典』大間知篤三・川端豊彦ほか・岩崎美術社・一九七二
『民俗学辞典』柳田国男・東京堂出版・一九七六
『日本海沿岸地域における民俗文化』天野武・富山県・二〇〇一
『異人その他』岡正雄・言叢社・一九七九
『日本の民俗行事』祝宮静・桜楓社・一九七六
『日本年中行事辞典』鈴木棠三・角川書店・一九七七
『年中行事辞典』西角井正慶・東京堂出版・一九五八
『日本民俗資料事典』祝宮静ほか・第一法規・一九六九
『角川日本地名大辞典』角川書店・一九七八〜一九九〇
『我が国民間信仰史の研究（一）』堀一郎・創元社・一九六〇
『ことばの風土』北見俊夫・三省堂・一九七八
『民間の仮面』後藤淑・木耳社・一九六九
『日本再発見—芸術風土記』岡本太郎・新潮社・一九五八
『日本民俗学概論』福田アジオ・宮田登・吉川弘文館・一九八三
『現代日本民俗学』野口武徳ほか・三一書房・一九七五
『日本の「鬼」総覧』新人物往来社・一九九四

『山伏』和歌森太郎・中央公論社・一九六四
『日本美の再発見』ブルーノ・タウト・篠田英雄訳・岩波書店・一九六二
『講座日本の民俗6年中行事』大島建彦ほか・有精堂・一九七八
『神の民俗誌』宮田登・岩波書店・一九七九
『東北の鬼』大湯卓二ほか・岩手出版・一九八九
『青森県民俗分布図』青森県教育委員会・一九七六
『下北半島山村振興町村民俗資料緊急調査報告書（第二次）』青森県教育委員会・一九七一
『津軽の民俗』和歌森太郎・吉川弘文館・一九七〇
『むつ市史　民俗編』立花勇・むつ市・一九八五
『田舎館村史　中巻』田舎館村・一九九九
『鯵ヶ沢町史』鯵ヶ沢町・一九八四
『川内町史　民俗自然Ⅰ』川内町・一九九九
『鶴田町誌　下巻』鶴田町・一九七九
『蟹田町史』蟹田町・一九九一
『脇野沢村史』脇野沢村・一九八三
『岩手の小正月行事調査報告書』岩手県教育委員会・一九八四
『岩手民間信仰事典』岩手県立博物館・一九九一

『陸前高田市史5民俗編上』陸前高田市・一九九一
『一関市史4』一関市・一九七七
『水沢市史6』水沢市・一九七八
『三陸町史5民俗一般編』三陸町・一九八八
『東和町史　民俗編』東和町・一九七九
『金ヶ崎町史4民俗』金ヶ崎町・二〇〇六
『平泉町史自然・民俗編（一）』平泉町・一九九七
『胆沢町史Ⅷ民俗編1』胆沢町・一九八五
『藤沢町史　本編下』藤沢町・一九八一
『東山町史』東山町・一九七八
『湯田町史』湯田町・一九七九
『北上の年中行事』北上市・二〇一五
『いしどりや歴史と民俗3』石鳥谷歴史民俗研究会・一九八五
『土淵村誌』土淵村・一九五二
『大迫町史民俗資料編』大迫町・一九八三
『藤里郷土誌』旧江刺市藤里・一九八六
『増沢部落誌』旧江刺市増沢・一九七六

『梁川郷土誌』旧江刺市梁川・一九八四
『うわのはら（1）』旧前沢町上野原・二〇一二
『やまあいの小正月』京津畑老人クラブ・二〇〇五
『稲瀬郷土誌』旧江刺市稲瀬・二〇〇一
『玉里郷土誌』旧江刺市玉里・一九九三
『原躰郷土史』旧江刺市原躰・二〇〇五
『亀ケ森の里の年中行事』佐々木輝蔵・一九九九
『六道部落明治百年史』佐々木元実・一九八三
『大船渡市史4民俗編』大船渡市・一九八〇
『東北の民俗』仙台鉄道局・一九三七
『南奥羽の水祝儀』国土地理協会・一九九六
『宮城の民間信仰その他』三崎一夫・セイトウ社・一九九五
『気仙沼市史Ⅶ民俗・宗教篇』気仙沼市・一九九四
『唐桑町史』唐桑町・一九六八
『志津川町誌』志津川町・一九八九
『北上町史自然生活編』北上町・二〇〇四
『本吉郡誌』本吉郡・一九四九

『牡鹿町誌　下巻』牡鹿町・二〇〇二
『女川町誌』女川町・一九六〇
『雄勝町史』雄勝町・一九六六
『津山町史　後編』津山町・一九八九
『豊里町史　下巻』豊里町・一九七四
『松島町史通史編Ⅱ』松島町・一九九一
『松島町誌』松島町・一九七三
『わがふるさとの町飯野川』立花改進・わがふるさとの町飯野川刊行後援会・一九六五
『矢本町史2』矢本町・一九七四
『渡波町史』渡波町・一九五九
『河南町誌上』河南町・一九六七
『鳴瀬町誌増補改訂版』鳴瀬町・一九八五
『桃生町史三自然民俗編』桃生町・一九九〇
『七ヶ浜町誌』七ヶ浜町・一九六七
『多賀城市史3民俗・文学』多賀城市・一九八六
『利府町誌』利府町・一九八六
『東和町史』東和町・一九八七

『中田町史改訂版』中田町・二〇〇五
『石越町史』石越町・一九七五
『登米町誌』登米町・一九九一
『米山町史』米山町・一九七四
『金成町史』金成町・一九七三
『若柳町史』若柳町・一九四一
『志波姫町史』志波姫町・一九七六
『栗駒町誌』栗駒町・一九六三
『鶯沢町史』鶯沢町・一九七八
『花山村史』花山村・一九七八
『一迫町史』一迫町・一九七六
『築館町史』築館町・一九七六
『瀬峰町史増補版』瀬峰町・二〇〇五
『高清水町史』高清水町・一九七六
『古川市史三自然・民俗』古川市・二〇〇三
『小牛田町史　上巻』小牛田町・一九七〇
『三本木町誌　下巻』三本木町・一九六六

『鳴子町史　下巻』鳴子町・一九七八
『岩出山町史民俗生活編』岩出山町・二〇〇〇
『涌谷町史　上』涌谷町・一九六五
『南郷町史　上巻』南郷町・一九八〇
『田尻町史　上巻』田尻町・一九八二
『色麻町史』色麻町・一九七九
『小野田町史』小野田町・一九七四
『宮崎町史』宮崎町・一九七三
『中新田町史』中新田町・一九六四
『仙台民俗誌』三原良吉・一九五二
『中田の歴史』中田公民館・一九九一
『大衡村誌』大衡村・一九八三
『秋保町史本篇』秋保町・一九七六
『泉市誌　下巻』泉市・一九八六
『宮城町誌本篇』宮城町・一九六九
『富谷町誌』富谷町・一九六五
『大河原町史諸史編』大河原町・一九八四

『蔵王町史　民俗生活編』蔵王町・一九九三
『七ケ宿町史　生活編』七ケ宿町・一九八二
『岩沼市史』岩沼市・一九八四
『山元町誌』山元町・一九七一
『角田町郷土誌』角田町・一九五六
『丸森町史』丸森町・一九八四
『秋田県民俗分布図』秋田県教育委員会・一九七九
『新秋田叢書』第三巻・第四巻・第十五巻・今村義孝・歴史図書社・一九七一
『アマノジャク私考』武藤鉄城・白岩書院・一九三六
『男鹿寒風山麓農民手記』吉田三郎・アチック・ミューゼアム・一九三五
『男鹿寒風山麓農民日録』吉田三郎・アチック・ミューゼアム・一九三八
『男鹿風土誌』吉田三郎・秋田文化出版・一九六五
『男鹿のこぼれだね』吉田三郎・秋田文化出版・一九七七
『秋田の神々と神社』佐藤久治・秋田真宗研究会・一九八一
『男鹿五里合民俗誌』男鹿五里合郷土談話会・一九九〇
『男鹿のなまはげ』稲雄次・齋藤壽胤・男鹿のなまはげ保存伝承促進委員会・一九九六
『なまはげシンポジウム―男鹿のなまはげ―その伝承基盤を探る』男鹿のなまはげ保存伝承促進委員会・

一九九七
『なまはげ研究紀要』男鹿のなまはげ保存伝承促進委員会・一九九八
『ナマハゲ―その面と習俗―』日本海域文化研究所・二〇〇四
『なまはげ―秋田・男鹿のくらしを守る神の行事』小賀野実・ポプラ社・二〇一九
『秋田県南秋田郡年中行事と習俗』奈良環之助・自家版・一九三九
『男鹿脇本の民俗』大島建彦・西郊民俗談話会・秋田文化出版・一九八六
『八郎潟の研究』秋田県教育委員会・一九六五
『男鹿真山』伊藤裕・真山神社・一九六七
『若美町史』若美町・一九八〇
『男鹿市史』男鹿市・一九六四
『天王町の文化財第6集ナマハゲ特集』天王町教育委員会・二〇〇〇
『能代のナゴメハギ』能代市教育委員会・一九八四
『ナマハゲの正体は何か』大槻憲利・創栄出版・二〇〇四
『ナマハゲ』稲雄次・秋田文化出版・一九八五
『ナマハゲ新版』稲雄次・秋田文化出版・二〇〇五
『秋田民俗語彙事典』稲雄次・無明舎出版・一九九〇
『山形市史別巻2生活・文化編』山形市・一九七六

『東根市史　別巻上考古・民俗篇』東根市・一九八九
『大井沢中村の民俗』（『日本民俗誌集成３』三一書房）佐藤義則・一九九八
『村山市史地理生活・文化編』村山市・一九九六
『寒河江市史民俗・生活編』寒河江市・二〇一六
『寒河江楯北石川村伝承と歳時記』芳賀孝太郎・一九九三
『最上町史　下巻』最上町・一九八五
『出羽国最上郡新庄古老覚書』田口五左衛門・新庄市教育委員会・一九七二
『米沢市史民俗編』米沢市・一九九〇
『南陽市史民俗編』南陽市・一九八七
『屋代村』本田長左衛門・屋代村・一九六一
『白鷹町史　下』白鷹町・一九七七
『置賜民俗記』武田正・みどり新書の会・一九七二
『置賜の庶民生活１』置賜民俗学会・農村文化研究所・一九八四
『置賜風土記』武田正・置賜民俗学会・一九八四
『くらしの中六十五章』江田忠・不忘出版
『生活の歳時記』安部義一・一九七四
『飯豊山麓中津川の民俗』置賜民俗学会・一九七一

『年中行事読本』金儀右衛門・羽前小国民俗学研究所・一九五九
『山形「民俗」探訪』武田正・東北出版企画・二〇〇三
『民俗行事子ども風土記』松田国男・六兵衛館・一九八四
『無形民俗文化財　遊佐のアマハゲ』遊佐町教育委員会・一九八四
『上山市民俗行事カセ鳥保存会10年の歩み』上山市民俗行事カセ鳥保存会・一九九六
『福島県の民俗―民俗資料緊急調査報告書』福島県・一九六四
『福島県民俗分布図』福島県教育委員会・一九八〇
『福島県史23民俗1各論編9』福島県・一九六四
『福島県史24民俗2各論編10』福島県・一九六七
『福島市史別巻Ⅳ・福島の民俗Ⅱ』福島市・一九八〇
『相馬市史3各論編2民俗・人物』相馬市・一九七五
『二本松市史8民俗（各論編1民俗）』二本松市・一九八六
『船引町史　民俗編』船引町・一九八二
『湯川村史2民俗・村人のくらし』湯川村・一九八八
『都路村史』都路村・一九八五
『山都町史』山都町・一九八六
『熱塩加納村史』熱塩加納村・一九七八

『只見町史』只見町・一九九三
『富岡町史』富岡町・一九八七
『小野町史』小野町・一九八五
『北会津村史1』北会津村・二〇〇七
『舘岩村史4』舘岩村・一九九二
『伊南村史6』伊南村・二〇〇五
『浪江町史別巻Ⅱ』浪江町・二〇〇八
『本宮町史9各論編1』本宮町・一九九五
『白沢村史各論編1』白沢村・一九八七
『常葉町史』常葉町・一九七四
『大越町史3民俗編』大越町・一九九六
『滝根町史3』滝根町・一九八八
『河東の民俗』河東町教育委員会・一九九六
『月舘町の民俗』月舘町・一九八七
『霊山史談5』霊山町郷土史研究会・一九八七
『喜多方市史9民俗各論編Ⅱ』喜多方市・二〇〇一
『伊達町史2旧町村沿革生活・文化』伊達町・一九九六

『保原町史4』保原町・一九八一
『新地町史自然・民俗編』新地町・一九九三
『猪苗代町史2民俗編』猪苗代町・一九七九
『磐梯町史民俗編』磐梯町・一九八五
『田島町史4民俗編』田島町・一九七七
『飯舘村史3民俗』飯舘村・一九七六
『南郷村史5民俗編』南郷村・一九九八
『昭和村の歴史』昭和村・一九七三
『国見町史4現代・村誌・民俗資料』国見町・一九七五
『桑折町史3各論編民俗・旧町村沿革』桑折町・一九八九
『梁川町史11民俗編Iくらし』梁川町・一九九一
『長生郡郷土誌』長生郡教育会・崙書房・一九七六
『長生村史』長生村・一九六〇
『長南町史』長南町・一九七三
『陸沢村史』陸沢村・一九七七
『一宮町史』一宮町・一九六四
『豊岡村誌』豊岡村・一九六三

『茂原市史』茂原市・一九六六
『神奈川県史各論編5民俗』神奈川県・一九七七
『神奈川県民俗分布地図』神奈川県立博物館・一九八四
『生きている民俗探訪　新潟』山口賢俊ほか・第一法規・一九八二
『村上市史　民俗編下巻』村上市・一九九〇
『重要無形民俗文化財　能登のアマメハギ　輪島の面様年頭』輪島市教育委員会・一九八三
『重要無形民俗文化財　門前町のアマメハギ』門前町教育委員会・一九八一
『重要無形民俗文化財　内浦町のアマメハギ』内浦町教育委員会・一九八二
『福井県史資料編15民俗』福井県・一九八四
『福井市史資料編13民俗』福井市・一九八八
『越廼村誌本篇』越廼村・一九八八
『越廼村の年中行事あっぽっちゃ資料』青木捨夫・自家版・一九八三
『越前若狭の伝説』杉原丈夫・松見文庫・一九七〇
『福井県の伝説』福井県鯖江女子師範学校郷土研究部・一九三六
『祭礼行事・福井県』おうふう・一九九五
『都市史の研究　紀州田辺』安藤精一・清文堂出版・一九九三
『田辺市史10史料編Ⅶ』田辺市・一九九〇

『牟妻口碑集』雑賀貞次郎・名著出版・一九七六
『郡家町誌』郡家町・一九六九
『用瀬町誌』用瀬町・一九七三
『鹿野町誌　下巻』鹿野町・一九九五
『河原町誌』河原町・一九八六
『八東町誌』八東町・一九七九
『船岡町誌』船岡町・一九六八
『智頭町誌下巻』智頭町・二〇〇〇
『西伯町誌』西伯町・一九七五
『新修米子市史5民俗編』米子市・二〇〇〇
『淀江町誌』淀江町・一九八五
『日南町史』山形正春ほか・日南町・一九八四
『日野町誌』日野町・一九七〇
『江府町史』江府町・一九七五
『因伯民俗誌鶴田憲彌遺稿集』鶴田憲彌・一九八五
『ふるさとの素顔　因伯民俗めぐり』四宮守正・鳥取市教育福祉振興会・一九八一
『千代川流域の民俗』坂田友宏・米子工業高等専門学校・一九八八

『ふるさと鳥取　私たちが伝える祭と伝統行事』鳥取県民の日記念イベント実行委員会・二〇〇一
『ふるさと百景日本海テレビ制作番組4』日本海テレビジョン放送・二〇〇三
『新修松江市誌』松江市・一九六二
『松江市史別編2民俗』松江市・二〇一五
『出雲市誌』出雲市・一九五一
『平田市大事典　市制施行四十周年記念』平田市・二〇〇〇
『大田市誌　十五年のあゆみ』大田市・一九六八
『江津市誌　下巻』江津市・一九八二
『浜田市誌　下巻』浜田市・一九七三
『島根町誌資料編』島根町・一九八一
『島根縣町村治績』島根縣内務部・一九一〇
『美保関町誌　上巻』美保関町・一九八六
『玉湯町史　下巻（1）』玉湯町・一九八二
『広瀬町史　下巻』広瀬町・一九六九
『伯太町誌　下巻』伯太町・二〇〇一
『仁多町誌』仁多町・一九九六
『横田町誌』横田町・一九六八

『大東町誌』大東町・一九七一
『木次町誌』木次町・一九七二
『三刀屋町誌』三刀屋町・一九八二
『吉田村村誌資料』吉田町・一九八六
『掛合町誌』掛合町・一九八四
『頓原町誌　民俗・文化』頓原町・二〇〇〇
『赤来町史』赤来町・一九七二
『佐田町史』佐田町・一九七六
『湖陵町誌』湖陵町・二〇〇〇
『大社町史　下巻』大社町・一九九五
『温泉津町誌　下巻』温泉津町・一九九五
『川本町誌　歴史編』川本町・一九七七
『邑智町誌　下巻』邑智町・一九七八
『石見町誌　下巻』石見町・一九七二
『桜江町誌　下巻』桜江町・一九七三
『金城町誌5』金城町・二〇〇二
『弥栄村誌』弥栄村・一九八〇

『日原町史　下巻』日原町・一九六四
『柿木村誌1』柿木村・一九八六
『六日市町史2』六日市町・一九八八
『西郷町誌　下巻』西郷町・一九七六
『都万村誌』都万村・一九九〇
『海士町史』海士町・一九七四
『隠岐西ノ島の今昔』西ノ島町・一九九五
『岡山県史第16巻民俗Ⅱ』岡山県・一九八三
『岡山市史　社会篇』岡山市・一九六八
『総社市史　民俗編』総社市・一九八五
『牛窓町史　民俗編』牛窓町・一九九四
『加茂川町史』植木克己・一九八六
『御津町史』御津町・一九八五
『金光町史　民俗編』金光町・一九九八
『旭町誌　民俗編』旭町・一九九七
『北房町史　民俗編』北房町・一九八三
『阿波村誌』阿波村・一九九三

『備中町史　民俗編』備中町・一九六九
『上斎原村史　民俗編』上斎原村・一九九四
『村誌美甘　上巻』美甘村・一九七四
『邑久郡史　下巻』邑久郡史刊行会・作陽新報社・発行年不明
『落合町史　民俗編』落合町・一九八〇
『広島県史　民俗編』広島県・一九七八
『民間暦と俗信』村岡浅夫・小川晩成堂・一九六七
『すまいと衣食』村岡浅夫・三国書院・一九七〇
『広島県民俗資料4』村岡浅夫・ひろしまみんぞくの会・一九七一
『冠婚葬祭と家の問題』村岡浅夫・ひろしまみんぞくの会・一九七二
『広島県川上村史』川上村・一九六〇
『高田郡史　民俗編』高田郡町村会・一九七九
『総領町誌』総領町・一九九四
『佐伯町誌　本編』佐伯町・一九八六
『西城町誌　通史編』西城町・二〇〇五
『東城町誌5』東城町・一九九九
『口和町誌』口和町・二〇〇〇

『高野町史』高野町・二〇〇五
『高野町郷土史料（1）』高野町・一九八〇
『広島県双三郡誌』広島県双三郡役所・菁文社・一九七九
『作木村誌』作木村・一九九〇
『布野村誌（2）』布野村・二〇〇二
『君田村史』君田村・一九九一
『神石郡誌』神石郡教育会・名著出版・一九八〇
『油木町史　通史編下巻』神石高原町・二〇〇五
『戸河内町史　民俗編』戸河内町・一九九七
『大朝町史　下巻』大朝町・一九八二
『千代田町史　民俗編』千代田町・二〇〇〇
『向原町誌　上巻』向原町・一九九二
『甲田町誌』甲田町・一九六七
『浦崎村史』小畑正雄・一九八四
『吉和村誌2』吉和村・一九八五
『三次市史4民俗』三次市・二〇〇四
『阿東町史』阿東町・一九七〇

『徳地町史』徳地町・一九七五
『秋穂町史』秋穂町・一九八二
『秋穂二島史』秋穂二島公民館・一九六九
『長門市史　民俗編』長門市・一九七九
『周防の民俗』山口県文化財愛護協会・一九七七
『長門の民俗』山口県文化財愛護協会・一九七五
『下関市史　民俗編』下関市・一九九二
『続防府市史』防府市・一九八一
『桜井市史　総論編』桜井市・一九八八
『由宇町史』松岡利夫・由宇町・一九六六
『錦町史　民俗編』錦町・一九九五
『田布施町史』田布施町・一九九〇
『大畠町史』大畠町・一九九二
『平生町史』平生町・一九七八
『鹿野町誌増補改訂』鹿野町・一九九一
『菊川町史』菊川町・一九七〇
『豊浦町史』豊浦町・一九九五

『豊北町史』豊北町・一九七二
『偉人「村田清風」を生んだ三隅町の歴史と民俗』偉人「村田清風」を生んだ三隅町の歴史と民俗編集委員会・一九七三
『田万川町史』田万川町・一九九九
『むつみ村史』むつみ村・一九八五
『福栄村史』波多放彩・福栄村・一九六六
『宍喰町誌　下巻』宍喰町・一九八六
『宍喰風土記』中島源・平和印刷・一九六九
『日和佐町史』日和佐町・一九八四
『三名村史』田村正・山城町・一九六八
『山城谷村史』山城町・一九六〇
『ふるさとの故事総集編—老人生きがい対策事業老人会三十周年記念』山城町社会福祉協議会・山城町老人クラブ連合会・一九八九
『東祖谷山村誌』東祖谷山村・一九七八
『ひがしいやの民俗』東祖谷山村・一九九〇
『西祖谷山村史』西祖谷山村・一九五九
『祖谷山民俗誌』武田明・古今書院・一九五五

『麻植郡誌』麻植郡教育会・臨川書店・一九七三
『山川町史』山川町・一九八七
『阿波町史』阿波町・一九七九
『松茂町誌　下巻』松茂町・一九七六
『土成町史　下巻』土成町・一九七五
『阿波の語りべ』徳島県老人クラブ連合会・一九八八
『相生町誌』相生町・一九七三
『香川県史14資料編民俗』香川県・四国新聞社・一九八五
『ふるさと安田　戦後の歩み』戦後の安田誌編集委員会・小豆島町・二〇〇六
『三野町の民俗』三野町・二〇〇五
『三野町誌』三野町・一九八〇
『高瀬町史　民俗・自然編』高瀬町・二〇〇三
『香川町誌』香川町・一九九三
『飯山町誌』飯山町・一九八八
『琴南町誌』琴南町・一九八六
『寒川町史』寒川町・一九八五
『豊中町誌』豊中町・一九七九

『香川県大百科事典』四国新聞社・一九八四
『愛媛県史　民俗編下』愛媛県・一九八四
『宇和地帯の民俗』和歌森太郎・吉川弘文館・一九六一
『中山町誌』中山町・一九九六
『一本松町史』一本松町・一九七九
『新編内子町誌』内子町・一九九五
『大三島町誌　一般編』大三島町・一九八八
『川内町新誌』川内町・一九九二
『高知県史　民俗編』高知県・一九七八
『高知県史　民俗資料編』高知県・一九七七
『稿本高知市史　現代編』高知市・一九八五
『土佐山村史』土佐山村・一九八六
『安芸市史　民俗編』安芸市・一九七九
『南国市史　下巻』南国市・一九八二
『土佐市史』土佐市・一九七八
『須崎市史』須崎市・一九七四
『赤岡町史改訂版』赤岡町・二〇〇八

『夜須町史　下巻』夜須町・一九八七
『土佐山田町史』土佐山田町・一九七九
『野市町史　下巻』野市町・一九九二
『物部村志』物部村・一九六三
『奈半利町史考』安岡大六・奈半利町・一九五三
『田野町史』田野町・一九九〇
『新安田文化史』安岡大六・松本保・安田町・一九七五
『北川村史　通史編』北川村・一九九七
『馬路村史』安岡大六・馬路村・一九六六
『芸西村史』芸西村・一九八〇
『本山町史　下巻』本山町・一九九六
『大豊町史　近代現代編』大豊町・一九八七
『仁淀村史』仁淀村・一九六九
『吾川村史　上巻』吾川村・一九八七
『中土佐町史』中土佐町・一九八六
『大野見村史（１９５６）』大野見村・一九八一
『佐川町史　下巻』佐川町・一九八一

『越知町史』越知町・一九八四
『日高村史』日高村・一九七六
『葉山村史』葉山村・一九八〇
『東津野村史』東津野村・一九八九
『十和村史』十和村・一九八四
『窪川町史』窪川町・二〇〇五
『三原村史』三原村・一九七一
『大方町史』大方町・一九九四
『佐賀町農民史』佐賀町農業協同組合・一九八三
『戸波村誌』戸波村・一九三〇
『新修福岡市史　民俗編1』福岡市・二〇一二
『田川市史　民俗編』田川市・一九七九
『香春町史　下巻』香春町・二〇〇一
『元岡村誌』元岡村・一九六一
『かせどり―蓮池町見島熊野権現神社』佐賀市無形民俗文化財指定加勢鳥保存会・一九七六
『熊本県民俗事典』丸山学・日本談義社・一九六五
『牛深市・魚貫の民俗と歴史』池田主雄・一九八二

『菊池市史　下巻』菊池市・一九八六
『菊鹿町史本編』菊鹿町・一九九六
『旭志村史』旭志村・一九九三
『高森町史』高森町・一九七九
『波野村史』波野村・一九九八
『蘇陽町誌　資料編』蘇陽町・一九九六
『栖本町誌』栖本町・二〇〇六
『大分百科事典』大分放送・一九八〇
『大分県史　民俗編』大分県・一九八六
『本耶馬渓町史』本耶馬渓町・一九八七
『杵築市誌本編』杵築市・二〇〇五
『緒方町誌総論編』緒方町・二〇〇一
『宮崎県史　資料編民俗2』宮崎県・一九九二
『宮崎県史叢書宮崎県年中行事集』小野重朗・宮崎県・一九九六
『都城市史　別編』都城市・一九九六
『串間市史』串間市・一九九六
『南郷町郷土史』南郷町・一九八〇

『北郷町史』伊東岩男・北郷町・一九六五
『日向民俗第40・41合併号』日向民俗学会・一九八七
『祈りと結いの民俗』那賀教史・鉱脈社・二〇一八
『日南市史』日南市・一九七八
『無形の民俗資料記録　第五集正月行事1』鹿児島県文化財保護委員会・一九六六
『農耕儀礼の研究』小野重朗・弘文堂・一九七〇
『薩隅民俗誌』小野重朗・第一書房・一九九四
『南日本の民俗文化小野重朗著作集9』小野重朗・第一書房・一九九六
『知覧町郷土誌』知覧町・一九八二
『入来町誌　下巻』入来町・一九七八
『指宿市史』指宿市・一九五八
『指宿市史』指宿市・一九八五
『谷山市史』谷山市・一九六七
『郡山郷土誌』郡山町・一九九五
『吾平町誌　下巻』吾平町・一九九一
『大隅町誌』大隅町・一九九〇
『横川町郷土誌』横川町・一九九一

『南西諸島の神観念』住谷一彦・クライナーヨーゼフ・未來社・一九七七
『石垣島史叢書13八重山島年来記』石垣市・一九九九
『宮良村史』宮良公民館・一九八六
『八重山の社会と文化』宮良高弘・木耳社・一九七三
『八重山文化論集2』八重山文化研究会・一九八〇
『南島第1輯』野田裕康・八重山文化研究所・一九七六
『神々の古層④来訪する鬼パーントゥ』比嘉康雄・ニライ社・一九九〇
『神々の古層⑥来訪するマユの神マユンガナシー』比嘉康雄・ニライ社・一九九二
「春来る鬼」(『旅と伝説』4巻1号・三元社)折口信夫・一九三一
「裏日本の旅下」(『旅と伝説』通巻83号・三元社)本田安次・一九三四
「問答―小正月の訪問者」(『民間伝承』5巻6号)大滝勝人・一九四一
「年の暮の来訪者」(『国文学』13巻12号・学燈社)堀一郎・一九四八
「年中行事の地域性と社会性」(『日本民俗学大系』7・平凡社)坪井洋文・一九五九
「稲作儀礼の類型的研究」(『国学院大学日本文化研究所紀要』十・十二輯)伊藤幹治・一九六二・一九六三
「カセ鳥行事―小正月の訪問者」(『民間伝承』28巻5号)
「カセドリ」(『日本民俗学』95)矢野黎子・一九七四
「小正月のまれ人」(『講座日本の民俗』6・有精堂)三崎一夫・一九七八

「カパカパ」（『民間伝承』4巻6号）押尾孝・一九三九
「カセギドリ考」（『青森県―その歴史と経済』盛田稔学長還暦記念論集編集委員会）森山泰太郎・一九七八
「下北半島における小正月の訪問者」（『東北民俗学研究』5東北学院大学民俗学ＯＢ会）大湯卓二・一九九七
「青森県における小正月の来訪神」（『東北芸術工科大学東北文化研究センター研究紀要』3）大湯卓二・二〇〇四
「青森県下北半島の小正月の訪問者」（西効民俗談話会『西効民俗』153）後藤和芳・一九九五
「宮城郡における小正月の訪問者」（『東北民俗』5）竹内祥子・一九七〇
「秋田県船川のナマハゲ」（『民族』1巻2号）三浦隆次・一九二六
「男鹿のナマハゲ」（住吉土俗研究会『田舎』9）笹川生・一九三四
「男鹿のナマハゲ」（『旅と伝説』14巻3号・三元社）高橋文太郎・一九四一
「なまはげ覚書―日本列島における祭祀的秘密結社の痕跡について」（『民族学研究16巻3・4号』）中村たかを・一九五二
「男鹿のナマハゲ」（『出羽路』5）奈良環之助・一九五九
「男鹿半島のナマハゲ」（『秋田県の正月行事』）奈良環之助・一九五五
「年中行事―男鹿のナマハゲ」（『秋田県史民俗工芸編』）奈良環之助・一九五八
「秋田の正月行事―男鹿半島」（文化庁文化財保護部『正月の行事』Ⅳ）奈良環之助・一九七一
「ナマハゲに関する調査報告」（『男鹿半島研究』3）吉田三郎・一九七三
「ヤマハゲ小考」（『秋田民俗』5）長谷川秀樹・一九七七

「男鹿半島の近世在地修験について」(『東北霊山と修験道』名著出版) 木崎和廣・一九七七
「男鹿本山真山と山麓の修験道」(同右) 大槻憲利・一九七七
「やまはげの話」(『秋文かわらばん』秋田文化出版) 佐藤ただし・一九七九
「なまはげの起源」(『秋田ふしぎ探訪』無明舎出版) 斎藤壽胤・一九七九
「小正月行事なまはげ」(『人づくり風土記』農山漁村協会) 斎藤壽胤・一九八九
「なまはげ習俗と仮面」(『秋田県立博物館研究報告』6) 益子清孝・嶋田忠一・一九八一
「男鹿のナマハゲ—類似伝承の分布と考察」(『記録　男鹿のナマハゲ』3集) 木崎和廣・一九八二
「男鹿市門前のなまはげ」(『跡見学園女子大学短期大学部紀要』18) 高橋六二・一九八二
「屋代弘賢編『不忍叢書』「相馬領習俗聞書」について」(『磐城民俗』18) 岩崎真幸・一九七八
「ナマハゲ行事の鬼と真山神社柴灯護摩神事の鬼」(人類文化研究会『人類文化』7) 李活雄・一九八八
「男鹿半島のナマハゲ」(『男鹿半島研究』15) 李活雄・一九八九
「秋田市及び岩城町に於ける来訪者の習俗について」(『秋田民俗』15) 石郷岡千鶴子・一九八九
「能代のナゴメハギ」(『雪國民俗』14) 稲雄次・一九八五
「もどりなまはげ」(『雪國民俗』15) 稲雄次・一九八五
「年中行事の定着化について—男鹿半島のナマハゲ行事の場合」(『雪國民俗』17) 稲雄次・一九八六
「ナマハゲ」(『旅』755・JTB) 稲雄次・一九九〇
「小正月の訪問者をめぐりて—アマハゲのことども」(『日本民俗学』4巻2号) 丹野正・一九五七

「水窪の『カセドリ』」(『置賜民俗』24) 江田忠・一九七一
「山形県における『小正月』の習俗」(『置賜民俗』45・46) 江田忠・一九七五
「山形県にみる『カセドリ』の習俗」(『東北民俗』10) 江田忠・一九七六
「山形県遊佐町のアマハゲ」(『跡見学園女子大学短期大学部紀要』20) 高橋六二・一九八四
「福島県内の来訪神」(『東北芸術工科大学東北文化研究センター研究紀要3』) 野沢謙治・二〇〇四
「越後のアマメハギ」(新潟県民俗学会『高志路』181) 佐久間惇一・一九五八
「能登・輪島市大野のアマメハギ」(『まつり通信』71) 小倉学・一九六六
「能登のアマメハギ考」(『日本民俗学会報』51) 小倉学・一九六七
「門前町五十洲のアマメハギ行事」(『秋田民俗』15) 稲雄次・一九八九
「福井県越廼村の来訪神アマメサン」(『秋田論叢』20) 稲雄次・二〇〇四
「ホトホト其他」(『民間伝承』4巻4号) 石塚尊俊・一九三九
「周防山村のトロトロ」(『民間伝承』23巻2号) 家永泰光・一九五九
「福岡市早良区石釜のトビトビ」(『福岡市博物館研究紀要7』) 松村利規・一九九七
「訪れ来る福神」(『まつり通信』1) 市場直次郎・一九六二
「肥前蓮池のカセドリ」(『まつり通信』132・まつり同好会) 市場直次郎・一九七二
「佐賀市蓮池町見島のカセドリ」(『秋田民俗』31) 稲雄次・二〇〇五
「鹿児島県薩摩郡甑島」(日本民俗学会『離島生活の研究』集英社) 小野重朗・一九六六

「行事としといどん―甑島移住部落の行事」（鹿児島県立中種子高校地理研究会・種子島科学同好会『種子島民俗』）江口晴子・一九六一
「甑島・トシドン考」（『鹿児島民俗』54）松竹秀雄・一九七二
「種子島採訪記」（『まつり通信』１５６）田中義広・一九七四
「南日本の来訪神」（『日本民俗学』１１５）下野敏見・一九七八
「トカラ・悪石島の仮面行事」（『民族学研究』30巻3号）Kreiner Josef・一九六五
「八重山群島におけるいわゆる秘密結社について」（『民族学研究』27巻1号）宮良高弘・一九六二
「黒マタ・白マタ・赤マタの祭祀」（『札幌大学紀要教養部論集1』）宮良高弘・一九六八
「八重山・黒島と新城島における祭祀と親族」（東京都立大学南西諸島研究委員会『沖縄の社会と宗教』平凡社）植松明石・一九六五
「波照間島の先祖祭祀と農耕儀礼」（『国立歴史民俗博物館研究報告』66集）上野和男・一九九六
「八重山諸島のアカマタ・クロマタ再考」（『北方風土』49）稲雄次・二〇〇五

索　引

【あ】
青鬼面（あおおにめん）　244
青木捨夫（あおきすてお）　248
青ナマハゲ　32, 38, 49, 123
青森県　231, 232, 265, 299, 317, 319, 357, 358
青森県郷土館　232
赤鬼面（あかおにめん）　244
赤神（あかがみ）　92, 99, 212, 214
赤神山大権現縁起（あかがみさんだいごんげんえんぎ）　91
赤神神社（あかがみじんじゃ）　93, 99, 100, 101
赤神山大権現（あかがみだいごんげん）　91
赤ナマハゲ　32, 36, 38, 49, 123
アカマタ　127, 128, 129, 231, 232, 330, 331, 332, 333, 334, 335, 336, 337, 351, 352, 353, 354, 355, 358
安芸市（あきし）　320
秋田県（あきたけん）　14, 46, 56, 99, 142, 143, 145, 150, 166, 168, 176, 177, 182, 187, 188, 205, 206, 231, 354, 357, 358
秋田市（あきたし）　31, 32, 181, 182, 183, 187, 355,
顎田（あぎた）　97
悪石島　339
悪魔祓い　182, 183, 184, 185
浅内ナゴメハギ保存会　179
小豆粥（あずきがゆ）　325, 326, 329, 330
アチック・ミューゼアム　200, 205
アッポ　248, 250
アッポッシャ　248
アッポッチャ　248, 249, 250, 251, 252, 358
後戻り禁止（あともどりきんし）　71
姉様（あねさま）　337
油護摩餅（あぶらごまもち）　95
油餅（あぶらもち）　94, 95
阿倍比羅夫（あべのひらふ）　97
天草市　289
アマノジャク説　21, 22
天野荘平（あまのそうへい）　39, 93
アマノハギ　176, 185, 186, 187
アマハギ　187
アマハゲ　32, 176, 177, 184, 185, 187, 231, 236, 237, 238, 355, 358
アマミ　251
アマミオコシ　248, 251, 252
アマミツキ　248, 251, 252
アマミハギ　228
アマミヤサン　248, 251, 252
アマメ　243, 245, 248, 250, 251
アマメサン　248, 250, 252
アマメハギ　52, 231, 238, 239, 240, 241, 242, 243, 244, 245, 246, 355, 358
アマメハゲ　248, 251, 252
アマメン　231, 247, 248, 249, 250, 251, 252, 355, 358
新城島上地（あらぐすじまかみじ）　331, 332, 333, 336, 351
新城島下地（あらぐすじましもじ）　331, 332
アンガマ　231, 232, 337, 338, 355, 358

【い】
硫黄島（いおうじま）　340
石垣島（いしがきじま）　127, 331, 332, 333, 334, 336, 337, 339, 340, 351
石川県（いしかわけん）　231, 239, 252, 355, 357, 358
石川理紀之助（いしかわりきのすけ）　56, 137, 138
出雲市（いずもし）　303, 304, 307
磯村朝次郎（いそむらあさじろう）　42, 44
伊藤幹治（いとうみきはる）　230
指宿市（いぶすきし）　293, 297
異邦人説（いほうじんせつ）　21, 90, 93, 96, 97, 98, 103, 187, 245, 252, 335, 336
イボシマ　47, 212
西表島（いりおもてじま）　331, 332, 333, 336, 337, 340, 351
岩倉（いわくら）　237
岩沢のイワコ（いわさのいわこ）　183
岩手県（いわてけん）　231, 232, 233, 236,

254, 255, 263, 264, 266, 267, 295, 296, 341, 342, 354, 355, 357, 358

【う】
宇佐市　289
優婆塞（うばそく）　93
梅津利忠（うめつとしただ）　91

【え】
蝦夷説　168
『越前若狭の伝説』　250
恵比寿様　276, 291, 312, 346
恵比寿面　175, 273
愛媛県（えひめけん）　325, 357, 358
FRP（繊維強化プラスチック）　38
エブシマ　182
蝦夷（えみし）　97
円仁（えんにん）　99
遠来神（えんらいしん）　354

【お】
オイハヒソ　228
オイワイソ　228, 230
オイワイソコトコト　231, 232
『奥羽一覧道中膝栗毛』（おうういちらんどうちゅうひざくりげ）　253, 298
奥州三十三観音　347
大分県（おおいたけん）　232, 289, 296, 355, 357, 358
大正月　24, 25, 27, 157, 208, 209, 211, 224, 225, 299, 351
オオナナミ　228
大晦日（おおみそか）　24, 25, 26, 71, 79, 153, 168, 208, 209, 210, 211, 212, 213, 214, 224, 225, 226, 252, 253, 335
オオメグリ　228
大湯卓二（おおゆたくじ）　232
『男鹿寒風山麓農民手記』　35, 132, 135, 136, 143, 200, 205
『牡鹿乃寒かぜ』　30, 31, 93, 95, 120, 121, 198
『牡鹿の嶋風』　30, 31, 88, 91, 200
男鹿のナマハゲ保存会　15
雄鹿本山五社油餅祭　94
岡正雄（おかまさお）　330
岡本太郎（おかもとたろう）　41, 153, 155
岡山県（おかやまけん）　232, 308, 318, 329, 355, 357, 358
翁面（おきなめん）　175
沖縄県（おきなわけん）　130, 232, 330, 337, 339, 340, 351, 355, 357, 358
隠岐の島・隠岐島（おきのしま）　305
『奥の手風俗』（おくのてぶり）　265
奥能登（おくのと）　239
小倉学（おぐらまなぶ）　243
オドシ　228, 251, 252
鬼鎮めの行事　95
小野重朗（おのじゆうろう）　292
オモイツキ　228
オモガイコモガイ　228
オモヒツキ　228
お山の神様説　21
折口信夫（おりくちしのぶ）　125, 128, 129, 130, 131, 157, 158, 159, 204, 205, 228
卸金（おろしがね）　239
恩荷（おんが）　46, 97
オンプール　332

【か】
カイツリ　231, 232, 319, 320, 321, 322, 323, 324, 325, 326, 327, 329, 330, 356, 358
怪物説　24
かえりなまはげ　222, 223
香川県（かがわけん）　327, 357, 358
神楽面（かぐらめん）　233
鹿児島県（かごしまけん）　232, 252, 292, 297, 339, 340, 355, 357, 358
鹿児島市　294
カサトリ　278
カサドリ　231, 278, 279, 280, 282, 296
カサトリマハシ　228
笠森（かさもり）　237
カシェドリ　273, 296
カシオドリ　255, 267, 296
『かすむこまかた』　266
カセイオドリ　298
加勢踊（かせいおどり）　296

【き】

ササイゴ　229
サセゴ　228, 229, 231, 254, 255, 258, 264, 267, 269, 341, 342
サンシキ　332

【し】
ジオウ　238
シカタハギ　228, 229, 236
ジジ面　240, 241, 242
下沢のシタコ（したさのしたこ）183
節祭（シチィ）337, 339, 340
自治会　29, 30, 169, 195
七福神（しちふくじん）286, 291, 294, 343, 344, 346
実施日（じっしび）19, 24, 25, 26, 27, 56, 168, 169, 178, 188, 190, 208, 209, 210, 211, 222, 233, 244, 245, 251, 252, 336, 352
渋沢栄一（しぶさわえいいち）200
渋沢敬三（しぶさわけいぞう）200, 205
島社会（しましゃかい）353
島根県（しまねけん）232, 303, 318, 355, 357, 358
注連縄（しめなわ）62, 65, 75, 180, 183, 288, 317, 347, 348
下甑島（しもこしきじま）252, 253
下関市（しものせきし）315, 318
十王堂（じゅうおうどう）222, 223, 226
重要無形民俗文化財（じゅうようむけいみんぞくぶんかざい）14, 15, 45, 238, 243, 271, 272, 348
『重要無形民俗文化財　男鹿のナマハゲ』16, 29, 32, 33, 38, 39, 58, 153, 156, 189, 190, 208
修験者（しゅげんじゃ）89, 98, 101, 102
修験者説（しゅげんじゃせつ）21, 90, 103, 188, 245, 335, 336
修験道（しゅげんどう）21, 98
寿老人（じゅろうじん）276, 344, 346
巡後行事（じゅんごぎょうじ）20, 72
正月様（しょうがつさま）126, 247, 319
庄原市（しょうばらし）309, 310, 318
シヨウマナコ　229
女性禁止（じょせいきんし）68
女郎面（じょろうめん）244
シロマタ　331, 333
真山神社（しんざんじんじゃ）15, 36, 93, 95, 96, 99, 100, 101, 175, 182, 223
神聖不可侵（しんせいふかしん）335, 352, 354
甚八笠（じんぱちがさ）283, 290, 311
神仏混淆（しんぶつこんこう）101
神仏習合（しんぶつしゅうごう）101
神仏判然令（しんぶつはんぜんれい）100
神仏分離令（しんぶつぶんりれい）100

【す】
菅江真澄（すがえますみ）14, 30, 32, 38, 39, 41, 52, 53, 55, 63, 75, 88, 91, 93, 95, 104, 120, 121, 122, 123, 124, 125, 129,157, 158, 175, 177, 178, 189, 198, 199, 200, 204, 254, 264, 265, 266, 341, 342, 359
菅沼定昭（すがぬまさだあき）274
鈴木重孝（すずきしげたか）99
スネカ　228, 229, 231, 232, 233, 236, 354, 358
スネカタクリ　236
スネカダクリ　229
スネカワタクリ　233
スーパースター　15, 96, 205
スペイン人　21, 97
スミツケ　271, 349
墨塗り　133, 181, 185, 271, 288, 291, 293, 294, 300, 313, 347, 348, 349
住谷一彦（すみやかずひこ）333
スリコギ　241, 242, 245

【せ】
清掃禁止（せいそうきんし）64, 70
接触禁止（せっしょくきんし）70
節分（せつぶん）244, 250, 251, 252, 325
柴燈護摩（せとごま）93, 95, 96
柴燈護摩行事（せとごまぎょうじ）96
柴燈堂（せどどう）93, 94, 95
柴燈祭（せどまつり）93, 95
銭差し（ぜにさし）290, 291, 294, 301, 302, 303, 306, 307, 308, 309, 315, 316, 321, 323,

324, 325, 326, 327, 328, 329
銭縄（ぜになわ） 291, 294, 295, 305
ゼニナワイワイ 229
センザイロウ 229
先祖神 337, 351, 354

【そ】
草荘神（そうそうしん） 333, 339, 352
装着具の種類（そうちゃくぐのしゅるい） 20, 46, 78
祖霊信仰（それいしんこう） 102
算盤（そろばん） 40, 49, 177, 181, 256
村内法（そんないほう） 352, 353
村落共同体（そんらくきょうどうたい） 353
村落社会（そんらくしゃかい） 335

【た】
太陰暦（たいいんれき） 25, 209, 221, 351
大黒天（だいこくてん）・大黒様（だいこくさま） 276, 288, 291, 292, 293, 294, 346
大黒舞（だいこくまい） 342, 345
太平山講（たいへいざんこう） 224, 225
ダイヤフク 229
太陽暦（たいようれき） 222
タウエヨド 229
高橋文太郎 31, 139, 140, 141, 142, 143, 205, 206
タカメン（高面） 340
竹富島（たけとみじま） 332
橘南谿（たちばななんけい） 92
種子取祭（タナドゥイ） 340
田ノ沢のタツコ（たのさのたつこ） 183
館ノ下のバラザエモン（たてのしたのばらざえもん） 183
種子島（たねがしま） 253
タビタビ 125
タラカイ 229
藁面（たらめん） 35, 132, 183
丹前（たんぜん・どてら） 47, 182, 183

【ち】
治外法権 332, 336
チャセゴ 228, 229, 230, 231, 232, 253, 254, 256, 257, 258, 259, 260, 261, 262, 263, 264, 267, 271, 272, 341, 342, 343, 344, 345, 346, 356, 358
茶施子（ちゃせご） 255, 263, 264
茶先児 256, 259, 260, 263
茶筌子 255, 263
茶勢子 263, 264
茶筅児 263, 264
ちや銭 263, 264
ちやせんこ 263
チャセンコ 253, 255, 258, 262, 263, 272, 273
チャセンゴ 257, 276
チャホシ 232
町内会（ちょうないかい） 16, 29, 30, 40, 57, 67, 72, 78, 190, 191, 192, 193, 194, 196, 197, 198, 335, 336, 346, 353
長楽寺（ちょうらくじ） 99

【つ】
『津軽の民俗』 300
付人（つきびと） 32, 53, 68
付け木（つけぎ） 279, 321, 323, 324
ツツキ棒 184
坪井洋文（つぼいひろぶみ） 229

【て】
出刃包丁 41, 49, 53, 54, 55, 104, 123, 129, 131, 133, 138, 143, 158, 177, 182, 200, 217, 218, 219, 220, 221, 232, 245, 335, 336
天狗面 239, 240, 241, 242, 283
天保暦（てんぽうこよみ） 221

【と】
トイトイ 229, 231, 304, 305, 312, 314, 318, 355, 358
トイノカンサマ 253
トイワイ 229
ドウソジンノカンジン 229
『東北の鬼』（とうほくのおに） 232
『東遊記』（とうゆうき） 92
徳島県（とくしまけん） 232, 316, 318, 326, 357, 358
土佐の粥釣（とさのかいつり） 319, 320,

【な】

【に】

【ね】

【の】

野田の一円（のだのいちえん） 183
能登半島 239, 243, 252
ノミ 36, 241, 242, 245

【は】
パカパカ 229, 319
化け物説（ばけものせつ） 24
『はしわのわか葉』 254, 341
ハダカカセドリ 347, 354
ハタケサンダン 228, 229
鰰（はたはた） 65, 75
バタバタ 228, 229, 281
二十日正月（はつかしょうがつ） 238
八朔踊り（はつさくおどり） 340
初婿（はつむこ） 59, 64, 144, 149, 151, 185, 276, 348
初嫁（はつよめ） 59, 64, 134, 144, 146, 149, 151, 181, 184, 185, 191, 193, 194, 202, 349
波照間島（はてるまじま） 332, 337, 339, 340
花嫁（はなよめ） 276
ババナマハゲ 38, 70, 214
ババ面 240, 241, 242
春来る鬼（はるくるおに） 129, 131, 205
番楽（ばんがく） 31, 169, 175, 176, 178, 179
パーントゥ 231, 232, 337, 355
バンナイ 229

【ひ】
ヒカタ 126
ヒガタ 150, 207
火形（ひがた） 88, 89, 137, 150, 178
ヒカタククリ 88, 126
ヒガタククリ 88, 229
ヒガタタクリ 88, 228, 236
ヒガタハギ 88
火形剝ぎ 211, 212, 213, 214, 215, 216, 335
毘沙門天（びしゃもんてん） 276, 344, 346
火斑（ひはん） 23, 41, 88, 168, 233
秘密結社（ひみつけっしゃ） 206, 330, 331, 335, 352
火文（ひもん） 41, 89, 122, 199, 200, 207
ヒヤハリ 229
日山番楽（ひやまばんがく） 237
ひょっとこ面 31, 52, 122, 122, 123, 273, 276
ビロウの葉 339
広島県（ひろしまけん） 232, 309, 318, 357, 358

【ふ】
花子（ファーマー） 337, 328
福井県（ふくいけん） 231, 247, 248, 252, 355, 358
福井県立博物館 247, 248
福岡県（ふくおかけん） 232, 316, 318, 319, 355, 357
福島県（ふくしまけん） 232, 254, 263, 275, 296, 355, 358
福俵（ふくだわら） 289
福の神 182, 184, 230, 273, 291, 306
福禄寿（ふくろくじゅ） 276, 344, 346
フサマラー 231, 339, 355
武帝（ぶてい） 21, 90, 91, 92, 93, 96, 99, 212, 213, 216
武帝説（ぶていせつ） 21, 38, 90, 92, 93, 96, 98, 103, 187, 245, 335, 336
船虫（ふなむし） 248, 250
ブルーノ・タウト 40
ふんどし・褌 33, 34, 347, 348
褌祝（ふんどしいわい） 34

【へ】
平家の落人（へいけのおちうど） 253
ヘソビツケ 271, 348, 349, 350, 356
『蛇浦の民俗』 232
弁財天（べんざいてん） 276, 345, 346

【ほ】
法印神楽 10
豊年祭（プーリィ） 331, 332, 336, 339, 340, 351
ホエタショウガツ 229
北朝（ほくちょう） 101
星辻神社（ほしつじじんじゃ） 15
ボゼ 231, 339, 355, 358
保存主体層 19, 29, 30

厄年（やくどし） 230, 233, 255, 256, 257, 260, 261, 262, 268, 270, 271, 272, 273, 275, 276, 277, 278, 279, 281, 297, 302, 307, 308, 309, 310, 320, 329, 330, 341, 347, 348, 356, 357
厄祓い・厄払い（やくはらい） 264, 275, 276, 277, 279, 281, 305, 310, 322, 329, 341, 349, 350, 356
厄除け（やくよけ） 286, 330, 344, 356
ヤケハチマン 347, 349, 350, 354, 356
焼け八幡 272, 349
柳田国男（やなぎたくにお） 103, 125, 127, 128, 129, 130, 131, 136, 145, 150, 157, 158, 159, 168, 204, 205, 206, 207, 228, 331
山形県（やまがたけん） 32, 176, 177, 188, 231, 232, 236, 273, 274, 296, 355, 357, 358
山口県（やまぐちけん） 232, 312, 318, 355, 357
山口市 313, 318, 355
ヤマハゲ 32, 182, 183, 184, 187, 355
山伏（やまぶし） 21, 89, 98, 99, 101, 102
山伏神楽（やまぶしかぐら） 169

【ゆ】
ユネスコ 159, 347
油餅（ゆへい） 94, 95

【よ】
ヨイトブネ 229
妖怪（ようかい） 233
横浜市（よこはまし） 282, 346
吉田三郎（よしださぶろう） 35, 43, 63, 75, 131, 132, 136, 138, 139, 141, 143, 145, 148, 150, 153, 155, 156, 157, 158, 159, 200, 204, 205, 207
予祝（よしゅく） 63, 103, 138, 335, 351
予祝行事（よしゅくぎょうじ） 264, 351
予祝祭（よしゅくさい） 332, 351
予祝日（よしゅくび） 353
ヨネントブネ 229
ヨブシマ 183
ヨボシマ 47
嫁祝い 229
嫁ツツキ 184, 185
世持神（よもちがみ） 336, 353
ヨロコビ 229

【ら】
来訪神 14, 67, 79, 135, 207, 228, 230, 231, 233, 248, 250, 252, 264, 336, 339, 340, 351, 352, 353, 354, 357, 359
来訪神行事 238, 239, 252, 324, 347, 357, 358, 359
ランドマーク 15

【ろ】
『六郡歳事記』（ろくぐんさいじき） 94
ロシア人 21, 97, 193, 215

【わ】
若勢（わかぜ） 27, 28, 89, 184, 237
若勢組（わかぜぐみ） 184
若者組（わかものぐみ） 28, 30, 148, 316
和歌森太郎（わかもりたろう） 300
俳優（わざおぎ） 264, 341
ワタカイ 229
ワタカヒ 228
藁馬 288, 302, 303, 304, 305, 306, 307, 308, 309, 310, 311, 312, 313, 314, 315, 317
藁蓑（わらみの） 142, 252, 267, 280, 283, 340, 347
ワラヨメジョ 229

著者紹介

稲　雄次（いね・ゆうじ）

1950年生まれ。民俗学者。秋田経済法科大学法学部教授、国立歴史民俗博物館客員教授などを経て、現在は聖和学園短期大学講師。著書に『菅江真澄民俗語彙』『秋田民俗語彙事典』『雪のことば辞典』『武藤鉄城研究』『ナマハゲ』など。

Shufusha

ナマハゲを知る事典

2019年12月25日　第1刷

著　者　稲　雄次

発行者　伊藤甫律

発行所　株式会社　柊風舎

〒161-0034　東京都新宿区上落合1-29-7　ムサシヤビル5F
TEL 03(5337)3299 FAX 03(5337)3290

印刷／株式会社明光社印刷所　製本／小高製本工業株式会社
ISBN978-4-86498-071-5